简明中国历史
知识手册

中国社会科学院历史研究所
《简明中国历史知识手册》编写组编写

中国社会科学出版社

图书在版编目（CIP）数据

简明中国历史知识手册/中国社会科学院历史研究所《简明中国历史知识手册》编写组编写 . —北京：中国社会科学出版社，2013.3（2022.10 重印）

ISBN 978-7-5161-2052-1

Ⅰ.①简…　Ⅱ.①中…　Ⅲ.①中国历史—通俗读物　Ⅳ.①K209

中国版本图书馆 CIP 数据核字（2013）第 002325 号

出 版 人	赵剑英
责任编辑	郭　鹏
责任校对	王雪梅
责任印制	李寡寡

出　　版	中国社会科学出版社
社　　址	北京鼓楼西大街甲 158 号
邮　　编	100720
网　　址	http://www.csspw.cn
发 行 部	010-84083685
门 市 部	010-84029450
经　　销	新华书店及其他书店
印　　刷	北京明恒达印务有限公司
装　　订	廊坊市广阳区广增装订厂
版　　次	2013 年 3 月第 1 版
印　　次	2022 年 10 月第 2 次印刷
开　　本	710×1000　1/16
印　　张	18.5
字　　数	227 千字
定　　价	38.00 元

凡购买中国社会科学出版社图书，如有质量问题请与本社营销中心联系调换
电话：010-84083683
版权所有　侵权必究

中国社会科学院历史研究所
《简明中国历史知识手册》编写组

执笔　（姓名按执笔正文先后为序）

　　　卜宪群　王震中　曲英杰　杨振红
　　　梁满仓　黄正建　梁建国　关树东
　　　陈时龙　吴伯娅　朱昌荣　王　艺

定稿　卜宪群　童　超

编 写 说 明

一、本书由中国社会科学院历史研究所《简明中国历史知识手册》编写组编写，以本所所编《简明中国历史读本》知识体系为框架，收录相关基本历史知识，为中级以上文化水平的读者提供一本简明扼要的中国历史知识手册。

二、本书包括中国历史名词、中国历史大事记、夏商周纪年表、历代年号纪元表，共四部分。其历史知识涵盖范围包括基本历史理论范畴与自人类起源至清朝灭亡的中国历史。

三、本书突出简明扼要特点，以通俗易懂的语言概述中国历史基本知识。名词部分以朝代名、国名、政治事件、政治制度、经济制度、法律制度、军事制度、民族与对外关系、历史地理、科技思想文化、书名、人名为基本排列顺序。其中朝代名、国名、政治事件比较多的，又按时间排列；书名按经史子集顺序排列；人名按生年顺序排列，生年不详的用卒年排列，生卒年都不详的，按其主要活动时间和领域与相关人物排列在一起；书末附有按汉语拼音顺序排列的名词索引，以方便读者查阅。

四、因本书受编纂结构和篇幅限制，所收内容体系尚不完整，词目取舍详略或有不当，祈请读者鉴谅并惠予指正。

目　　录

一　**中国历史名词** …………………………………… (1)
　(一)历史理论范畴 ……………………………… (1)
　(二)考古学文化与古史传说时代 ……………… (9)
　(三)夏商周 ……………………………………… (27)
　(四)秦汉 ………………………………………… (55)
　(五)魏晋南北朝 ………………………………… (80)
　(六)隋唐 ………………………………………… (100)
　(七)五代十国辽宋西夏金 ……………………… (115)
　(八)元 …………………………………………… (130)
　(九)明 …………………………………………… (141)
　(十)清 …………………………………………… (156)

二　**中国历史大事记** ………………………………… (176)

三　**夏商周纪年表** …………………………………… (230)
　(一)夏王朝年表 ………………………………… (230)
　(二)商王朝年表 ………………………………… (231)
　(三)西周王室与诸侯纪年表 …………………… (232)

(四)东周王室与诸侯纪年表 …………………………（235）

四　历代年号纪元表 ………………………………（251）

参考书目 ……………………………………………（273）

中国历史名词索引 …………………………………（276）

一

中国历史名词

（一）历史理论范畴

1. 原始社会

人类最早的社会形态，又称原始共产主义社会。中国的原始社会开端距今约200万年。期间，社会组织经历了从原始群到氏族公社（母系氏族公社和父系氏族公社）的演进；考古学文化分期上经历了从旧石器时代到新石器时代的更替。中国原始社会结束的时间有夏代说、商代说、龙山文化时代说等不同意见。原始社会人人平等，共享劳动成果，但生产力极其低下。

2. 奴隶社会

原始社会瓦解后出现的，以奴隶主阶级占有生产资料和完全占有社会生产主要承担者奴隶为基础的社会形态。奴隶在奴隶主的监督下生产劳动，没有人身自由；为维护统治，奴隶主阶级建立起相应的上层建筑和意识形态。奴隶主和奴隶是奴隶社会根本对立的两大阶级。奴隶社会较原始社会有了巨大进步，但生产力仍然落后。人类历史上许多国家都经历过奴隶社会阶段，但具体形态各国各地区又有区别。夏商西周是中国奴隶社会形成、发展并走向鼎盛的时期，其形态属于古代东方类型。奴隶社会中也有与贵族相对立的自由民存在。

3. 封建社会

继奴隶社会之后出现的，以封建地主阶级占有绝大多数土地等基本生产资料，剥削占有农民（或农奴）剩余劳动价值为基础的社会形态。地主和农民是封建社会两大基本对立的阶级。人身依附和超经济强制广泛存在于封建社会各时期。一般认为中国封建社会开始于战国，延续两千多年，但关于中国封建社会的开端时间也有多种看法。专制主义和统一的中央集权、等级制、官僚制、地主土地私有制、租佃制、男耕女织的小农经济、自然经济、儒家意识形态、规模宏大的农民起义，都是中国封建社会的显著特征。封建社会在各国各地区的具体形态有区别。

4. 半殖民地半封建社会

1840年鸦片战争后至1949年新中国成立前中国社会性质的基本概括。这一时期，国家虽然表面上独立，但却在列强的入侵与控制下，丧失政治、经济、军事上的许多主权地位，沦为依附列强的半殖民地；外来的资本主义，破坏了原有的封建自然经济结构，开始了近代社会的转型，但封建剥削制度依然存在。在这一社会形态下，中国的政治、经济与社会陷于畸形，发展极不平衡。帝国主义和中华民族的矛盾、封建主义和人民大众的矛盾是这一时期的主要矛盾，而前者是最主要的矛盾。

5. 母系氏族公社

人类最早的社会组织形态。约出现在旧石器时代晚期。以母系的血缘关系而结成社会基本单位，实行族外婚。古文献中"知其母，不知其父"的记载，即反映了中国母系氏族公社的状况。妇女在公社的生产和生活中占据支配地位，氏族成员推举年龄长、能力强、富有威信和经验者担任首领。公社内部共同劳动，人人平等，过着原始共产制生活。

6. 父系氏族公社

继母系氏族公社之后的人类社会组织形态。约出现在新石器时代晚期。父系氏族公社阶段，由于社会经济的发展，男子在家族内部的地位上升，在生产和生活中占据支配地位。婚姻形态由男子入居女方改为女从夫居。父权取代母权，财产按父系继承。私有制和私有观念萌发，贫富分化带来了公社内部各家族的不平等。人类进入了文明社会的前夜。

7. 家族公社

由同一祖先传承下来的，以血缘近亲关系而结成的社会组织和经济生产共同体。其特点"一是把非自由人包括在家庭以内，一是父权"。关于家族公社，学术界有不同看法：一是认为产生于氏族社会向阶级社会的过渡阶段；一是认为广泛存在于母系和父系氏族社会。中国古代国家产生过程中，血缘组织没有被彻底打破，在宗法制下，家族公社以家族和宗族的形式长期保持在商周社会并影响至封建社会。

8. 农村公社

原始社会解体后，因地域关系而形成的社会组织和经济生产共同体。农村公社以地域划分居民。中国商周时期的邑、里、书社，均是地域共同体，其居民并不都有血缘关系。与家族公社相似，农村公社的土地所有制也具有公、私二重性。所谓"公"，即奴隶主国家所有制，表现为奴隶主的世袭占有；所谓"私"，即公社农民使用的份地，表现为公社内部的定期重新分配，私有制还不充分。家族公社和农村公社在商周时期长期并存，但后者逐渐取代前者。

9. 阶级

指在社会关系体系中，由于人们对生产资料的占有关系不同以及由此所形成的社会经济地位与利益诉求的不同，而分成的稳定性集团。如奴隶社会的奴隶主阶级和奴隶阶级，封建社会的地主阶级和农民阶级，资本主义社会的资产阶级和工人阶级等。奴隶主阶级、地主阶级、资产阶级属于剥削阶级、统治阶级，奴隶阶级、农民阶级、工人阶级属于被剥削阶级、被统治阶级。

10. 阶层

指在同一阶级中，由于人们的经济地位与社会地位不同而分成的层次。如秦汉时期地主阶级中的军功地主阶层、豪强地主阶层，魏晋南北朝地主阶级中的士族地主阶层、庶族地主阶层，明清地主阶级中的缙绅地主阶层、庶民地主阶层，等等。

11. 等级

指在古代阶级社会中，统治阶级以行政或法律手段将人们划分成社会地位与权利享有不平等的群体。如西周或以社会地位差别将人们分成十个等级，规定"王臣公，公臣大夫，大夫臣士，士臣皂，皂臣舆，舆臣隶，隶臣僚，僚臣仆，仆臣台"（《左传》昭公七年），上下等级之间为统属关系；或以居住地域将人们分成"国人"与"野人"，二者享有的权利极不平等。魏晋南北朝强调"以贵役贱，士庶之科，较然有别"（《宋书·恩倖传》）。士族对庶族实行严厉的等级歧视，庶族不能担任清要显职及品秩高的官，不能与士族通婚，甚至不能交往。有的学者将中国古代地主区分为身份性地主与非身份性地主，"身份"即等级的基本标志。

12. 阶级斗争

指阶级社会中，剥削阶级与被剥削阶级、统治阶级与被统治阶级之间的对立与斗争。阶级斗争包括经济斗争、政治斗争以及思想文化斗争等不同形式与发展阶段。中国古代阶级斗争主要表现为农民阶级反抗地主阶级尤其是封建国家的武装斗争，即农民起义、农民战争，其次数之多、规模之大在世界历史上是罕见的，具有推动中国历史前进的积极作用。

13. 复合制国家结构

国家结构指国家整体与部分、中央与地方的组成关系，属于国家政治制度的一部分。复合制国家结构的本义，是指由若干独立主权国家因某种需要或因某种客观情况而组成的松散性国家联盟。夏商西周时期，其复合制国家结构具有古代东方社会的历史特点：无论是臣服的属邦还是受封的诸侯国，作为方国既享有相对独立的政治权力，又必须尊重中央王朝的权威，遵守其礼制，并履行朝觐、纳贡及出兵戍守或征伐的义务，呈现出以中央王朝为"天下共主"的格局。

14. 单一制国家结构

指国家是一个统一的整体，地方权力来源于中央，地方没有独立的主权，只能行使中央授予与规定的治权。秦汉以后，"海内为郡县，法令由一统"，主要实行郡县制管理，其国家结构为单一制。

15. 分封制

古代国家实行裂土分封管理的一种政治模式。中国古代分封制始于西周，与宗法制度互为表里。受封诸侯享有封地内的经济权与治民权，周天子一般不能干预。各级官吏职务尽管不一定完全世袭，但基本在贵族血缘关系的范围内选用，不需要有特殊的功劳、技能，职位也基本上是终生的。在这种政体中，君权是有限的，各诸侯国与中央是一种松散的政治联盟。春秋战国时期分封制瓦解，秦汉以后分封制在历代仍有存在，除个别时期外，受封者主要是享有封地内的"衣食租税"，而非治民权。

16. 专制主义

一种政体，指称与民主政体相对立的政权组织形式。专制主义政体里国家最高权力集中于一个或少数几个人手中，实行独裁统治。中国古代专制主义萌芽于先秦，形成于秦汉，贯穿整个封建社会。其特征是皇权世袭，权力不受约束；宣扬君权神授；皇权拥有官吏的任免权和事务处理的最高独断权；实行思想文化专制。专制主义作为一种政体，在东西方历史上都出现过。

17. 中央集权

指中央和地方的关系，与地方分权相对立。在中央集权制度下，地方的政治、经济、军事等权力受中央严格管理和制约，很少有自治的空间。由中央委派官吏或主要官吏代表中央实施管理。中国古代中央集权萌芽于先秦，形成于秦汉，尽管此后各时期强弱程度不同，但基本贯穿整个封建社会。中国历史上的中央集权对统一多民族国家的形成与发展有着积极作用。

18. 官僚制

指以职位、职能分层分配权力的一种行政组织和管理方式，也称科层制。系德国社会学家马克斯·韦伯提出的概念。这种行政管理方式在古代历史上许多国家出现过，其中以中国古代官僚制实行时间最为长久，从战国延续至清。古代官僚制与贵族分封制相对立，实行集权式的政治统治，主要官吏直接受权于君主，没有独立于君主之外的权威；整个统治机构具有等级隶属，职责明确，分工细密，法治化的基本特点；官吏选拔主要不是依靠身份和血统，而是凭借技能和才干，职务不世袭；官吏依功次、年次等客观依据而晋升，领取俸禄；整个官僚体系内部形成了一套考核、控制和监督机制。官僚的行政管理控制着全社会。各种诏书、律、令、条品的颁布，行政文书的运转使官僚制度发挥功能。

19. 封建国家土地所有制

封建土地所有制的一种形式。指封建国家直接占有生产资料土地，剥削生产者的土地所有制形态。中国封建国家土地所有制继承商周奴隶制国家土地所有制而来，从规模和数量上来看，在各个历史时期表现不一。大乱之后或王朝更迭，都会使国有土地骤增。从目前资料看，至少在秦汉时期，国家仍掌有大量国有土地并干预土地分配；或者采取屯田、假民公田、赋民公田等方式经营。但一般来说，封建国家只是作为主权者而非土地所有者的身份同直接生产者对立。在私有制日益发展的状况下，中国封建国家土地所有制在社会经济生活中不占主要地位。也有学者认为封建土地国有制在中国封建社会全程或其前期占主要地位。

20. 封建地主土地所有制

封建土地所有制形态之一。指封建地主私人占有土地并对农民进行剥削的土地制度。约起源于战国，形成于秦汉。其特点是土地自由买卖合法化，采取租佃制的经营方式与分成制或定额制的地租剥削方式，土地遗产诸子均分而非长子继承，地主对农民人身有超经济强制存在但又没有司法和行政权力等。封建地主土地所有制系剥削者的私有制，是决定中国封建社会性质与上层建筑形态的经济基础。

21. 自耕农小土地所有制

指以一家一户的自耕农占有、经营土地的一种所有制形式。这是劳动者的私有制。中国自耕农小土地所有制起源于战国时期，广泛存在于整个封建社会。自耕农小土地所有制在一定历史时期占有数量上的优势，是封建国家的重要经济来源，但不决定中国封建社会经济形态的性质。封建国家的赋税徭役负担、土地兼并、天灾人祸以及政治压迫，都能使自耕农经济频频破产，成为引发农民起义的导火索。

22. 租佃制

封建地主土地所有制或封建国有土地所有制的一种经营方式。指地主或国家将土地出租给农民耕作，榨取剩余价值，获取产品地租的一种封建剥削生产关系。自战国延续至明清，但在各个历史时期形态不一。租佃制的广泛性，与中国封建社会的地产买卖普遍有很大关系。在租佃制下，地主榨取地租采用分成制、定额制几种形式。唐宋以后，契约型租佃关系出现并发展，还出现了永佃制，其超经济强制和人身依附关系较荫附型佃农有所松弛，但依然存在。

23. 永佃制

中国封建社会后期部分地区出现的一种土地经营方式，由租佃制发展演变而来。指佃农永久性地租佃地主土地。永佃制的出现是土地所有权（又称田底权）和耕作权（又称田面权）分离的产物。典型的永佃制下，地主只能收取地租，不能随意增租夺佃；拥有永佃权的佃农，不仅可以长期经营"田面"，还可以向其他佃农转租，较其他佃农有更多的人身自由和生活保障。但这并不改变封建地主土地所有制的性质。

24. 自然经济

自给自足的经济。自然经济是社会生产力水平低下和社会分工不发达的产物。商品交换不发达，其生产只是为了直接满足生产者个人或经济单位的需要。

25. 商品经济

商品生产、交换、出售的总和。商品经济直接以交换为目的，最早产生于第二次社会分工即手工业从农业中分离时，在第三次社会大分工时出现了商品经济的重要媒介——商人。随着商品经济不断发展，商品之间的交换主要由市场调配，这种由市场进行资源调配的商品经济就是市场经济。市场经济是商品经济发展的高级阶段。

26. 资本主义萌芽

指在封建社会内部产生的若干资本主义生产关系因素。一般认为，明代后期，在农业经济作物种植领域，在部分地区部分行业中，封建人身束缚关系有所松弛，资本主义雇佣生产关系开始零星出现。虽然还是微弱的，尚不能改变整个社会的性质，但已具有萌动社会转型的意义。19世纪中期以后西方列强的入侵，加速了封建自然经济的解体，但也破坏了中国内部原有资本主义萌芽的发展。如果没有外来侵略，中国也将缓慢发展到资本主义。

（二）考古学文化与古史传说时代

1. 考古学文化

考古发现中可供人们观察到的属于同一时代、分布于共同地区，并且具有共同特征的一群物质文化遗存。其以特定的组合关系相互区分，多以首次发现的典型遗址所在的小地名命名，如仰韶文化、龙山文化等；亦有以特征遗物来命名者，如细石器文化、彩陶文化、黑陶文化等；或以族别来命名，如巴蜀文化等。至于历史时期的商周文化、秦汉文化等，是指在特定时期在科技、艺术、教育、精神生活以及其他方面所达到的总成就，与具有特定意义的考古学文化不能等同。

2. 旧石器时代

古人类物质文化的一个发展阶段。考古学者指称以人类开始出现、人类的体质具有原始特征为标志的时代。大致从二三百万年开始至一万年前为止。生产工具以打制石器为标志，遗存与若干绝灭动物共存。旧石器时代一般又分为早期、中期、晚期，并与人类体质发展的直立人、早期智人、晚期智人三个阶段相对应。旧石器时代在全世界分布广泛。我国的旧石器时代，其早期遗存有蓝田人文化、北京人文化、观音洞文化等；中期遗存有丁村文化等；晚期遗存有峙峪文化、山顶洞文化、小南海文化等。

3. 腊玛古猿禄丰种

发现于中国云南禄丰，生存年代距今约 800 万年的一种腊玛古猿。1931 年，美国学者在印度与巴基斯坦接壤的西瓦立克山区发现腊玛古猿化石，随后在肯尼亚、匈牙利、希腊和我国的云南开远小龙潭及禄丰等地也都有这种化石的发现，这是一种较接近于人的类人猿，有的学者认为它是最早人类的祖先，其生存在距今 1500 万年至 800 万年。由于在我国云南禄丰发现的这种古猿化石资料最为丰富，也最为重要，20 世纪 80 年代以来，学术界将其重新定名为"腊玛古猿禄丰种"或"禄丰古猿禄丰种"。

4. 能人

一种体质特征介于南方古猿和直立人之间的人科成员，也是迄今所知最早的能制造石器的人属成员。能人化石是 1960 年在非洲东部坦桑尼亚的奥杜韦峡谷首次被发现的，其生存的时间约在 250 万年前。1964 年，肯尼亚考古、古人类学家 L. S. B. 利基将其定名为人属能人种，意思是"能干，手巧"。20 世纪 70 年代初期在肯尼亚图尔卡纳湖畔发现编号为 1470 的东非能人化石，其生活的时代距今约 200 万年。能人的体质特征比南猿进步，但较其后的直立人原始。主要特征是头骨薄而呈穹窿形，眶后收缩程度小，前部齿相对较大，下颌骨外面增强。体骨的形态特征与现代人非常相似，表明已能两足直立行走。脑量平均值为 646 毫升，大于南猿而小于直立人的平均值。在奥杜韦峡谷的能人遗址中，能人化石与石器和动物遗骸共存，表明能人已能制作石器，并能猎获羚羊等大小动物。

5. 直立人

旧石器时代早期的人类，也称为猿人。直立人大约生活在距今 200 万年至 20 万年间。直立人能直立行走，也能制造工具。我国发现许多直立人化石，其中较重要的有发现于重庆巫山龙坪村龙骨坡的巫山人（距今约 201 万年至 204 万年），发现于云南元谋上那蚌村的元谋人（距今约 170 万年），发现于陕西蓝田公王岭和陈家窝两地的蓝田人（公王岭蓝田人距今约 100 万年，陈家窝蓝田人距今 50 余万年），发现于北京周口店的北京人（距今约 70 万年），发现于河南南召杏花山的南召人（距今约 50 万年），发现于山东沂源土门镇九会村骑子鞍山的沂源人（距今约 40 万年），发现于安徽和县龙潭洞的和县人（距今 24 万年至 28 万年），发现于辽宁营口金牛山洞穴的金牛山人（距今 28 万年）等。

6. 巫山人

我国发现的最早的直立人。以 1985 年在重庆巫山龙坪村龙骨坡发现的古人类化石命名。当时发掘出一块猿人下颌骨和一枚上门齿，一同出土的还有两件打制石器；此后，又进行过一些发掘，遗址中还出土了包括步氏巨猿、中国乳齿象、剑齿虎等 116 种早更新世初期的哺乳动物化石。经学者研究，龙骨坡遗址出土的"巫山人"代表了一种直立人的新亚种，后被定名为"直立人巫山亚种"（Home erectus wushanensis），一般称之为"巫山人"。巫山人生活在距今 200 万年左右，属于旧石器时代早期。

7. 元谋人

以 1965 年 5 月中国地质科学院在云南元谋上那蚌村附近发现的古人类化石命名的直立人。该遗址发现两枚人类牙齿化石和一些粗糙的石器，以及大量炭屑、小块烧骨、哺乳动物化石等。与元谋人共生的哺乳动物化石，有泥河湾剑齿虎、桑氏缟鬣狗、云南马、爪蹄兽、中国犀、山西轴鹿等 29 种，绝种动物几乎占 100%。依据古地磁等方法测定，元谋人距今 170 万年。从元谋人遗址出土的炭屑和烧骨看，元谋人已知道用火。

8. 北京人

中国华北地区旧石器时代早期的人类化石，属于直立人。1921年，瑞典地质和考古学家安特生和奥地利古生物学家丹斯基在北京周口店龙骨山发现北京人遗址——"周口店第1地点"。1921年和1923年，先后发掘出两颗人牙。1927年开始大规模系统发掘，由瑞典古脊椎动物学家B.布林和中国地质学家李捷主持，当年又发现1颗人的左下恒臼齿。1929年，在我国青年学者裴文中独立主持下，发现了一个完整的北京人头盖骨。此后，考古工作者在周口店又先后发现五个比较完整的北京人头盖骨化石和一些其他部位的骨骼化石。1941年12月太平洋战争爆发前后，北京人的5个头盖骨等珍贵标本全部在几个美国人手里弄得下落不明。中华人民共和国成立后，周口店北京人遗址又得到多次发掘，发现北京人的牙齿5颗、下颌骨一具；1966年还发现一个残破的头盖骨。这样，在北京人遗址的历次发掘中，共发现分属40多个男女个体的北京人化石，十多万件石器和石片，一百多种动物骨骼。北京人遗址是世界上出土古人类遗骨和遗迹最丰富的遗址。北京人遗址的堆积物厚40米以上，在堆积中还有北京人用火留下的灰烬。较大的灰烬层有4个，第4层的灰烬最厚处超过6米。北京人头盖骨低平，头骨较厚，额向后倾，有较多的原始性状，平均脑容量约1075毫升，男性平均身高1.62米，女性1.52米，较现代中国人稍矮。北京人的门齿呈铲形，有宽鼻子和低而扁平的面孔，下颌骨内面靠前部有下颌圆枕等，这表明北京人具有明显的现代蒙古人种的特征。依据多种方法测定，北京人生活的年代距今约70万年至20万年。

9. 早期智人

又称为"古人"，是介于直立人与晚期智人之间，包括中更新世后期和晚更新世前期的人类。在考古学上为旧石器时代中期，时代约距今 20 万年至 5 万年。我国早期智人化石有：辽宁营口永安乡金牛山洞穴发现的"金牛山人"，陕西大荔甜水沟发现的"大荔人"，山西阳高许家窑发现的"许家窑人"，广东曲江马坝狮子山洞穴发现的"马坝人"，湖北长阳龙洞发现的"长阳人"等。早期智人比直立人脑盖较薄，脑容量较大，动脉支较复杂，说明其智力已有明显发展。我国早期智人一般颧骨较为前突，眉嵴较平直而非前突弧状，这些都与欧洲、非洲乃至西亚的早期智人明显不同，其头骨面已显示出蒙古人种的某些特色，虽然作为人种在这时期还没有最后形成。

10. 晚期智人

又称新人，包括晚更新世后期直到现代的人类。在考古学上为旧石器时代晚期，约距今 5 万年至 1 万年。中国境内发现的晚期智人化石有：山顶洞人（北京周口店龙骨山顶）、柳江人（广西柳江通天岩洞穴）、资阳人（四川资阳黄鳝溪）、河套人（内蒙古伊克昭盟乌审旗萨拉乌苏河岸边）、新泰人（山东新泰乌珠台附近）、左镇人（台湾台南左镇菜寮溪）等。晚期智人的脑量为 1300—1500 毫升，在现代人脑量的变异范围之内。脑内动脉支也同现代人接近，说明其智力发达程度已与现代人接近。晚期智人的颅骨变高，厚度减薄，同现代人十分接近。但各地的晚期智人又或多或少地存在某些较原始的特征。我国境内发现的晚期智人多数已具有蒙古人种的基本特征，所以被称为原始蒙古人种，应是现代中国人的直系祖先。

11. 山顶洞人

以发现于北京周口店龙骨山北京人遗址顶部山洞的旧石器时代晚期古人类化石而得名的晚期智人。1930 年发现，1933—1934 年由裴文中主持发掘，发现有丰富的人类化石、文化遗物及大量的动物化石。文化遗物包括石制品、骨角器及装饰品。

山顶洞人的地质年代为晚更新世末，据放射性碳素测定，年代为距今一万八千多年。山顶洞遗址发现的人类化石包括3个完整的头骨、一些残破的头骨碎片、下颌骨与零星的牙齿，以及部分躯干骨。这些材料共代表了包括不同年龄和性别的8个个体。据学者研究，山顶洞人当属于原始的蒙古人种，在其测量数据中，除了晚期智人共同具有的原始特征以外，主要方面都和现代蒙古人种接近，反映的是正在形成中的蒙古人种的特点。

山顶洞人的文化遗物中有25件石器、骨针，以及丰富的装饰品。骨针长82毫米，刮磨得很光滑，针孔是用小而细锐的尖状器挖成的，它是中国最早发现的旧石器时代的缝纫工具。山顶洞人的装饰品非常丰富，有穿孔的兽牙、海蚶、小石珠、鲩鱼眼上骨等。山顶洞人的洞穴分上室和下室。上室在洞穴的东半部，南北宽8米，东西长约14米，在地面的中间发现一堆灰烬，还发现有婴儿头骨碎片、骨针、装饰品和少量石器，上室是居住的地方。下室发现有3具完整的人头骨和一些躯干骨，人骨周围散布有赤铁矿粉末及一些随葬品，说明下室是葬地。山顶洞人将死者埋葬在下室，说明他们已经有了原始的宗教信仰。有人认为尸体上及周围的赤铁矿粉象征血液，人死血枯，加上同色的物质，是希望死者在另外的世界中复活。

12. 新石器时代

人类物质文化的一个发展阶段。考古学者指称以农业、畜牧业的产生和磨制石器、陶器、纺织的出现为基本特征的原始时代。中国的新石器时代一般认为开始于12000年前。中国新石器时代可划分为三个时期：早期为距今12000—9000年；中期为距今9000—7000年；晚期为距今7000—4000年。中国新石器时代早期的遗址，在南方，有年代距今1万年以上的湖南道县寿雁镇白石寨村玉蟾岩遗址、江西万年仙人洞和吊桶环遗址，以及年代为距今 10000—8500 年的浙江浦江县黄宅镇上山遗址等；在北方，有距今 11000—9000 年的河北徐水县南庄头遗址、河北阳原县于家沟遗址、北京门头沟区东胡林遗址、北京怀柔县转年遗址等。中国新石器时代中期的遗址，在南方，有湖南澧县彭头山遗址、浙江萧山跨湖桥遗址、浙江余姚河姆渡遗址等，还有南北交界处的河南舞阳县贾湖遗址；在北方，有河北武安磁山遗址、河南新郑裴李岗遗址、陕西宝鸡北首岭下层遗址、陕西临潼白家村遗址、山东滕县北辛遗址、内蒙古东部敖汉旗的兴隆洼遗址等。中国新石器时代晚期的遗存，有黄河流域的仰韶文化、中原龙山文化、陶寺文化、马家窑文化、齐家文化、大汶口文化、山东龙山文化，辽河流域的红山文化，长江流域的大溪文化、屈家岭文化、石家河文化、薛家岗文化、马家浜文化、崧泽文化、良渚文化等。

13. 河姆渡文化

因 20 世纪 70 年代在浙江余姚河姆渡遗址首先发现而得名的新石器时代中期文化。年代距今 7000 年。主要分布在杭州湾南岸的宁（波）绍（兴）平原，并越海东达舟山岛。在河姆渡遗址，发现了由一排排木桩、圆木、木板组成的干栏式建筑群，大量的稻谷遗迹，陶器、石器、木耜、骨耜等农耕工具，也发现猪、狗、牛等家畜和犀、象、鹿、虎、猴、獐等兽骨，大量的禽类、鱼类，以及船桨等水上交通工具，证明我国是世界上最早种植水稻的国家之一，也反映了七千年前江南鱼米之乡的田园生活。

14. 裴李岗文化

1977 年首次发现于河南新郑裴李岗的新石器时代中期文化。主要分布在豫中一带，豫北和豫南也有发现。碳十四测定的年代为距今 8200—7500 年。裴李岗文化的经济以农业为主，作物有粟。农业生产工具以磨制带锯齿的石镰、长条形两端弧刃或舌形一端刃的扁平石铲、石磨盘和石磨棒。饲养猪、狗等家畜。陶器有杯、碗、盘、钵、三足钵、鼎、深腹罐、三足壶、双耳壶等。随葬品中，一般是石磨盘、磨棒与石斧、镰、铲两类工具分别随葬，这似乎与男女性别分工有关。

15. 仰韶文化

因瑞典人安特生 1921 年在河南渑池仰韶村的发现而得名的新石器时代晚期文化。以后数十年间，在河南、陕西、河北、山西、甘肃东部等地区所发现类型相近的众多文化遗址皆以仰韶文化命名。它们的年代范围大约在距今 7000—5000 年间，其中又划分为早、中、晚三个时期。仰韶文化时期，农业、畜牧业、制陶业都有相当程度的发展。农业以种粟为主，畜牧业主要饲养猪、狗，制陶业则以烧制的彩陶最为著名。西安市东郊的半坡遗址、临潼的姜寨聚落遗址都是保存最为完整的仰韶文化早期聚落；河南陕县庙底沟等遗址属于仰韶文化中期聚落遗址；山西芮城西王村则属于仰韶文化晚期遗址。

16. 红山文化

因 1935 年在内蒙古自治区赤峰市红山后遗址的发掘而得名的新石器时代晚期文化。红山文化分早、中、晚三期。早期以内蒙古敖汉旗兴隆洼遗址 F133 为代表，其年代大体相当于黄河流域的老官台文化和仰韶文化早期的半坡时期；中期遗存大体相当于黄河流域的仰韶文化中期的庙底沟时期；晚期代表性的遗址有胡头沟、东山嘴、牛河梁遗址群，年代相当于仰韶文化晚期。在红山文化晚期，以其女神庙、积石冢、大型祭坛和精美的玉器而被学术界誉为文明的曙光。红山文化玉器质地精良，玉色清润，翁牛特旗三星他拉的"C"字形玉龙尤为著名。在建平、凌源两县交界处的牛河梁遗址的女神庙中出土多个属于女性的泥塑造像。在喀左县东山嘴遗址发掘出方形祭坛的祭社遗迹和圆形祭坛的祭天遗迹。在女神庙遗址周围分布着许许多多的积石冢，也有祭坛。积石冢的修筑是用石头砌成墓圹，中间有较大的石椁，墓主人的随葬品以玉器为主，有玉龙、玉箍、玉环、玉璧等。

17. 大汶口文化

黄河下游地区的新石器时代晚期文化，因1959年发掘的山东泰安大汶口遗址而得名。主要分布在山东省泰山周围地区，东达黄河之滨，北抵渤海南岸，西到鲁西平原东部边缘，南及江苏省淮北一带。大汶口文化分为三期，早期为公元前4200—前3600年；中期分为公元前3600—前3100年；晚期为公元前3100—前2600年。大汶口文化中、晚期的墓葬出现严重的贫富分化，一些富有的大墓，墓穴规模宏大，使用木椁葬具，有大量精美的陶器和石骨器，有些多达一百多件，而且还有精美的玉器和象牙器等。而那些十分简陋的小墓，墓穴仅容一具尸骨，随葬品只有一两件豆、罐之类的陶器，有的甚至一无所有。大汶口墓地大墓与小墓的这种反差，说明大汶口居民内部已出现财富和社会地位上的分化。在大汶口文化中晚期发现有"炅"、"钺"、"斤"等陶文符号。

18. 龙山文化

因1928年在山东章丘龙山镇城子崖的发掘而命名的新石器时代晚期文化。最初泛指黄河中、下游地区新石器时代晚期的文化遗存。1949年以后，大量的发掘和研究表明，原先的所谓龙山文化，其文化系统和来源并不单一，不能把它们视为只是一个考古学文化。因此，后来根据几个地区不同的文化面貌，分别给予文化名称。一般的分法是：（1）山东龙山文化，或称典型龙山文化，其分布以山东地区为主。它上承大汶口文化，下续岳石文化。年代约为公元前2600—前2000年。（2）庙底沟二期文化，主要分布在豫西地区。由仰韶文化发展而来，属于中原地区早期阶段的龙山文化。年代约为公元前2900—前2800年。（3）河南龙山文化，主要分布在豫西、豫北和豫东一带。上承庙底沟二期文化或相当这个时期的遗存，发展为二里头文化。年代约为公元前2600—前2000年。一般还分为王湾三期、后岗二期和造律台三个类型。（4）陕西龙山文化，或称客省庄二期文化。主要分布在陕西泾、渭流域。（5）陶寺文化，以前也称龙山文化陶寺类型或中原龙山文化陶寺类型。主要分布在晋南地区。年代约为公元前2400—前1900年。

19. 龙山时代

可分为广义的龙山时代与狭义的龙山时代两个概念。广义的龙山时代是指公元前3000—前2000年间，在中原地区包括庙底沟二期文化时期，庙底沟二期为龙山时代的早期，年代为公元前2900—前2800年。河南永城王油坊的龙山文化，较早的年代可达公元前3094年（ZK—0539）；郑州大河村第五期属于龙山早期，其较早年代亦为公元前3000年左右。狭义的龙山时代是以山东龙山文化（即所谓"典型龙山文化"）的出现为开始的时代，指公元前2600—前2000年间。

20. 良渚文化

长江下游地区新石器时代晚期文化，因浙江省余杭县良渚遗址而得名。主要分布在太湖地区，主要中心性遗址有浙江余杭良渚遗址群，江苏昆山赵陵山，吴县草鞋山、张陵山、武进寺墩，上海青浦福泉山等数十处。年代约为公元前3300—前2000年之间。良渚文化的陶器，以夹细砂的灰黑陶和泥质灰胎黑皮陶为主，圈足器、三足器较为盛行。良渚文化的墓葬特别流行用玉器随葬。良渚文化的玉器达到了史前玉器发展的顶峰。不仅种类繁多、数量很大，而且制作精湛，玉器上大多刻有神人兽面纹及其各种变体、鸟纹、卷云纹等良渚文化特有的图案。

21. 氏族

从原始群中分化出来的以血缘关系而结成的社会组织。是原始社会的基本生产和消费单位。其成员出自共同的某个祖先，有自己崇拜的图腾标识。实行族外婚制。氏族成员共同劳动，人人平等，财产共享。氏族首领管理公共事务，重大事情由氏族议事会共同商议。氏族社会分为母系和父系两个发展阶段。国家是在氏族社会组织解体的基础上产生的。

22. 部落

原始时代的一种社会组织。美国人类学家 L. H. 摩尔根对美洲印第安人易洛魁人部落的描述是：印第安人的部落由若干氏族组成，具有一块领土和一个名称，说同一种方言，部落内各氏族的成员相互通婚，部落对各氏族选出的酋长和军事首领有授职之权和罢免之权，部落具有共同的宗教观念及祭祀仪式，有讨论公共事务的部落会议与一个最高首领。

23. 部落联盟

原始社会后期形成的部落联合组织。多是由有血缘关系的或相毗邻的、利害一致的部落组合而成。美洲印第安人的易洛魁部落联盟就是由具有相互接壤的领土、相近的方言以及分散在各部落中的血缘相近的氏族等条件的五个独立部落组成的。部落联盟的主要职能是共同从事军事行动，如袭击敌对部落或对付外来侵略者时采取一致行动。易洛魁部落联盟内设有由 50 名世袭酋长组成的联盟会议，这些世袭酋长是由五个部落中的某些氏族选出，其地位和权限完全平等，对联盟内诸事项有最高决定权。联盟中的世袭酋长同时又是自己所在部落的世袭酋长，享有参加部落议事会和表决的权利。联盟议事会允许人民自由发言，但决议权限于联盟议事会。联盟设立两名主要军事酋长，其权限相等，无最高行政官。

24. 图腾

原始氏族部落的崇拜物、保护神及名称、徽号、标志。"图腾"（Totem）一词来自北美奥杰拜人（Ojibways），意为"我的血亲"。图腾崇拜的核心内涵在于：它将自然界中动物、植物或其他自然物、自然现象引为自己的血缘"亲族"，深信其崇拜对象或者是本族的祖先，或者与本族祖先有过血缘交流，或者是本族成员生育和生命的根源之所在。有许多原始氏族部落以图腾崇拜物为该族及其个人的名称、徽号或标志，同时也是本族的保护神。这样，人们在村落前立图腾柱，在房屋、生活用具上绘制图腾，甚至文身以为标志，都是为了表现图腾神灵经常和本族在一起，庇佑着大家，并因此而发展出发达的图腾艺术。

25. 对偶婚

亦称对偶家庭，指原始社会时期，不同氏族的成年男女双方，在或长或短的时间内实行由一男一女组成配偶，以女子为中心，婚姻关系不稳固的一种婚姻形式。对偶婚为一种两相情愿、不受约束而稍有固定的成对同居形式。摩尔根在《古代社会》中曾指出："区别偶婚制与专偶制的主要特点在于前者缺乏独占的同居。"对偶婚和对偶家庭是不断发展的。起初，男女双方都住在自己母亲的氏族中，通常由丈夫到女家拜访妻子，或双方到专为他们建筑的公房中过夫妻生活，即所谓望门居；随着母系氏族发展到繁荣期，氏族分裂为母系大家庭或母系大家族，丈夫便迁到妻子家中居住，即所谓从妻居；至父系氏族初期，妻方居住形式则为夫方居住制所代替。对偶婚和对偶家庭的发展，从人类原始社会时期只知其母不知其父，发展到知母又知父，为后来的父系氏族和一夫一妻制家庭的产生准备了条件，是人类婚姻家庭史上的一个进步。

26. 专偶婚

亦即一夫一妻制婚姻。关于专偶制家庭的产生，学术界存在不同看法。多数学者认为，专偶制家庭是从对偶家庭发展而来的；而西方一些学者认为，人类家庭一开始就是父系制家庭。专偶制家庭是与父系社会联系在一起的，它从产生时起，实际上就只要求女子实行专偶制，男子则可以公开或秘密地实行多妻。真正的专偶制是建立在男女平等的基础上的。

27. 聚落

人类聚居和生活的场所，是人类各种形式聚居地的总称。"聚落"一词古代指村落，如《汉书·沟洫志》记载："或久无害，稍筑室宅，遂成聚落"。近代泛指一切居民点。根据其形态可分为城市聚落和乡村聚落两种形式，城市聚落一般由乡村聚落发展而来。聚落是聚落地理学的研究对象，也是考古学的一种基本分析单位和研究对象，因此产生出"聚落考古学"。很多著名聚落遗址具有很高的科研价值，是人类非常珍贵的历史文化遗产。

28. 酋邦

欧美人类学家指称原始社会中血缘身份与政治分级相结合的一种不平等的社会类型。酋邦（chiefdom）这一概念最早是由美国人类学家卡莱尔沃·奥博格（Kalervo Oberg）在 1955 年写的一篇文章中首次提出的。在该文中，奥博格根据墨西哥南部低地哥伦布之前的印第安部落社会结构的特点，总结出六种类型的社会形态，其中第 3 种是政治上组织起来的酋邦（Politically organized chiefdoms），这是在一个地域中由多村落组成的部落单位，由一名最高酋长统辖，在他的掌控之下是由次一级酋长所掌管的区域和村落。其政治结构的特点是酋长有法定权力来解决争端、惩罚违纪者。其后，在塞维斯的"游团—部落—酋邦—国家"

这一演进模式中，酋邦被视为国家产生之前的原始社会已出现不平等的一个发展阶段。在欧美人类学家中，由于酋邦的多样性、复杂性以及学者们对它认识上的差异，导致对酋邦定义也有所不同。酋邦涵盖了从刚刚脱离原始部落的较为平等的状态一直到非常接近国家的复杂社会的各种不同类型的社会形态，"简单酋邦"与"复杂酋邦"则用来表示酋邦社会中不平等的发展程度和酋邦演进中的前后两个阶段。

29. **邦国**

指结构形态简单的早期国家。"邦国"一词既见于青铜器铭文，如《蔡侯钟》"建我邦国"；也见于《诗经》、《周礼》等文献。"邦"或"邦国"这些词汇表达的大多属于古代国家之类的政治实体。如在《尚书》的《召诰》、《大诰》等文献中，周人用"大邦殷"称呼殷商王国，用"小邦周"称呼周人自己的国家。《尚书》等先秦文献中的"邦"、"邦人"在《史记》等文献中每每被置换为"国"、"国人"。青铜器铭文和先秦文献中有"邦君"这样的称呼，指的是邦国之君。在当代的史学著作中，有学者用"邦国"、"王国"、"帝国"来指称中国古代国家形态发展的三个阶段，在这样的体系中，邦国指的就是简单的早期国家。

30. **族邦**

指邦国，也属一种早期国家。在这样的国家中，血缘、姓族、宗族等因素还发挥着重要的作用，因而在"邦"（国家）之前冠以"族"而称"族邦"。"族邦"用来指国家，最早是由田昌五先生提出，他把从五帝时期的"万邦"经夏商周时期一直到战国时代都称为"族邦时代"。而其他学者更主要的是在邦国的意义上使用族邦这一概念。

31. 三皇五帝

指中国古史传说时代的诸位领袖。三皇五帝作为一个专有名称，出现在战国时代。《周礼》、《庄子》和《吕氏春秋》等书中都有"三皇五帝"这一概念，但在古代文献中说法不一。关于"三皇"大约有六种说法：(1) 伏羲、女娲、神农（《春秋元命苞》）；(2) 遂皇、伏羲、女娲（《春秋命历序》）；(3) 伏羲、神农、燧人（《白虎通·德论》。《礼含文嘉》排列为："宓戏、燧人、神农"）；(4) 伏羲、神农、共工（《通鉴外记》）；(5) 伏羲、神农、黄帝（《玉函山房辑佚书》引《礼稽命征》、孔安国《尚书传序》、皇甫谧《帝王世纪》）；(6) 伏羲、神农、祝融（《白虎通·德论》）。

"五帝"也有多种不同的组合。现在一般采用的多是《易传》、《大戴礼记·五帝德》、《国语》、《史记·五帝本纪》所记载五帝：黄帝、颛顼、帝喾、帝尧、帝舜。

32. 伏羲

三皇五帝传说中的三皇之一。传说中的伏羲时期的文化主要特征有三：(1) "教民以猎"（《尸子》）、结网捕鱼；(2) 始"制嫁娶"之礼（《古史考》）；(3) "仰则观象于天，俯则观法于地，观鸟兽之文与地之宜，近取诸身，远取诸物，于是始作八卦"（《易传·系辞下》）。"始作八卦"说明已出现原始、朴素的逻辑思维和辩证思维；"制嫁娶"，出现以血缘为纽带的社会组织，因而伏羲氏时代的渔猎经济也已不属于旧石器时代早期和中期较低级的渔猎经济，应与旧石器时代晚期较高级的渔猎经济相对应，伏羲时代属于旧石器时代晚期。

33. 女娲

神话传说中的人物。《太平御览》卷七引《风俗通》说："俗说天地开辟，未有人民，女娲抟黄土作人。"说的是有关女娲抟土造人的神话传说，这是古人对人类起源的一种神话性的解释。此外，还有女娲补天的传说。《淮南子·览冥训》说："往古之时，四极废，九州裂，天不兼覆，地不周载……于是女娲炼五色石，以补苍天，断鳌足以立四极，杀黑龙以济冀州，积芦灰以止淫水。"大概远古时期发生过被古人称之为"天崩地裂"的地震、暴雨不断等自然灾害，古人将此说成是天塌陷了一个大洞，用女娲补天的神话故事来解释这种重大自然灾害的发生以及自然界的恢复和天气的好转。

34. 神农

神话传说中的三皇之一。是古人解释我国上古农业起源及其早期发展的传说人物。《逸周书·佚文》说："神农之时天雨粟，神农耕而种之。作陶冶斤斧，破木为耜，鉏耨以垦草莽，然后五谷兴，以助果蓏之实。"《易传·系辞下》曰："神农氏作，斲木为耜，揉木为耒，耒耨之利，以教天下。"说的都是神农发明农业和农业生产工具的事情。此外，还有神农尝百草的传说。《淮南子·修务篇》说："神农尝百草之滋味，一日而遇七十毒。"神农尝百草，一方面说明上古医药与农业及植物学知识密不可分，同时也告诉人们神农的牺牲精神。有的文献说神农即炎帝；也有学者认为，汉代以前，神农是神农，炎帝是炎帝，只是炎帝族也很注重农业，对农业的发展很有贡献而已。

35. 炎帝

古史传说中与黄帝并列的我国人文始祖。姜姓，又号称"烈山氏"、"列山氏"、"厉山氏"、"连山氏"、"魁隗氏"等。《国语·晋语四》说："昔少典娶于有蟜氏，生黄帝、炎帝。黄帝以姬水成，炎帝以姜水成，成而异德，故黄帝为姬，炎帝为姜。"因《水经注》渭水条下记载有："岐水又东，径姜氏城南，为姜水"等，所以，徐旭生等学者主张姜姓的炎帝氏族的发祥地在渭水上游今宝鸡一带。也有学者认为，被号称为"烈山氏"、"列山氏"、"厉山氏"、"连山氏"的炎帝，并不在北方，而是在南方。炎帝对农业的发展有贡献，故有的文献说炎帝即神农。炎帝与黄帝并称"炎黄"。

36. 黄帝

古史传说中的五帝之一。黄帝族最初居住在今陕北的黄土高原上，后来向东迁徙发展，其足迹和迁徙的范围很大。司马迁说他曾游各地，"西至空桐，北过涿鹿，东渐于海，南浮江淮"。各地的风俗习惯虽然不同，但他所到之处，各地的长老往往皆"称黄帝"。可见黄帝传说的影响之大。我国上古时代，人名、族名和地名常常合而为一。黄帝号称轩辕氏，又号称有熊氏。有学者认为，轩辕氏即天鼋氏，是以大鳖为图腾；有熊氏是以熊、虎等猛兽为图腾。黄帝称轩辕又称有熊，是部族融合的结果。这种部族融合的进一步发展，后来就成为以黄帝族和炎帝族为主体，融合其他诸多部族而形成的华夏民族。华夏族的主干是由黄帝族、炎帝族所构成，黄帝和炎帝也就顺理成章地被视为中华民族的人文初祖。

37. 尧

名放勋，传说是陶唐氏的邦君，所以又称唐尧。陶唐氏最初活动于今河北唐县一带，后迁徙来到晋南，在帝尧时定居于晋南的临汾盆地，即文献所说的"尧都平阳"。在尧舜时期，各地已产生邦国，并出现邦国联盟。尧、舜、禹最初都是各自邦国之君，也先后担任过中原地区邦国联盟的盟主。尧舜禹禅让传说，描述了盟主职位在邦国联盟内转移和交接的情形。

38. 舜

名重华，传说是有虞氏之人，所以又称虞舜。孟子说舜最初是东夷人，生于诸冯（有学者认为在今山东诸城）。虞舜后来由东方迁徙到了今晋西南的永济一带，所以舜又被称为"冀州之人"。据《尚书·尧典》等记载，尧在年老的时候，让联盟内的"四岳"推举继承人，大家一致推举舜。经过对舜的品德等一系列考察，尧以为舜足以授天下，于是决定让位于舜。舜正式继位前，曾把权力让给尧的儿子丹朱，自己避居于南河之南。然而天下诸邦和民众却不信任丹朱，而拥戴舜，这样，舜才正式继位。

39. 禹

古史传说中的人物。有关他的传说，最为著名的是大禹治水。相传禹吸取父亲鲧治水失败的教训，用疏通河道，开导川流的阻滞来取代围堵的方法治理洪水，获得了成功。"禹娶涂山氏女"为妻，禹为治理洪水，三过家门而不入，被传为佳话。禹治理洪水取得了成功，在邦国联盟中建立了极大的威信。《左传》哀公七年记载："禹合诸侯于涂山，执玉帛者万国。"此时的禹已具有决定生杀予夺的专断权力，《国语·鲁语》记载，禹曾令各地邦君会盟于会稽（今浙江绍兴），防风氏迟到，禹一声令下，就把他杀了。禹是从早期的邦国向王国转变时期的邦君和邦国联盟盟主。

40. 禅让制

传说中的中国古时帝位传承体制。相传实行于尧、舜、禹时期。此一时期"天下"归为"一统"，而地方诸侯国仍具较大独立性，取得帝位需经诸侯国君认同。帝在位期间，经臣属推举贤能以确定后继者人选，委以重任，增强其才干和威望。帝死后，后继人选需推让、回避一段时间，待诸侯归心拥戴方就帝位。而据近人研究，此制实行于原始社会末期或早期文明时代，系部落联盟推选首领或邦国联盟推选盟主的制度。

（三）夏商周

1. 二里头遗址

位于河南偃师二里头村，发现于1957年冬。其第一至第三期遗址的碳十四测定的年代为距今3750—3600年左右，与夏代的中、晚期相当。二里头遗址规模宏大，面积达3平方公里以上。在二里头的宫殿建筑群中，一号宫殿最为壮观。由主殿、庭院、廊庑环绕的围墙所组成。整个建筑气势宏伟，巍巍壮观，象征着权力、地位和威严。二里头遗址出土的青铜器，有鼎、爵、斝、盉等礼器；钺、戈、戚、镞等兵器；锛、凿、钻、锥、刀等工具；另外还有各种镶嵌绿松石的铜牌和铜铃等。礼器反映等级身份，兵器显示出战争，这些都体现了当时"国之大事，在祀与戎"（《左传》成公十三年）的社会价值取向。二里头还出土了各种玉礼器，如玉钺、玉璋、玉戈、玉刀、玉戚、玉圭等。这些玉器制作得颇为精美。在一个贵族墓中出土的用绿松石片粘嵌的大型龙形器，是中国早期龙形象文物中珍贵的精品。作为礼乐之邦的中国，玉器和玉礼器也是其礼乐文明的重要组成部分。许多考古学者推定二里头遗址为夏朝中晚期的王都。

2. 殷墟

殷商王朝后期都城遗址。位于河南省安阳市西北郊洹河两岸，面积在30平方公里以上。发现于20世纪初，1928年开始发掘。自盘庚迁都于此至纣王（帝辛）亡国，商以此为都（约公元前14世纪末至前11世纪），共经八代十二王、二百七十三年。殷墟遗址规模宏大、遗存丰富、分布密集。包括宫殿、宗庙区，铸铜、制骨、制陶等手工业作坊区，居民区，王陵区和平民墓地等部分。出土有大量青铜器、玉器、骨角器、陶器等遗物，其中包括司母戊鼎、三联和尊等著名的精美青铜礼器。此外，遗址内还出土甲骨卜辞 15 万余片，这是中国迄今为止发现的最早的系统文字。

3. 三星堆遗址

蜀文化遗址。位于今四川广汉市西约 10 公里南兴镇三星村，北倚鸭子河，南有马牧河。马牧河南岸原有三座黄土堆，故称三星堆。马牧河北岸有月亮湾（今真武村），1929 年因出土玉器而引人关注。1986 年，在三星堆南面发掘一、二号祭祀坑，时代属商代中晚期，出土有金杖、金面罩、金虎形饰、青铜立人像、人头像、人面像、神树、尊、罍、玉牙璋、玉琮、玉瑗、象牙、海贝等大量精美器物，地方特色浓厚，制作及使用年代当在商代或更早些。后又在月亮湾以东发现东城墙，在月亮湾以西发现西城墙，在三星堆以南发现南城墙，整个城址呈北窄南宽布局，东西长 1600—2000 米，南北长 2000 米左右，面积 3.5—3.6 平方公里。发掘者认为此城址当为商至西周初期蜀国之都城所在。

4. 内服

古时地域区划。亦称畿内或王畿，指以王都为中心向外辐射五百里的范围，属王直接治理的地区。服即服事，畿即界限。据《尚书·禹贡》及《国语·周语》，甸服属内服。另亦有以甸服属外服者。

5. 外服

古时地域区划。指王畿（内服）以外地区，居住者为臣服于王的诸侯国及边远民族。《尚书》、《国语》、《周礼》等对外服有不同记述。《尚书·酒诰》："越在外服，侯、甸、男、卫邦伯。"可与甲骨文、青铜器铭文中的相关内容相对应，反映了商代的国家结构。

6. 方国

一般是指夏商周时期与中央王朝或中央王国相对而言的各地方的国家。甲骨文中的"某某方"说的就是某一方国。如商在尚未取代夏之前是方国，灭商前的周是商王朝的方国，而在其取代前朝的正统地位后则成为中央王国，各地臣服或受封之国成为其方国。

7. 百姓

商周时期贵族总称。《尚书·酒诰》："越百姓里居。"孔安国释"百姓"为"百官族姓"。孔颖达解为"每官之族姓"。《诗经·小雅·天保》："群黎百姓。"《毛传》亦解释"百姓"为"百官族姓"。《国语·楚语下》："百姓千品。"韦昭解释"百姓"为"百官受氏姓"。此一时期为官者以职事赐姓，如太史、司马等，其家族世代相传，故称"百官族姓"为"百姓"。战国以后用为平民的通称，见于《墨子·辞过》等。

8. 宗法制

古时以血缘关系为基础形成的统治制度，以周代最为典型。其王位世袭，由嫡长子继承，称为天下的大宗，是同姓贵族的最高家长，也是政治上的共主，掌握国家的军政大权。嫡长子的同母弟与庶兄弟封为诸侯，对周王为小宗，在本国为大宗，其职位也由嫡长子继承，为下一代诸侯。诸侯的庶子分封为卿大夫，对诸侯为小宗，在本家为大宗，其职位亦由嫡长子继承，为卿大夫。从卿大夫到士，其大宗与小宗的关系与此略同。士的长子仍为士，其余诸子为平民。这些世袭的嫡长子称为宗子，百世不迁。

9. 世卿世禄

周代官禄体制。周代通过层层分封，形成王、诸侯、卿大夫、士等一系列等级，各等级爵位、权力及其占有的土地、人民和财富，原则上都由嫡长子继承，次子或庶子只能分到次一等的权力和地位。由嫡长子世袭的各级贵族以族长的身份掌握着各级政权和兵权。世袭的卿大夫按照声望和资历来担任官职，并享受一定的采邑收入，称为世卿世禄。春秋后期，在卿大夫家中出现官僚性质的家臣，他们不再有封地，而是以粮食为俸禄，逐渐演变为战国时期的官僚体制。

10. 采邑

亦名封地或采地。周代实行分封制，诸侯封赐属下卿大夫的封地称采邑，卿大夫的嫡长子孙可世代以采邑为食禄，故采邑亦称食邑。最初的采邑，卿大夫只是收取封地的经济收入和进行管理，而采邑的土地和居民仍直属于诸侯。到后期，随着卿大夫势力的增长，其采邑拥有的权力越来越大，独立性越来越强，已接近于诸侯的封地。

11. 五等爵

周代分封诸侯依次尊卑的五个爵称，即公、侯、伯、子、男。依据《孟子·万章下》所述，其公、侯受封之地方圆百里，伯受封之地方圆七十里，子、男受封之地方圆五十里。爵称除以封地大小相区别外，也与其所处政治地位有关。《公羊传·隐公五年》记载，天子三公称公，王者之后称公，其余大国均称侯，小国称伯、子、男。另据《礼制·王制》，又以天子、公、侯、伯、子男为五等爵制。

12. 三公

中国古时朝廷中最尊显的三个官职的合称。据《尚书·周官》及《周礼》，以太师、太傅、太保为三公。而据《尚书大传》及《礼记》，则以司徒、司马、司空为三公。另有《公羊传》以三公为天子之相，自陕（今河南陕县一带）而东者周公主之，自陕而西者召公主之，一相居于朝中，是为三公。秦代不设三公。汉代初以丞相、御史大夫、太尉为三公；后太尉废置，以大司马统领军权，将御史大公改为大司空，将丞相改为大司徒，而称三公。魏晋以后，三公之位虽常设，已无实权，逐渐变成虚衔或"优崇之位"。

13. 三监

周初在原商王畿内所设监管者。周武王克商，将原商都朝歌（今河南淇县）及其附近地区分为三国，以邶封商纣王之子武庚禄父，以鄘封武王弟管叔鲜，以卫封武王弟蔡叔度，共同监管商朝遗民，称为三监。周武王死后，成王年幼即位，周公摄政，引起管叔、蔡叔怀疑，联合武庚作乱。周公奉成王之命东征，杀武庚、管叔，放逐蔡叔，而迁三监之民于成周（今河南洛阳东）。一说三监是指管叔（封于卫）、蔡叔（封于鄘）及霍叔（武王弟，封于邶），不包括武庚（封于原商都）。后管叔、蔡叔及霍叔联合武庚作乱。

14. 西周

周朝早期。起于公元前11世纪周武王克商，建立周朝，止于周幽王十一年（公元前771）申侯、犬戎攻杀幽王于骊山下。因国都镐京（今陕西西安西）在王畿西部，故称西周时期。此一时期国势强盛，受分封的诸侯听命于周王，少有征战，在典章制度方面多有建树，对后世影响深远。

15. 共和行政

西周时期政治事件。周厉王暴虐专制，宠信佞臣，引起国人谤怨，愤而起事，攻袭厉王，厉王逃奔到彘（今山西霍县）。太子静藏在召穆公家，被国人包围，召公以自己儿子代替，太子方得免难。厉王出奔后，由朝臣召穆公、周定公二人共同行政，号为共和。共和元年（公元前841），为中国古史有明确纪年之始。共和十四年，厉王死于彘，周、召二公共立太子静，是为周宣王，共和行政即行结束。此外，还有以共和指共伯和（共国国君名和）一说，厉王出奔后，诸侯推举共伯和代行天子事，故称共和行政。厉王死，共伯和使诸侯奉太子静为王，自己回到卫国。

16. 东周

周代中晚期。起于周平王元年（公元前770）东迁洛邑（今河南洛阳），止于秦始皇二十六年（公元前221）统一六国。因国都洛邑位于王畿东部，故称东周时期。其又可分为春秋和战国两个时段。此一时期王室衰微，已无能力控制局势，且所属领地逐渐缩小。周考王时（公元前440—前426年在位）封其弟为西周公（西周桓公），后传子西周威公，再传子西周惠公，又封其少子为东周公（一说韩、赵助东周叛立）。东、西周二公国分治后，周显王寄居东周，至周赧王又改居西周。周赧王五十九年（公元前256），周赧王死，秦取九鼎宝器，而迁西周公于𢠸狐（今河南洛阳南百余里）。后七年，秦庄襄王灭东周，东、西周皆入于秦。

17. 春秋

东周前半期。起于周平王元年（公元前770），止于周敬王四十四年（公元前476）。因后世所传鲁国编年史《春秋》记事时间（起于鲁隐公元年即公元前722年，止于鲁哀公十六年即公元前479年）与之大体相当，故称春秋时期。此一时期王室衰微，诸侯大国争霸，多有征战会盟之事，许多小国灭亡，社会剧烈动荡。

18. 春秋五霸

春秋时期诸侯国中获得霸主地位的五位国君。亦称五伯。据《孟子·告子》赵岐注，五霸是指齐桓公、晋文公、秦穆公、宋襄公、楚庄王。另据《荀子·王霸》、《墨子·所染》所述，则当指齐桓公、晋文公、楚庄王、吴王阖闾、越王勾践。

19. 尊王攘夷

春秋时期齐、晋等国为争得霸主而采取的策略。"尊王"即尊崇周王的权威。此一时期周王虽已无力控制局势，但在名义上还是"天下共主"，以"尊王"相号召，既可维持大局基本稳定，促进诸侯国间的联合，又可为倡导者捞取争霸的政治资本。周襄王十六年（公元前636），王子带作乱，襄王出奔。晋文公出兵护送襄王回王都，杀王子带，即属此类行动。"攘夷"即抵御夷狄入侵。此一时期原属于周边地区的夷狄部族势力渐强，乘机侵入内地，使周初所封诸侯国的安全受到严重威胁。驱逐入侵者，使被灭掉的弱国得以复兴，以求华夏族在中原地区的主体地位得以巩固和延续。周惠王十七年（公元前660），狄人伐卫。次年，狄人伐邢。齐桓公均出兵相救，使卫、邢二国灭而复兴，即属此类行动。

20. 三桓

春秋时期鲁国卿臣。鲁国鲁僖公在位期间，由鲁桓公之子季友执政，其后代称季孙氏。季友之兄庆父、叔牙之后为孟孙氏、叔孙氏。这三家皆为桓公之后，故称三桓。僖公以后到春秋末，鲁国政权基本上由三家把持，鲁君实力严重削弱。

21. 六卿

春秋时期晋国卿族。晋国因不许立公子、公孙为贵族，导致异姓或国姓中疏远的卿大夫得势，先后出现狐、赵、韩、魏、栾、范、荀氏等强大卿族，经激烈兼并，到春秋晚期只剩下最强的赵、魏、韩、范、中行、智氏六族，称六卿。后来又灭范、中行氏，再灭智氏，由赵、韩、魏氏三分晋国。

22. 战国

东周后半期。起于周元王元年（公元前475），止于秦始皇二十六年（公元前221）统一六国。因此一时期有秦、楚、韩、赵、魏、齐、燕七个大国被称为"战国"，故称战国时期。此一时期大国争雄，通过兼并战争实现统一。各国通过变法，改革政治、经济、军事体制，增强实力，推动社会进步与转型。

23. 战国七雄

指战国时期齐、楚、燕、赵、魏、韩、秦七国。齐国为周初姜太公所立，至周安王十六年（公元前386），田和开始列为诸侯，取代姜齐。楚国在商代已有，周初继封，相沿至战国时期。燕国为周初召公所立，相沿至战国时期。赵、魏、韩三氏原为晋国卿臣，周贞定王十六年（公元前453）三分晋国，周威烈王二十三年（公元前403）同列为诸侯。秦人在周孝王时受封于秦地，为附庸。周幽王十一年（公元前771），犬戎与申侯伐周，杀幽王于骊山下。秦襄公将兵救周，有功，被周平王封为诸侯。秦最后灭六国，统一中国。

24. 合纵连横

战国时期纵横家所主张和推行的外交、军事策略。"合纵"即"合众弱以攻一强"，将许多弱国联合起来抵抗一个强国，以防止强国兼并。"连横"即"事一强以攻众弱"，由强国拉拢一些弱国来进攻另外一些弱国，以达到兼并土地的目的。其重视依靠外力，过分夸大计谋策略的作用，代表者有苏秦、张仪等。

25. 胡服骑射

战国时期赵国实行的军事改革。赵国北临东胡、林胡和楼烦等游牧部族，经常以骑兵侵扰赵国。为加强边防，周赧王八年（公元前307），赵武灵王命令军队采用胡人服饰，改穿短装，束皮带，用带钩，穿皮靴，借以发展骑兵，训练在马上射箭的作战技术，使军队作战能力大为增强，攻取林胡、楼烦部分土地，迫使其向北迁移。

26. 郡县制

中国封建社会的主要地方行政制度。春秋时期诸侯国中已有县的设置。县的长官多父子相传，楚国称尹，或称公；晋国称大夫。至战国时期，县的设置已较广泛，并由世族世官制转变为官僚体制。商鞅变法，更在秦国普遍推行县制，一县之长称县令，由国君随时任免。郡的设置亦始于春秋时期，初期多设于边境地区，其与县之间无统属关系。至战国时期，随着郡、县数量增多，渐形成以郡统县的地方管理体系。郡守（或称太守）为一郡之长，多由武官充任，有征兵领军之权。秦统一后，郡县制通行于全国。

27. 上计

战国时期的官吏考评体制。主要在韩、赵、魏、秦等国实行。每年秋季先由县令、长把全县的户口、垦田、钱谷出入等数目编为计簿，呈送郡国，由郡国守、相进行考核，并将对县级官吏的考评以及向中央推荐的人才简况如实写在统计簿册上，称为"计书"，年底前将副本上呈于中央进行考绩。计簿初由郡县丞呈送，后改派高级掾史负责，称为上计吏、上计掾或计吏，遇有错误及不实之处，上计吏首先要遭到刑讯，才能出众的上计吏可以留在郡国或中央任职。秦汉以后沿用。

28. 国人

周代居住于城区及近郊者。周王或诸侯所居都城及其百里之内的近郊称为国，故称居住在国中者为国人。国中分划为乡，由乡大夫等进行管理。国人的多数是与贵族有宗法血缘关系的士阶层，他们有议政的权利，当国家遭到大的变故时，王或诸侯要征询其意见。他们之中的才能优秀者，会得到选拔推荐。其丁壮日常有义务参加国家组织的田猎、力役；遇有战争，则参加军队，或出征，或戍守。

29. 野人

周代居住于田野者。周王或诸侯所居都城及其近郊称为国，郊以外称为野，故称郊以外的居民为野人。野中划分为遂，由遂大夫等进行管理。野人主要承担生产活动，战争时期只在军中从事配合性的杂务。

30. 什伍

战国时期秦国户籍编制。商鞅变法时制定连坐法，将秦国居民按五家为一伍、十家为一什进行编制，建立相互告发和同罪连坐的制度，告发奸人者可以如同斩得敌人首级一样得赏，不告发者要腰斩。如果一家藏奸，与投敌者受同样的处罚；其余九家不检举告发，要一起办罪。这种连坐法也实行于军队的行伍之中，在作战时五人编为一伍，登记在名册上，一人逃亡，其他的人就要受到处罚。

31. 五刑

中国古代五种刑罚的总称。起源于虞舜时期，夏商以后相沿，而所指互有不同。商周时期以墨、劓、刖、宫、大辟为五刑。墨，又名黥，即刻刺肌肤，填墨。劓即割鼻。刖即断足。宫，即男子割掉生殖器，女子幽闭。大辟即杀、斩。秦汉时期刑制繁杂，是以肉刑为主体的五刑向徒刑、流刑为基础的刑罚体制的过渡期。北魏重新确定新的五刑制，以死、流、徒、鞭、杖为其五刑。隋代去鞭刑，加入笞杖，正式确定了以笞、杖、徒、流、死五刑的刑罚体系，一直相沿至明清时期。

32. 九刑

周代刑罚。《汉书·刑法志》载："周有乱政而作九刑。"一般解释为在已有墨、劓、刖、宫、大辟五刑外，增加流（流放）、赎（用财物抵消肉刑或死刑）、鞭（用大竹板或荆条捶击被刑者的脊背、臀部、双腿）、扑（用小竹板或荆条击打身体）等四种刑罚，称"九刑"。此外，亦有解释"九刑"为书名，指周代九篇刑书。

33. 井田制

中国古时田制。相传起源于黄帝时期，盛行于夏商周三代。其以土埂和沟洫为界限，将用于耕种的田地划分成整齐的有一定地积的小块。井田的最高所有权属于国君或贵族，耕作者仅有使用权。其分为公田和私田两部分，小块的私田由每户农民耕种，收获归己；公田则由大家通力合作，收成归国家或贵族。此外，还有不划井的零散土地，如《周礼》所述在国都附近有官田、士田、贾田、赏田等。官田、贾田是分给供职于官府的小吏、工商的禄田，士田是授予士家属的份田。

34. 公田

周代田制。井田制下，每户农夫都必须参与集体耕作公田。公田的全部收获作为贡赋交纳，国家以支付宗庙祭祀、官吏俸禄和朝廷日常费用，或作为各级贵族的封地收入。

35. 私田

周代田制。井田制下，每户农夫所受定期轮换的份地，谓之私田，其收获归己。井田制废除后，份地转为私有，始对国家纳税。

36. 三田制

周代可耕田的三种形态。其当年开垦耕种的田地称菑，垦后一年者称新，垦后二年者称畬。亦有以垦后一年者称畬，垦后二年者称新。菑指拔除草木、整治田亩、开荒耕种。因当时还不能精耕细作并缺乏较好的施肥条件，新开的菑田经过几年种植便地力耗竭，不能种植，只好轮番抛荒。在三年的种植过程中，地力发挥的作用年与年之间各不相同，为有所区别，故有不同名称。

37. 爰田

春秋战国时期田制，或作辕田。爰、辕相通，意为变换、变易。爰田原指休闲耕作，一般为三年。因田地连续种植三年后地力耗竭，需要抛荒若干年，故农耕者所受田地三年变换一次。据《左传》等记载，周襄王七年（公元前645），秦、晋战于韩原，晋惠公被获，晋国为取悦于民而作爰田，即以可好坏轮换的田地赏赐臣民。

38. 初税亩

春秋时期鲁国进行的田税改革。时在鲁宣公十五年（公元前594）。按旧制，可耕作的田地分为公田和私田两部分，公田又称籍田，归国家所有，由农耕者集体耕种，所获谷物全部归公；私田亦归国家所有，平均分给每户农耕者，自己耕作，收获全部归己。而此次改革，开始打破公田与私田的界限，一律按亩征税，意在增加国家税赋，客观上则承认了私田的私有化。

39. 工商食官

商周时期管理体制。"工"主要是指各种从事手工业生产者，"商"主要是指从事商品交易活动者，其均隶属于官府，为王及诸侯国君服务。工商之家分区聚族而居，技艺世代承传，按官府指令和需要进行生产，管理工人生产的官吏称"工师"。工商之家也受田，但数量比农民少得多。工本人可以从公家的仓廪领取口粮。

40. 百工

古时对各种工的总称。工为以技艺为职业者，如奏乐、绘画等，而大多数为从事手工业生产的工。在商代甲骨文中已出现"百工"、"多工"等。在西周铜器铭文及《尚书》中都记有"百工"。"百工"或与"诸尹"、"里君"并列，当指各种工官；或与"臣妾"等并列，则当指从事各种手工业生产的奴仆。此一时期的"百工"多从属于官府，聚族而居，技术世代相传。春秋战国时期，"不为官工"的个体手工业者开始大量出现。

41. 犬戎

诸戎之一。戎为先秦时期西北民族的泛称,又称西戎。因分布范围及归属不同分为允姓之戎、姜氏之戎、犬戎等。犬戎即商周时期之畎戎,《山海经》称犬封国,夏商之际入居今陕西彬县、岐山一带。周穆王西征,迁犬戎于太原,亦称太原之戎。周夷王时,命虢公率六师伐太原之戎,获马千匹。周厉王时,戎入犬丘,而后大盛。西周之末,申侯联合犬戎等攻周幽王,杀幽王于骊山下。周平王东迁洛邑(今河南洛阳)后,将岐山以西之地赐封秦襄公,秦国进而尽取犬戎所据周地。

42. 东夷

古时对东方民族的泛称。其居住和活动范围主要在今山东、江苏、安徽一带。先秦时期,东夷民族众多,主要指以传说时代的太皞、少皞为代表的部族,《禹贡》称为"鸟夷"。又有"九夷"等名称。夏商周三代,华夏诸国与东夷多有征战,亦有通使会盟,渐至融合。近年出土的春秋时期徐国(徐夷)铜器,其文字、形制、纹饰已与中原器物无别。"九夷"之名犹见于战国,但秦并六国后,淮、泗诸夷皆散为民户,到汉代已无夷、夏之别。

43. 百越

古时对南方民族的泛称。其居住和活动范围主要在今浙江、江西、福建、台湾、广东、海南及越南国北部。因其居民"非一种","各有种姓",故称"百越"。根据语言、习俗和地域的差异可分为"闽越"(今浙江、福建、台湾)、"南越"(今广东)、"扬越"(今江西)、"雒越"(今海南及越南国北部)等。秦汉时期,经多次征讨,百越各族全部置于中央王朝统领的郡县之下,与华夏民族迅速融合。

44. 《四分历》

古历法。其以一年之长为三百六十五又四分之一日，故称四分历。在推算中辅以二十九又九百四十分之四百九十九为朔望月、十九年七闰为闰周。此法在春秋战国之际已被普遍采用，表明当时不仅能够较准确地测定回归年和朔望月，而且能够较准确地掌握两者之间的内在关系，使历法的编制工作从对天象观测的完全依赖中解脱出来，进入可以进行科学推算的阶段。

45. 二十四节气

中国古代根据物象特征所划分的气候节点。形成于战国时期，一年有二十四个，依次为立春、惊蛰、雨水、春分、清明、谷雨、立夏、小满、芒种、夏至、小暑、大暑、立秋、处暑、白露、秋分、寒露、霜降、立冬、小雪、大雪、冬至、小寒、大寒。到西汉时期将雨水移到惊蛰之前，相沿至今。

46. 二十八宿

古时天象观测体系。为了对日、月及金、木、水、火、土五行星的运动进行系统观测，以便准确地掌握其运行规律，古人将日月五星运行路线附近的恒星分成二十八区，称之为"二十八宿"；并将其平均分为东、西、南、北四组，称为"四象"或"四宫"。其自西向东依次为角、亢、氐、房、心、尾、箕（属东宫青龙），斗、牛、女、虚、危、室、壁（属北宫玄武），奎、娄、胃、昴、毕、觜、参（属西宫白虎），井、鬼、柳、星、张、翼、轸（属南宫朱雀）。据史书记载，战国时期甘公作《天文星占》、石申作《天文》，均记有二十八宿星名。1978年，湖北随州曾侯乙墓中出土绘有二十八宿全部星名和青龙、白虎图案的漆箱盖，可表明二十八宿及其划分四象的体系在战国初期已完全确立。

一　中国历史名词

47. 耦耕

周代耕作方式。耦为两个耒耜连缀而成的翻地农具。耕作时两人共持一耦，从左右同时用脚踏压，使耦入土翻地，有利于深耕，提高农作物产量。

48. 块炼法

早期冶铁技术。在炼炉中加入矿石和木炭，点燃后用橐鼓风来进行冶炼。因炭火温度不高，炉中的矿石不能充分熔化，被还原的即去了氧的铁从炉中出来时是呈海绵状态的熟铁块。这种表面粗糙、夹有渣滓的熟铁块需要经过相当时间的锻打，才可能得到较纯的铁块。考古发现表明，中国在春秋时期已用此法炼铁。与此同时，冶炼液态生铁技术亦开始出现。春秋晚期至战国早期，块炼铁在木炭中长时间加热，使表面渗碳，经过锻打，成为渗碳钢片，形成渗碳制钢技术。

49. 玉器

以玉石为原料制作的礼器、实用器和装饰品。新石器时代已出现用玉料制成的琮璧类礼器和龙形装饰品。商周时期玉和玛瑙、水晶等宝石的价值逐渐被认识，玉石制品的数量和品种都有增多，雕琢工艺也有提高，很多玉石器被赋予特定的含义。完成一件玉石制品，要经过锯截、琢磨、穿孔、雕刻和抛光等工序。秦汉以后，治玉技术不断改进，风格特点亦多有变化。

50. 青铜器

以青铜为原料制造的工具、武器、器皿及装饰品。在铜中加适量的锡，以降低熔点并改善硬度，即为锡青铜，通称青铜。其在新石器时期已经出现，夏商之际已有形制较为复杂的青铜容器和兵器。商代中晚期在铸造技术上有较大发展，器种增多，花纹精细，并开始有铭文。西周早期继承晚商传统，铭文加长。西周中晚期则有衰落趋势，纹饰走向简化，直到春秋中期才出现新的风格。春秋晚期到战国时期，铜器普遍采用错金银、鎏金、镶嵌、针刻等工艺，有很高的艺术价值。战国晚期日用铜器增多，转向规格化，作风朴素。秦汉时期继续呈现这一倾向，多为素面，只有铜镜的造型、花纹不断翻新。

51. 司母戊大方鼎

商代晚期青铜器。1939年出土于河南安阳武官村。其平面呈长方形，四足，通高133厘米，横长110厘米，宽78厘米，重875公斤，腹内有铭文"司母戊"（或释为后母戊）。现藏中国国家博物馆。

52. 利簋

西周早期青铜器。作器者名利。1976年在陕西临潼出土，现藏临潼博物馆。簋通高28厘米，口径22厘米。深腹，圈足下附方座。双兽头耳垂珥。腹和方座饰兽面纹、夔纹，圈足饰夔纹，都以云雷纹为底，方座平面四角还饰有蝉纹。簋腹内底有铭文32字，记述周武王征商，在甲子日早晨，岁星正当其位，攻克商都。八天之后辛未日，周武王赏有司（官名）利以铜，即作此器。其甲子纪时可与相关文献记载互为印证。

53. 大盂鼎

西周早期青铜器。作器者名盂。相传清道光初年出土于陕西岐山礼村，现藏中国国家博物馆。鼎通高102.1厘米，口径78.4厘米，腹径83厘米，重153.5公斤。口沿下及足上部均饰饕餮纹，足上部有扉棱。腹内有铭文291字，记述周康王对盂的册命赏赐诸事。当年与此鼎同出者尚有另一件盂所作之鼎（现已失传，仅存铭文拓本），因规制较小，被称为小盂鼎，此鼎则相应被称为大盂鼎。

54. 毛公鼎

西周晚期青铜器。作器者为毛公厝。相传清道光末年出土于陕西岐山，现藏台北故宫博物院。鼎通高 53.8 厘米，口径 47.9 厘米，腹围 145 厘米，重 34.7 公斤。口沿下有两周弦纹，中填重环纹。立耳高大，半球状腹，兽蹄形足。腹内有铭文 497 字，记述周宣王对毛公厝的册命赏赐诸事。

55. 陶文

刻印在陶器或封泥上的文字。在新石器时代的陶器上已可见到刻画的各种单体符号，许多符号可能已是文字的萌芽。在山东邹平县丁公龙山文化遗址出土的一块泥质灰陶片内侧刻有 11 个字（符号），刀法流畅，笔力均匀，字迹较为清楚，但皆用连笔刻写，目前尚未读通。商周时期陶器的刻划符号逐渐增多，有些可判读为数目字、人名等。春秋战国时期陶器上出现打印上的陶文戳记，多为地名、人名、官名等。战国秦汉之际，陶文亦用于封泥，即在封缄公文或书信时在竹简外再加一检（刻有横向小木槽的木片），用绳索将检捆缚起来，在槽内捺上一块湿泥将绳结盖住，再用印章在泥上打出印文，亦多为地名、官名等。

56. 甲骨文

商周时期刻写在龟甲和兽骨上的文字，用于占卜记事，是中国已发现的古代文字中时代最早、体系较为完整的文字。甲骨文以象形、假借、形声为主要造字方法，已具备后世汉字结构的基本形式。从语法上看，甲骨文中有名词、代名词、动词、形容词等，其句子形式、结构序位也与后代语法基本一致。甲骨文一般先刻竖画，后刻横画，先刻兆序、兆辞、吉辞、用辞，后刻卜问之事，故又称为卜辞。其中有的在刻画上涂朱砂或墨，有的用毛笔写在甲骨上，也有些是先写后刻的。迄今已发现有字甲骨约 15 万片，共有 4000 多个单字。

57. 甲骨学

有关商周时期龟甲和兽骨所刻写文字及占卜遗痕等方面的研

究。兴起于清末殷墟（今河南安阳西北小屯一带）发现商代甲骨文，后又在周原（今陕西岐山、扶风交界地带）等地发现西周时期甲骨文，研究范围扩展至西周时期，主要包括搜集整理经科学发掘出土及传世的甲骨文、辨伪存真、墨拓摹写、比对缀合、分期分类、著录汇编、释读文字、探究卜法文例及其所反映的这一时期社会诸问题。

58. 金文

中国古代青铜器上的铭文。就今所见，以属于商周时期者居多。商代及西周时期的文字均系铸成，一般为阴文，个别为凸起的阳文。商代铭文简短，或为器主族氏、名字，或为所祭祀先人的称号等。西周时期出现长篇铭文，记述相关事件。迄今发现铭文最长者是毛公鼎铭，达497字。西周早期金文字体多雄肆，中期则转趋规整，格式也逐渐固定化。春秋时期逐渐呈现出区域性的特点，如秦国铭文字体与东方列国不同，已开后世秦篆之先。春秋中期开始出现个别刻成的铭文，在铭文中错金也有发现，如南方各国流行以鸟形作为装饰的美术字体，即所谓"鸟书"。战国中晚期铭文以刻成的为主，内容转为"物勒工名"，即记载器物的制造者、使用者、置用地点、容积重量等。秦汉时期相沿，而格式更为规整统一。魏晋以后的青铜器物，有的仍有文字，但已不在金文范畴之内。

59. 帛画

一般指传统绢本画以前的以白色丝帛为材料的绘画。已发现的帛画主要属先秦到汉代物。在长沙陈家大山战国楚墓中所出帛画原在一竹笥上，长31厘米，宽22.5厘米。画上有一女子立于新月物上。在长沙子弹库战国楚墓中所出帛画长37.5厘米，宽28厘米，上缘裹有一根细竹条，系有棕色细绳，右缘和下缘未经缝纫。画上有一男子驭龙而行。在长沙马王堆一号和三号汉墓中各出土一幅彩绘帛画，二者均作 T 字形，长 2 米许，宽近 1 米，下垂的四角有穗，顶端系带以供张举。其构画基本一致，上段绘日、月、升龙和蛇身神人等图形，象征天上境界；下段绘交龙穿璧图案，以及墓主出行、宴飨等场面。这些帛画当均属当时葬仪中必备的旌幡。

60. 帛书

又名缯书。在白色丝帛上写成的文书。其起源可上溯到春秋时期，但实物则以属战国中晚期的长沙子弹库楚墓出土者为最早。帛书宽 38.7 厘米，长 47 厘米。文字为墨书，计 900 余字，字体是楚国文字；图像则为彩绘，先用细笔勾勒，再填以彩色，至今仍较鲜明。当属战国时期数术性质的佚书。在长沙马王堆汉墓出土的帛书大部分写在宽 48 厘米的整幅帛上，折叠成长方形；少部分书写在宽 24 厘米的半幅帛上，用木条将其卷起。出土时前者折叠处已经断裂，后者粘连破损也很严重。经过细心修复、整理和考订，可判明有 28 种，计 12 万余字，绝大多数是古佚书。帛书在书写之前，有的用朱砂在帛上画出宽 0.7—0.8 厘米的界格，宽幅的满行 60—70 字或稍多，窄幅的满行 30 余字。凡有篇题的，都写在末行空白处，有些还记明字数。

61. 韶乐

虞舜时乐舞。或作箫韶、韶箾（xiāo）、九招。韶字通绍，意为继续。以舜能继尧之德，故称韶乐。箫与箾同，为乐器名。演奏时用箫等乐器，故称箫韶、韶箾。其乐舞分为九成，即九个乐章，互有变化，故称九招（招与韶同）。相传演奏此乐舞，可引来凤凰及百鸟云集。

62. 编钟

古时乐器。将大小不同的铜钟悬挂在钟架上，顺次排列，用木槌击钟以演奏乐曲。经考古发掘出土的商周时期编钟已超过

40套。商代的编钟为3枚一套或5枚一套，西周中晚期有8枚一套的，东周时期增至9枚或13枚一套。钟的隧部和右鼓（或左鼓）部木槌敲击时可发出两个不同的音，有人称为正鼓音（或称鼓中音）和侧鼓音（或称鼓旁音）。战国早期曾侯乙墓出土的编钟是中国迄今发现的数量最多、保存最好的一套，有编钟64件，加楚惠王赠送的镈1件，计65件，依大小和音高为序编成8组，悬挂在三层钟架上。钟架为铜木结构，呈曲尺形，全长10.79米，高2.67米，出土时仍矗立如故，并能演奏多种乐曲。

63. 投壶

古时宴会上的一种娱乐活动，由西周时期射礼演变而来。春秋时期贵族士大夫多不善射，即在宴饮席上以酒壶的壶口为靶子，以矢投壶代射。所用之壶一般颈长七寸，腹长二寸，口径二寸半，壶中装有小豆。矢有三种，长二尺、二尺八寸和三尺六寸，分别用于室内、堂上和庭中。投壶时要击鼓奏乐，并有许多繁琐的礼节。宾主站在离壶二矢半处相投，以中者多少决定胜负，负者罚酒。秦汉以后，投壶逐渐摆脱了古礼的束缚，更加游戏化，所用器具亦有所改进。

64. 射礼

古时习射之礼。周代分为四种，周王及诸侯择士、祭祀时所行者称大射礼，诸侯朝见周王或诸侯相朝时所行者称宾射礼，闲暇宴饮时所行者称燕射礼，乡老和乡大夫在乡间所行者称乡射礼。不同的射礼举行之处及所用箭、侯（即靶子，用布或兽皮制成，上画虎、鹿等兽形）都各有规定，大射在郊外射宫，用四尺大小的皮侯；宾射在朝宫，用二尺大小的麋侯；燕射在寝宫，用四寸大小的兽侯。射时都要配以礼乐，并有不同的礼仪，射中后用"算"来计数。

65. 六艺

古时教学内容,包括礼、乐、射、驭、书、数六门课程。据《周礼·地官·保氏》所记,一曰五礼,即吉礼、凶礼、宾礼、军礼、嘉礼;二曰六乐,即《云门》、《大咸》、《大韶》、《大夏》、《大濩》、《大武》;三曰五射,即白矢、参连、剡注、襄尺、井仪;四曰五驭,即鸣和鸾、逐水曲、过君表、舞交衢、逐禽左;五曰六书,即象形、会意、转注、处事(指事)、假借、谐声(形声);六曰九数,即方田、粟米、差分、少广、商功、均输、方程、赢不足、旁要。

66. 诸子百家

春秋战国时期所形成的各个学派。诸子即指学派的代表人物,如儒家的孔子、孟子,道家的老子等。百家即指各个学派,《汉书·艺文志》根据刘歆《七略》的《诸子略》,分为儒、道、阴阳、法、名、墨、纵横、杂、农、小说等十家,又著录各家著作凡一百八十九家,四千三百二十四篇。

67.《周易》

儒家经典。一名《易》,又称《易经》,包括经和传两部分。经本是占筮书,占筮即算卦,用以预卜吉凶。其基本因素为阳爻(—)、阴爻(— —),把—和— —叠列为三层,形成八种组合形式,即构成八卦;八卦的卦象两两重叠,构成六十四卦、三百八十四爻。经包括六十四卦的卦象、卦名、卦辞、爻辞四部分。卦辞是解释全卦的含义,爻辞是解释每一爻的意义。其传的部分称《易传》,或称《易大传》,是最早解释《周易》的著作,包括《彖传》上下、《象传》上下、《系辞传》上下、《文言》、《说卦》、《序卦》、《杂卦》七部分共十篇,称为《十翼》。翼即羽翼,表明《十翼》旨在辅助阐释《易经》。旧说伏羲画八卦,周文王演《易》,重之为六十四卦,孔子作《十翼》。一般认为八卦起源于上古，卦辞、爻辞形成于西周初期，《易传》导源于孔子而由儒家后学在战国时期写成。《周易》用卦象说明阴阳二者之间的矛盾变化，反映了古人某些朴素辩证法思想。

68.《尚书》

儒家经典。又称《书》或《书经》。"尚"的意义是上古，"书"的意义是书写在竹帛上的历史记载，所以"尚书"就是"上古的史书"，主要记载虞、夏、商、周几代统治者的言行。其经过长时间传承，在周代汇编成书。秦始皇焚书坑儒后，汉初唯有秦博士伏生等所藏《尧典》等二十九篇得以流传。因其用汉代通行的隶书所写，故称今文《尚书》。西汉中期以后又陆续出现几次先秦时期留下的写本，称为古文《尚书》，其中有许多篇不见于今文《尚书》。西晋永嘉之乱，文籍丧失，今、古文《尚书》均散亡。东晋初年，梅赜献上一部用"隶古定"字体（即用隶书笔法按古文字体写定）写的古文《尚书》，共五十八篇。而后渐得《书经》的正统地位而流传下来。唐宋以后多有学者对东晋《尚书》的真伪提出辨析考证。

69.《诗经》

儒家经典。亦称《诗》，为中国第一部诗歌总集，经商周时期长期传诵，春秋时期汇编成集，相传曾经孔子删定。《诗经》共三百零五篇，分风、雅、颂三部分。风包括十五国风，是各国的土乐民歌；雅包括《大雅》和《小雅》，为士大夫的乐歌；颂包括《周颂》、《鲁颂》、《商颂》，分别为周人、鲁人、商（宋）人祭祀、追思先祖的乐歌。至汉初，传诗者有申培的鲁诗、辕固生的齐诗、韩婴的韩诗、毛亨和毛苌的毛诗，互有异同。东汉以后毛诗显盛，流传至今，其余三家诗陆续失传。

70.《楚辞》

诗歌总集。汉代刘向所辑为十六篇，今本为十七篇，系王逸所增。其内容包括屈原的《离骚》、《九歌》、《天问》、《九章》、《远游》、《卜居》、《渔父》、《招魂》以及宋玉、芈景差等人的作品。屈原，名平，战国楚贵族，官至左司徒。因怀才不遇、壮志未酬，又遭楚王听谗放逐，遂自沉于汨罗江。他在楚国民间歌谣的基础上，创造了中国诗歌的新形式——"骚体"。其诗传世者二十三篇，不仅洋溢着强烈的爱国热情与战斗精神，而且富有浪漫主义的瑰丽色彩。它与《诗经》被誉为中国文学史上两座巍然兀立的高峰，并称"风骚"，影响十分深远。

71. 《论语》

儒家经典。为孔子弟子及后学记述儒家创始人孔子言行的语录体著作，编纂者为孔门再传弟子，成书时代当在战国时期。汉代有鲁人所传的《鲁论语》、齐人所传的《齐论语》、出于鲁城（今山东曲阜）孔子旧宅壁中的《古论语》三种本子，篇数、章次、文字和解说上互有不同，经张禹、郑玄等讲授、整理，《鲁论语》得以传承。今传本《论语》的篇章即依《鲁论语》而定，共二十篇。其全面记述孔子的社会政治思想、哲学思想、伦理思想及教育思想等。

72. 《孟子》

儒家经典。孟子（约公元前372—前289）及其弟子万章等著，一说为其弟子、再传弟子所记。《汉书·艺文志》著录十一篇，今存七篇。与《论语》、《大学》、《中庸》合称"四书"，为宋元以后士人必读之书。主要内容除记述孟子的政治活动外，主要阐述其关于"仁政"、"王道"、"性善"及"修身"等思想。孟子为战国鲁邹邑（今山东邹城）人，受业于子思的门人，形成思孟学派，系孔子之后儒学的主要代表人物，有"亚圣"之尊称。

73.《左传》

编年体史书。亦称《左氏春秋》、《春秋左氏传》。作者为春秋时期鲁国史官左丘明。其以《春秋》为纲，博采当时其他史籍以及流传于口头的史实，详细记述了上起鲁隐公元年（公元前722）、下至鲁悼公十四年（公元前454）间发生的政治、经济、外交、军事、灾异等方面的重大事件（比记事止于鲁哀公十六年的《春秋》多二十七年），并通过当事人口述追记了许多远古至夏、商、西周时期史事及典章制度等。汉以后，《左传》与《公羊传》、《穀梁传》被合称为《春秋》三传。

74.《国语》

记述西周春秋时期周王及鲁、齐、晋、郑、楚、吴、越等国史事的国别史，亦称《春秋外传》。全书二十一卷。相传为春秋末鲁人左丘明所作。左丘明是略早于孔子的著名瞽矇（盲史官），其讲述的史事被后人笔录成书，称为《语》，按国别区分即为《周语》、《鲁语》等，总称为《国语》。西晋时曾在魏襄王墓中发现大量写在竹简上的古书，其中有《国语》三篇言楚、晋国事，表明战国时期该书已流行于世。今本《国语》大约就是这些残存记录的总集。由于是口耳相传的零散原始记录，其内容偏重于言辞，在国别和年代上也很不平衡。三国时吴人韦昭为《国语》作注解，流传至今。

75.《战国策》

记述战国时期纵横家说辞及权变故事的史书。原作于不同时期，成于多人之手。西汉末年，光禄大夫刘向奉诏校书，见到皇家藏书中有六种记载纵横家说辞的写本，内容庞杂，编排错乱，文字残缺，便依据国别，略以时间编次，定著为《战国策》。东汉时期有高诱为此书作注解。后又经多次修订，今传本《战国策》按东周、西周、秦、齐、楚、赵、魏、韩、燕、宋卫、中山,分国编次,共三十三篇,四百六十章(或分为四百九十七章)。其所记史事上起周敬王三十年(公元前490)知伯灭范、中行氏,下迄秦始皇二十六年(公元前221)统一六国后高渐离以筑击秦始皇,反映了这二百七十年中重要的政治、军事和外交活动。

76.《竹书纪年》

战国时期魏国史书。该书原无名题,后世以所记史事属于编年体,称为《纪年》。又以原书为竹简,也称为《竹书》。一般称《竹书纪年》。其在晋初出土于汲县(今河南汲县西南)古墓中,故亦称《汲冢纪年》、《汲冢古文》或《汲冢书》。全书凡十三篇,叙述夏、商、西周、春秋及战国史事,按年编次。周平王东迁后用晋国纪年,三家分晋后用魏国纪年,至"今王"二十年为止。作者当是魏襄王时期的史官。其所记载史事与《史记》等不尽相同,对古史研究有较大价值。原简可能在永嘉之乱时亡佚,而后有晋时整理本传抄流行。至唐宋之际,整理本亦逐渐散佚。元明之际出现《竹书纪年》刻本,春秋战国部分均以周王纪年记事,一般称为"今本"。学者多认为是伪书。清代以来有学者辑录晋以后类书古注所引的佚文,加以考证,称为"古本"。

77.《墨子》

墨子及其后学著作。墨子名翟,春秋战国之际鲁国人,创立墨家学派,主张兼爱非攻、天志明鬼、尚同尚贤、节用节葬。《汉书·艺文志》著录《墨子》有七十一篇,后亡佚十八篇,故今传本《墨子》仅五十三篇。其中较能代表墨子学说和思想者有《尚贤》、《尚同》、《兼爱》、《非攻》、《节用》、《节葬》、《天志》、《明鬼》、《非乐》、《非命》等,其余大都为墨家后学所作。其中《经》、《经说》和《大取》、《小取》,均属名辩之作,以讨论人的认识论和逻辑学等问题为主,称《墨经》,或称

《墨辩》。

78.《孙子兵法》

古代兵书。又称《孙子》、《吴孙子兵法》、《孙武兵法》等。作者为孙武，春秋末年齐国人，以兵法十三篇求用于吴王阖闾，被拜为将。《孙子》全书共十三篇，叙述简洁，内容富于哲理性，对历代行师用兵、讲习武备影响至深，许多脍炙人口的名言至今仍被广泛传诵。1972年在山东临沂银雀山汉墓出土有竹简本《孙子兵法》，其中有不少字句与今传本不同，而与失散在汉唐旧籍中的《孙子》引文比较接近，是了解《孙子》的流传和校勘《孙子》的宝贵资料。另有五篇《孙子》佚文为研究汉初佚篇《孙子》的面貌提供了新的线索。

79.《孙膑兵法》

古代兵书。古称《齐孙子》。题名作者孙膑，据说为孙武后世子孙，战国时期生于齐国阿、鄄之间（今山东阳谷、鄄城一带），曾与庞涓在一起学习兵法，庞涓事魏惠王为将军，使人召孙膑入魏，妒其贤而施以膑刑（剔去膝盖骨），故世称孙膑。后孙膑逃离魏国奔齐，出奇计大败魏军。最早明确记载孙膑有兵法传世的是《史记》，《汉书·艺文志》著录《齐孙子》八十九篇、图四卷。唐以前散亡。1972年在山东临沂银雀山汉墓出土竹简本《孙膑兵法》，经整理，分为上、下两编，上编是可以确定属于《齐孙子》的十五篇，下编则是一些尚不能确定属于《齐孙子》的论兵之作。根据简文所记史事和人物，其成书年代当在齐宣王之后。

80.《老子》

道家经典。又称《道德经》。道家创始人老子所著。老子姓李氏，名耳，字聃（dān），楚国苦县（今河南鹿县）厉乡曲仁里人，曾为周王守藏室（藏书室）之史。孔子去周都洛邑，问礼于老子。老子修道德，其学以自隐无名为务，著书上、下篇，凡五千余字，分为八十一章。今传本上篇称《道经》，下篇称《德经》。而据长沙马王堆汉墓出土帛书，则《德经》在前，《道经》在后，文字亦略有不同。亦有学者认为此书当为老子后学所编定，成于战国时期。

81.《庄子》

道家经典。庄子名周，宋国蒙（今河南商丘北）人，曾作过漆园吏，约生于公元前4世纪中叶，死于公元前3世纪初叶，是战国时期道家代表人物。其崇尚自然，主张在现实生活中保持心灵的超脱，多借寓言的形式来表达自己的见解。《庄子》一书经西汉时刘向编定，为五十二篇。今传本仅三十三篇，分为内篇七、外篇十五、杂篇十一，是晋人郭象的定本。其中内篇为庄周自己的作品，外篇和杂篇可能掺杂有其门人和后来道家的著作。

82.《荀子》

荀子著作集。荀子名况，字卿，赵国人，齐襄王时去齐国，在稷下学宫讲学，曾"三为祭酒"，主持学宫。后去楚国，为兰陵（今山东苍南）令。他是战国末期最有影响的儒学大师，也被誉为这一时期诸家思想之集大成者。汉代因避汉宣帝讳，改称孙卿。其著作《汉书·艺文志》著录为《孙卿子》三十三篇。而据刘向所述，所见荀子著作凡三百三十三篇，除去重复者编定为三十二篇，与今传本相同。唐杨倞注此书时改为二十卷。杨倞以为书中的《大略》到《尧问》六篇当是后人所作。

83.《韩非子》

战国时期法家韩非的著作总集。又称《韩子》。韩非（约公元前280—前233）为韩国人，是战国末期法家代表人物。主张法、术、势相结合的法治理论。其著述在生前即已流传。西汉时刘向校书，羼入几篇他人著作，如《初见秦》、《有度》和《存韩》的后半篇，编定《韩子》为五十五篇，相传至今。

84. 周公

周初政治家。名旦，为周文王之子，周武王之弟。因采邑在周（今陕西岐山县北），称为周公。周文王死后，周公辅佐周武王克商，建立周朝。周武王死后，其子周成王年幼即位，周公摄政，亲率师东征，平定三监之乱。后又与召公主持营建东都成周（今河南洛阳），并归政于成王，自己留守成周，与召公"分陕而治"，即负责治理陕原（今河南陕县西）以东地区。在此期间，周公"制礼作乐"，在建全西周各种典章制度及文化教育方面亦多有建树。

85. 管仲（约公元前730—前645）

春秋时期齐国名相，名夷吾，字仲，亦称管敬仲。颍上（今安徽颍上县）人。他辅佐齐桓公治理齐国，实行一系列改革措施，促进生产发展，增强国力，并以"尊王攘夷"相号召，维护周襄王的正统地位，救存被狄人攻灭的邢、卫二国，多次与诸侯国盟会，使齐桓公首获霸主地位。其思想主张汇编为《管子》一书。今传本《管子》由西汉时刘向编定，原为八十六篇，现存七十六篇。

86. 五羖大夫

春秋时期秦国授予百里奚的爵位称号。羖谓黑色公羊。百里奚原为虞国大夫，晋灭虞国，虞君及百里奚被俘虏。后秦穆公迎娶晋国公主为妇，百里奚作为随嫁奴仆来到秦国。不久，百里奚从秦国逃走，来到楚国宛（今河南南阳）地，被楚人抓捕。秦穆公闻知百里奚贤能出众，想用重金赎回，又恐楚人不肯，就派人与楚人讲，秦穆公夫人的随嫁奴仆在此，请用五张黑色公羊皮赎买。楚人立即答应。当时百里奚已七十余岁。回到秦国后，秦穆公亲释其囚，询问国事，授以政事，号称五羖大夫，属大夫一级。

87. 子产（？—前522）

春秋时期政治家，郑国执政。郑穆公之孙，名侨，亦称公孙侨。在与诸侯国交往中，子产不卑不亢，尽量维护郑国的权益。治国理政务实求稳，对传统旧制力求维护，而为适应形势变化亦进行必要的改革，如"铸刑书"，公布成文法典。他不毁乡校，允许国人议论政事，并愿从中吸取有益建议。其政绩受到普遍赞扬。

88. 商鞅

战国时期秦国政治家。姓公孙，卫国贵族，又称卫鞅或公孙鞅。秦孝公下令求贤，商鞅赴秦国，以变法强国之术说孝公，孝公乃以商鞅为左庶长，实行变法。秦国由此走向富强，商鞅升为大良造。秦孝公二十一年（公元前342），秦出师攻魏，魏公子卬率军拒之，商鞅用诈谋虏取公子卬而破其军，魏割河西地向秦求和。商鞅以此战功受封商、於（今陕西商县、河南西峡一带）十五邑，号称商君。商鞅变法期间，因太子驷犯法，曾对其师傅公子虔施刑。秦孝公死后，太子（惠王）即位，公子虔为报夙怨，告商鞅有谋反企图，派官吏逮捕。商鞅打算逃入魏国，魏人因公子卬曾中计而丧师，拒不接纳。商鞅不得已而归秦，乃与其徒属发兵攻郑（今陕西华县），兵败被俘。惠王车裂商鞅，并灭其族。其有关言行，后编为《商君书》。

（四）秦汉

1. 皇帝

中国古代王朝君主称号。始于秦。夏商周三代君主（即天子）称王，分封的诸侯无权称王。战国后期，周天子地位衰微，诸侯国君相继僭越称王。公元前221年，秦统一中国后，秦王嬴政认为不变更君主称号，不足以彰显其统一天下的丰功伟业，于是，从传说的泰皇（当时将天皇、地皇、泰皇称"三皇"）和上古五位有德君主"五帝"中各采一字，创立皇帝称号。同时废除谥法，以数字为序，自己为"始皇"，意为第一位皇帝。建立一整套皇帝制度，如皇帝自称"朕"，命、令分别称"制"、"诏"，印称"玺"。自此皇帝成为中国历代王朝最高统治者的通称，沿用两千余年，至1912年清帝退位。

2. 谥法

中国古代帝王、诸侯、大臣等死后，朝廷根据他们生前的事迹和品德，评定一个带有褒或贬义的称号，称"谥号"。这种评定的方法称"谥法"。谥的本意是行为之迹。谥法始于西周，至春秋时逐渐完善。秦始皇统一中国后，认为谥法由臣、子议论、评定君、父是不敬的做法，废而不用，改以数字为序号。汉初恢复，一直沿用至清。除帝王、大臣死后由朝廷定谥外，自东汉起还有私谥，大多是士大夫死后由其亲族、门生、故吏为之立谥。

3. 庙号

古代帝王死后，在太庙立室奉祀所称尊号。庙号在商朝已出现，如太甲称太宗。初以"祖有功而宗有德"为原则，称开国君主为祖，继嗣君主有治绩者为宗。东汉以后渐滥，继嗣君主除少数外，皆称宗。称祖也不严格，明朝开国皇帝朱元璋的庙号为太祖；其子朱棣的庙号最初为太宗，嘉靖年间改为成祖。

4. 公卿

中国古代官吏最高的两个层级，其下为大夫、士。战国时期，应建立大一统国家的需要，在先秦卿大夫士制度的基础上，形成公卿大夫士的说法。秦统一后，以丞相为公，御史大夫等中央二千石官为卿。汉文帝时，为了加强中央集权，提高卿的秩级为中二千石，以与地方郡守、尉和诸侯王官属的二千石官相区别。此后，经汉武、成、哀、平帝的改革，至东汉光武帝，始确立三公九卿制度。三公为太尉、司徒、司空，九卿为太常、光禄勋、卫尉、太仆、廷尉、大鸿胪、宗正、大司农、少府。

5. 二千石

禄秩等级，始于秦。秦及汉初，二千石为丞相之下的最高秩级，御史大夫、奉常等中央列卿及郡守、尉均列此秩。汉文帝以后，二千石分为三等：太常等中央列卿为中二千石，月俸百八十斛；太子太傅、将作大匠、郡太守、王国相为二千石，月俸百二十斛；郡尉等为比二千石，月俸百斛。二千石也用作这一秩级官员的统称。

6. 中朝

汉代朝官自武帝以后有中朝、外朝之分。丞相以下至六百石官为外朝；大司马、左右前后将军、侍中、常侍、散骑诸吏为中朝。中朝官可出入宫禁，参与决策，为武帝所亲任，故也称内朝。外朝官职权因此被削弱。武帝临终前，遗诏霍光为大司马、大将军，辅佐年幼的昭帝，大司马领中朝，遂取代丞相成为权力中心。

7. 博士

中国古代官名。始于战国。秦始皇时有博士七十人，六艺、诸子、诗赋、术数皆立博士。汉承秦制。掌通古今，备皇帝顾问。汉武帝罢黜百家，独尊儒术，设《诗》、《书》、《易》、《礼》、《春秋》五经博士。并采纳董仲舒建议，建立太学，设博士弟子员五十人，自此教授、课试弟子成其主要职责。平帝时立古文经博士，东汉光武帝时废。博士之制延续至清，代有增损。

8. 郎吏

指郎中、中郎、侍郎等职，也称郎官。始于先秦。秦汉时属郎中令（汉武帝时改为光禄勋），职掌守卫宫殿门户，出充车骑，为皇帝近卫官。西汉时置议郎，掌顾问应对。汉武帝时还设期门、羽林等郎。东汉时尚书台为政务中枢，分曹理事，初入台称守尚书郎中，满一年称尚书郎，三年称侍郎。郎吏是秦汉高级官吏的主要来源，汉初多从高官及富家子弟中选拔，武帝以后察举也成为重要的选拔途径。魏晋以后，郎渐演变为职官，隋唐以后六部皆置郎中。此外又设员外郎，为散官。

9. 太学

中国古代国家学校。始于汉武帝。汉武帝罢黜百家，独尊儒术，建元五年（公元前136），立五经博士。此后又采纳董仲舒建议，在京师长安建立太学，置博士弟子五十名，由博士教授五经。此后弟子人数屡有增加，东汉时曾多达三万人。弟子每年考课，合格后可补任官员，是国家培养官吏后备人才的重要途径。魏晋至明清或设太学，或设国子学，或两者同时设立，均为传授儒家经典的最高学府。

10. 三服官

汉官署名，主作皇帝冠服，设于齐地临淄（今山东临淄）。一说三服指分作春、冬、夏三季服装的三个官署，故称。汉初规模较小，后逐渐扩大，元帝时作工各数千人，一年费数亿钱。

11. 上林三官

汉武帝时设在上林苑主持铸造钱币的三个官署，即均输、钟官、辨铜，其长官为令，隶属水衡都尉。武帝元狩五年（公元前118），始发行五铢钱。郡国均可铸造，盗铸猖獗。元鼎四年（公元前113），武帝下令取消郡国铸币权，由上林三官统一铸造，提高铸造技术，防止盗铸。货币从此稳定下来，五铢钱长期使用。上林苑为秦汉时重要皇家园林，在今西安西及周至、户县界。

12. 乡

基层行政区划单位。始于先秦。传说周制，一万二千五百家为一乡。春秋战国时期，各国普遍设乡长，约二三千户为一乡。秦汉时期，是县之下的最低一级基层行政组织。乡设三老掌教化，有秩、啬夫主民政，游徼负责缉拿盗贼。

13. 亭

古代地方基层行政组织。始于先秦。秦汉时期，县下设亭，是与乡平行的机构。负责维持地方治安，逐捕盗贼，接待来往官吏，传送文书等。长官称亭长。设于县治所的亭，称都亭。

14. 里

古代地方基层组织。始于先秦。秦汉时期，乡下设里。里置里正或里典，协助县、乡征发赋役，管理里内事务。是受国家控制的基层组织，而非一级行政单位。

15. 临朝称制

指太后当政，代行皇帝职权。临朝，指临御朝廷，处理政事。制，皇帝命令文书的一种，一般情况下太后不得称。称制，意为太后代行皇帝职权，所下命令也可称制书。始于汉高祖吕太后。惠帝死后，太子立为皇帝，年幼，于是吕后临朝执政。后代幼弱皇帝即位，太后多沿袭此制。

16. 察举制

汉代最重要的一种选官制度。秦及汉初，作为高级官吏重要来源的郎吏主要通过"任子"和"赀选"方式选拔。任子，指二千石以上高官任职三年以上，可保举子弟一人为郎。赀选，即具备一定家资可为郎。这两种方式不利于广泛选拔、任用人才。汉文帝时，下诏令地方郡国推举贤良、方正、能直言极谏者，开察举制之始。武帝元光元年（公元前134），在董仲舒建议下，命郡国每年举孝、廉各一人，遂成制度，称"举孝廉"。此后科目逐渐增多，制度也逐步完善。察举制拓宽了人才选拔的范围，并成为两汉士人最重要的入仕途径。

17. 贤良

古代选拔官吏的科目之一。亦为"贤良文学"、"贤良方正"的简称。汉文帝二年（公元前178），下诏令郡国推举贤良方正、能直言极谏者，为举贤良之始。由通古今制度的文学之士充选，以对策回答皇帝有关治政的策问。

18. 六条问事

汉代州刺史职责。汉武帝元封五年（公元前106），将京畿以外地区分为十三州部，设刺史，秩六百石。职责是定期巡视所部郡国，以六条监察地方郡守、尉、诸侯相等二千石官和强宗豪右，六条以外不问。六条包括：强宗豪右田宅逾越制度，以强凌弱，以众暴寡；二千石不奉诏书，不遵守典制，以权谋私，侵渔百姓，聚敛为奸；二千石不恤疑案，教唆杀人，滥行赏罚，烦扰刻暴，为百姓所痛恨，妖言惑众；二千石选拔僚属不公，任人唯亲，蔽贤宠顽；二千石子弟仗势请托；二千石包庇罪犯，勾结豪强，收受贿赂，损害国家法令。

19. 户籍

中国历代王朝为掌握户口数量建立的以户为单位的簿籍，是国家掌握人口、征发赋役的依据。始于先秦。秦献公十年（公元前375），建立户籍相伍制度。初期内容粗略，如不登记年龄，而登记身高。秦王政十六年（公元前231），始登记男子的年龄。秦统一后，户籍制度臻于完备，并为汉所继承。每年八月由乡进行户口的查验、登记。内容包括姓名、年龄、爵级、服役身份、籍贯、财产（田宅、奴婢、牛马、车辆及其所值）等。户籍簿一式三份，正本留乡，副本一份给本人，一份上交县。郡县上计时将户籍情况逐级上报中央。

20. 二十等爵

秦国商鞅变法时，在原有爵制基础上创建二十等爵，以赏军功，激励战士。共分二十级，一级公士，二上造，三簪袅，四不更，五大夫，六官大夫，七公大夫，八公乘，九五大夫，十左庶长，十一右庶长，十二左更，十三中更，十四右更，十五少上造，十六大上造，十七驷车庶长，十八大庶长，十九关内侯，二十彻侯（后改为列侯）。以五大夫爵为界，以上（含五大夫）为官爵，以下为民爵。汉文帝以后，二十等爵逐渐式微，但分层的关键爵位如列侯、关内侯、五大夫仍具重要意义，并一直持续到三国时。

21. 官爵

秦汉二十等爵中，五大夫以上（含五大夫）爵。与秩六百石以上官吏、公卿大夫爵位者地位相当，是当时的贵族阶层。在政治、经济、司法上享有各种特权，如可大量占有田宅，免除本人甚至亲属的赋税徭役，减免刑罚，享有受教育和优先入仕的权力等。

22. 民爵

秦汉二十等爵中，一级爵公士至第八级爵公乘。是庶民阶层中有爵者。根据爵位等级，在政治、经济、司法上享有一定特权，但其社会地位仍为庶民。

23. 材官

秦汉设置的主要步兵兵种。材，指勇武有才艺者。材官主要用于山地险阻作战。

24. 黔首

庶民、平民的称呼，始于先秦。黔，黑色。一说，因以黑巾裹头，故称。秦始皇统一中国后，信奉五德终始说，以为秦为水德。水德尚黑，故更名民为"黔首"。

25. 赘婿

指因贫穷到女家成婚、定居的男子。所生子女从女方姓，承嗣女方宗祧。地位卑贱，受到法律和社会歧视。秦时为七科谪（即七类受到谪罚的人）之一，不能为官、占田，常先于百姓被征发戍边、服赋役等。后世地位有所改变。

26. 名田制

商鞅变法至西汉前期实行的土地制度。秦孝公时，商鞅推行变法，废除定期分配土地的井田制，建立私人长期依法占有的名田制。名，将田地标注为某人占有。国家根据户主的二十等爵级，划分占有耕地的标准，爵级越高名田越多，五大夫以上呈几何数增加。名田可通过国家授予、继承和买卖等手段获得。秦统一后推行至全国，汉初沿用。文帝时，由于授受制度难以为继，遂废，不再限制占有土地的数量。此后土地兼并恶性发展，成为严重的社会问题。

27. 假名公田

汉代实行的将公有土地租借给无地农民耕种的制度。假，指借出或借入。汉文帝以后，由于名田制废止，大量农民没有土地，造成严重的社会问题。政府便采取将公有土地租借给无地农民的政策，收取假税性田租，缓解社会矛盾。以后历代均有实施。

28. 赋名公田

汉代实行的将公有土地无偿租借给穷困农民耕种的制度。赋，赋予。汉文帝时期，名田制废止，大量农民无法通过授田获得土地，造成严重的社会问题。政府在假名公田的同时，还对特别穷困的农民，采取无偿租借公有土地的政策，缓解社会矛盾。这一政策为后代所沿用，但名称或有所不同。

29. 酎金

汉代宗庙祭祀时，诸侯助祭所献黄金。酎是一种自一月至八月分三次追加原料，反复酿制的优质纯酒，用于宗庙祭祀。汉文帝时规定，每年八月在首都长安祭高祖庙献酎饮酎时，诸侯王和列侯要按封国人口数献黄金助祭，每千口奉金四两，皇帝亲临受金。由少府验收黄金的分量、成色，如不足，王削县，侯免国。

30. 榷酤

古代国家酒专卖制度。也称酒榷、榷酒。榷，原指独木桥，此取独专之意。酒、买卖酒均可称酤。始于汉武帝天汉三年（公元前98）。昭帝以后废置无常。后代或由政府设店专卖；或对酤户及酤肆加征酒税；或将榷酒钱匀配，用以增加政府财政收入。

31. 张楚

秦末农民起义领袖陈胜建立的政权。秦二世元年（公元前209）七月，陈胜、吴广率九百戍卒，打出"伐无道，诛暴秦"的口号，在大泽乡（今安徽宿州）起义，揭开秦末战争序幕。陈胜在攻下陈县（今河南淮阳）后称王，建国号"张楚"，意为张大楚国，以此号召楚地百姓。秦二世二年十二月，陈胜战斗失利，被叛徒杀害，张楚政权灭亡。

32. 巫蛊

古代称巫师使用邪术加害于人为巫蛊。蛊，毒虫。汉武帝时盛行巫蛊，将仇人名字刻在木偶上，埋到地下，对其进行诅咒。征和二年（公元前91）终爆发"巫蛊之祸"。使者江充因与太子刘据有隙，诬其为巫蛊，诅咒武帝。刘据起兵杀死江充，武帝派兵镇压，刘据兵败自杀。

33. 党锢

东汉后期宦官专权，政治黑暗，士大夫疾之。桓帝延熹九年

(166），士大夫领袖河南尹李膺因诛杀宦官亲信，被宦官诬告与太学游士结为朋党，诽谤朝廷。桓帝下令将李膺等二百多人逮捕入狱。次年，虽赦免党人，但禁锢终身，不得为官。灵帝建宁元年（168），太傅陈蕃、大将军窦武执政，起用李膺等党人，密谋诛宦官。事泄，陈蕃、窦武被杀。次年，灵帝再以结党为名，处死李膺等一百余人，受牵连者六七百人，亲属门生故吏皆被禁锢。黄巾起义爆发后，党人被赦免。

34. 五德终始说

战国后期阴阳五行家邹衍创立的学说。其说认为，世界由土、木、金、火、水五种元素组成，称作五德。自然变化和王朝兴衰均按五德相生相克的顺序，交互更替，周而复始。其说在秦汉时期甚为流行，统治者皆依此说确立其统治的合法性。

35. 黄老无为

黄老是战国时出现的哲学、政治思想流派。尊传说中的黄帝和老子为创始人，故名。其思想实为道家和法家思想结合，并兼采阴阳、儒、墨等诸家观点而成。在社会政治领域，黄老之学主张君主应"无为而治"，即顺其自然，尽量减少主动行为和干预，而达到治世。汉初有鉴于秦速亡的历史教训以及社会经济凋敝的现状，黄老思想盛行，推行无为而治、与民休息政策，促进了社会经济的迅速恢复发展。

36. 王道、霸道

中国古代对君主两种不同统治方式的称谓。古称有天下者为王，诸侯之长为霸。春秋战国时期，统一成为大势所趋，故当时人推崇夏商周三代之政，称王道，认为这是一种以仁义道德教化治理天下的方式；而将春秋霸主凭借武力、刑罚、权势等进行统治的方式称霸道。由于儒家主张仁义礼智信，以德治国；法家主张君主集权，以法治国，因此后世也分别将王道、霸道作为儒、法两家政治理念的代名词。

37. 王制

即天子制度。王，指周王，周天子。为大一统理论核心内容，流行于战国秦汉。《荀子》、《礼记》皆有《王制》篇，记周王班爵、授禄、祭祀、养老等制。其主张只有统一天下的王（天子）才可使用王制，诸侯等不可逾礼使用。

38. 大一统

春秋末期发展起来的王朝国家理论，流行于战国秦汉，反映当时建立统一国家的历史趋势和人心所向。大，重视、尊重；一统，指天下诸侯皆统系于周天子。其思想最早体现于儒家经典《春秋》中。《春秋公羊传·隐公元年》："何言乎王正月？大一统也。"后人解释说：王者受命，制正月以统天下，令万物皆奉之以为开始，故言大一统。《汉书·王吉传》："《春秋》所以大一统者，六合同风，九州共贯也。"后世因称统一全国为大一统，据地一方为割据。

39. 封禅

古代帝王祭天地的典礼，以表示受命有天下。在泰山上筑土为坛，报天之功，称封；在泰山下的梁父山上辟场祭地，报地之德，称禅。其说起于战国，是齐、鲁思想家为了适应统一的趋势而提出的祭礼。当时人认为泰山是世界上最高的山，受命帝王应到泰山上祭祀至高无上的上帝。第一个真正举行封禅大典的是秦始皇。此后汉武帝、光武帝等均举行过封禅礼。

40. 巡狩

指天子离开国都，出行视察境内诸侯州郡。亦作巡守。出于《尚书·舜典》。其说法流行于战国秦汉，是大一统理论的一部分，表示天子拥有一统天下。秦始皇和汉武帝均热衷于这一理论。秦始皇统一中国后，曾五次出巡，最后一次病死在路上。

41. 明堂

古代帝王宣明政教的地方。凡朝会、祭祀、庆赏、选士、养老等大典，均在此举行。战国秦汉时期成为大一统王制理论的重要内容，但关于其形制，众说纷纭。王莽时托古改制，首建明堂。东汉光武帝中元二年，建明堂、辟雍、灵台，号三雍宫。明堂建于都城洛阳南郊，在此举行祭天仪式。隋唐均有意修建明堂，但直至武则天时才综合诸说创制明堂，号"万象神宫"。北宋宋徽宗在汴梁宫城内修建明堂。明堂对中国礼制建筑影响深远，清北京天坛祈年殿和国子监辟雍均以明堂建筑为原型。

42. 辟雍

周天子为贵族子弟所设大学，用以行礼乐，宣德化。辟，通"璧"。取建筑圆形，围以水池，形如环璧为名。为三雍宫之一。王莽托古改制，建辟雍。东汉光武帝中元二年，建辟雍，在灵台之左。后代皆置，皇帝常亲临辟雍，讲授经义。

43. 灵台

古代帝王观察天文星象之所，以知天意。为三雍宫之一。关于其形制，历来说法不一。王莽托古改制，始建三雍宫。东汉光武帝中元二年（57），建三雍宫，灵台在辟雍之右。并在太常下设灵台待诏四十一人，分掌候星、日、风、气、晷景、钟律。后代沿置。

44. 谶纬

中国古代谶书和纬书的合称。谶是巫师、方士编造的预言吉凶符验或征兆的隐语、图记，战国时已出现。纬相对"经"而言，是方士化的儒生用诡秘语言解释儒家经义的著作，西汉中后期出现，并迅速流行。其思想杂糅阴阳五行学说和董仲舒天人感应说。王莽、汉光武帝均利用图谶，为其改朝易代制造根据。光武帝正式"宣布图谶于天下"，以至纬书称"内学"，经书反称

"外学"。东汉时已遭有识之士的反对。南朝宋大明中，始禁图谶，但直至宋代才禁绝。

45. 太平道

东汉末道教派别之一。汉灵帝熹平年间，由钜鹿（今河北平乡）人张角创立。他自称"大贤良师"，执杖画符诵咒，为人治病，传播教义。十余年间，发展信徒数十万。张角分信徒三十六方，设将帅统率。宣传"苍天已死，黄天当立，岁在甲子，天下大吉"的谶语，预定中平元年（184，甲子年）起义。后因人告密，被迫提前起事。义军以头戴黄巾为标志，故称"黄巾军"。后被统治者镇压，但太平道仍在民间秘密流传。

46. 五斗米道

东汉后期创立的早期道教流派之一。顺帝时，张陵在蜀鹤鸣山中创立，自称"天师"。信道者需出米五斗，故名。张陵死后，其子张衡、孙张鲁世传其道。张鲁曾在益州建立政教合一的政权，自称"师君"，割据二十多年。建安二十年（215），张鲁被曹操招降，但五斗米道继续流传，后来发展为道教的主要流派"天师道"。汉末张修，晋陈瑞、孙恩、卢循等均奉此道聚众起义。

47. 私学

私人创办的学校，与官学相对。特指习六经、诸子百家者，以师徒授受方式传播学问和思想，传承流派。

48. 士大夫

官僚及知识分子的泛称。源于先秦的大夫、士爵位。秦汉时期，以秩六百石至二千石者为大夫，五百石以下至二百石为士。亦泛称官僚。此外，亦将具备一定专门知识或学以求仕进的学子称士。后代渐演变为官僚、知识分子的通称。

49. 门生

汉代指转相授业的再传弟子。汉武帝"独尊儒术"后，儒学成为入仕的重要途径，公卿多出自经学大家，因此也招徒授业，聚徒常数百人，其亲自授业者称弟子，转相传授者称门生。师傅与弟子、门生的关系，在现实中常转换为利害相通的政治势力。后世门生亦指亲自授业的学生。

50. 故吏

原来的属吏。秦汉时期，低级官吏不由国家选拔，而由长官自行征聘授职，称辟除或辟署。汉初，任命百石以上掾史，尚需上报。后一律改为由长官自行辟除，均为百石。这些官吏为了感谢辟除的长官，便易结成声气相通、利害一致的政治势力。

51. 方士

泛指通星相、求仙、医、占卜、相、遁甲、堪舆等术之人。方指方技（伎）、方术。也称术士，或称有方之士。兴起于战国，秦汉后渐盛。秦始皇、汉武帝时方士最众，对政治决策亦产生重要影响。

52. 匈奴

战国至魏晋时期活跃在北方草原地区的游牧部族。起源尚无定论，战国时始称匈奴，也称胡。以游牧为业，善骑射。公元前3世纪末，征服邻近各族，统一蒙古高原，建立国家政权。首领称"单于"，下分左、右部。东汉光武建武二十四年（48）分裂为南北二部，北匈奴在公元1世纪末为汉所败，部分西迁。南匈奴附汉，两晋之交曾建立汉国和前赵国。

53. 大月氏

古游牧部族名。月氏的一支，原游牧于敦煌、祁连山之间。汉文帝初年，因不敌匈奴的攻击，西迁至今伊犁河上游流域，汉称之为大月氏。文帝后元三年（公元前161）左右，受乌孙攻击，又西迁大夏（今阿姆河上游）。约在武帝元朔年间（公元前129或公元前128），汉派张骞至其国，联络共同夹击匈奴，未果。公元前1世纪，大月氏分为五翖侯。公元1世纪中叶，贵霜翖侯兼并其他四部，建立贵霜王国。大月氏的族属问题，学界异说纷纭，持伊朗塞种说者较多。

54. 乌孙

汉代至北魏西域国名。居于今新疆天山北麓伊犁河谷至中亚伊塞克湖一带，都于赤谷城（今吉尔吉斯斯坦阿什提克）。原居敦煌、祁连山之间，汉文帝后期击走大月氏，而居其地。武帝败匈奴于漠北后，先后以江都王女细君和楚王孙解忧为公主，嫁乌孙昆弥（王），结和亲。北魏时为柔然所破，徙往葱岭。其族属尚无定论，有突厥族、亚利安族诸说。

55. 夜郎

汉时西南地区古国名。约在今贵州西北、云南东北及四川南部地区。秦及汉初，已进入定居农业社会。汉武帝建元六年（公元前135）遣使招抚，元光四至五年（公元前131—前130）在其地置数县，为汉经营西南夷之始。元鼎五年（公元前112），武帝征南越，因夜郎等不听调遣，于翌年发兵平定，在其地设牂柯郡（治今贵州关岭境），但仍保留夜郎王号。西汉后期，夜郎与句町等连年攻战。成帝河平二年（公元前27），牂柯太守杀夜郎王，夜郎国灭。

56. 高句丽

秦汉至唐时在中国东北地区和朝鲜半岛的民族和政权。也作高句骊、句丽。一般认为是夫余人的一支。约在西汉时，高句丽人居于今吉林浑江（古称沸流水）畔一带，南接朝鲜。汉武帝元封四年（公元前107）在朝鲜建立四郡，设高句丽县，为玄菟郡治。约在公元前37年建立国家。此后迅速扩张，逐步吞并周边的夫余、沃沮、东濊及汉四郡。与中原王朝断续建立朝贡关系。5世纪进入全盛时期，控制了今朝鲜半岛大部和今中国东北南部地区。隋唐时期，高句丽不断与隋唐王朝交战，国力衰落。668年为唐朝与新罗联军所灭。

57. 玉门关

古关名。始置于汉武帝设立河西四郡、开通西域道路时。故址在今甘肃敦煌西北小方盘城。因西域输入玉石时取道于此而得名，是中原地区通往西域的门户，丝绸之路必经之路。汉时为都尉治所，是重要的军事关隘。

58. 阳关

古关名。始置于汉武帝时。在今甘肃省敦煌市西南古董滩附近。因位于玉门关以南而得名。汉时为都尉治所，是通往西域的重要关隘。

59. 西域

汉代指玉门关、阳关以西，葱岭（即今帕米尔高原）以东，巴尔喀什湖东、南及新疆广大地区。以天山为界，分为南北两部，分布着数十个大小不等的国家。汉武帝以前，西域各国受匈奴控制和奴役。武帝击退匈奴后，派张骞出使西域，与西域各国建立联系。宣帝神爵二年（公元前60），设西域都护府，治所在乌垒城（今新疆轮台东），并护南北道。西域正式纳入汉的版图。

60. 丝绸之路

一般指欧亚大陆北部的商路，即以古代中国长安（今西安）为起点，经甘肃、新疆，到中亚、西亚，并连接地中海各国的陆上通道，以区别于后来出现的西南和海上丝绸之路。始于汉武帝时张骞出使西域。以汉都长安为起点，经河西走廊至敦煌，再分南北两道。南道沿昆仑山北麓经和田至疏勒（今新疆喀什）；北道经罗布泊沿天山南麓经库车、阿克苏至疏勒。由疏勒越葱岭或南往印度，或西经波斯往地中海诸国。因中国西运的货物以丝绸制品影响最大，故得名。通过丝绸之路，古代亚欧国家和人民互通有无，友好往来。

61. 传

古代过关津、驿站时使用的凭证、通行证。始于先秦。或用缯帛等丝织品制成，上书两行字，一分为二，各持其一，出入关津时，相合乃得通过。或用木，称棨传，上刻符号，两木相合，称合符。

62. 关市

古代设在边境关口进行对外贸易的市场，也指边境上的通商。始于先秦。关市原是关与市的合称，后来多指关下所设的市。西汉时，对匈奴、南越都设有关市，前者又称"胡市"。关市由政府严格控制管理，定期定时开放，商人须持政府颁发的符传类许可证，按规定品种、数量进行交易，严禁从事违禁品的买卖以及擅自出关走私，违者处以重罪。

63. 烽燧

古代边塞观敌报警系统。始于先秦。燧，设在边塞上的一种亭，用于候望敌情和报警。烽是燔烧积薪所起烟火，以此为信号报警。汉代在北方长城沿线均设燧，燧隶属都尉府，都尉下辖候官，候官下辖燧。燧发现敌情后，点燃烽发出信号，由各燧依次传递，以达都尉府。

64. 和亲

古代王朝君主为了免于战争，通过缔结婚姻与边疆异族统治者建立友好关系的一种方式。始于汉高祖。高帝六年（公元前201），匈奴攻打马邑（今山西朔州），韩王信不敌投降。次年，高祖率三十二万大军前往征伐，在平城白登山（今山西大同东北）被匈奴围困七日，侥幸脱险。高祖被迫采纳大臣刘敬建议，与匈奴缔结"和亲",选宫女为公主嫁给单于,每年馈赠大量丝绸、酒、食物,并开关市贸易。此后遂成惯例。

65. 大篆

汉字书体名。相传周宣王时太史籀所作,故亦名籀文或籀书。秦统一后,称大篆,与小篆相区别。

66. 小篆

秦代通行的书体。秦统一后,因各国文字不同,命丞相李斯等在史籀大篆基础上简化规范而成。亦称秦篆,后世通称篆书。

67. 隶书

汉字书体名,由篆书简化演变而成。始于秦。相传秦始皇时,徒隶(刑徒)程邈曾对这种书体进行整理,后世遂有程邈创隶书之说。普遍使用于汉魏。

68. 简帛学

对简牍、帛书等出土材料,应用文字学、历史学等学科理论,从文字学、历史学、考古学等角度进行综合分析的一门学问。

69. 睡虎地秦简

1975年底,在湖北省云梦县睡虎地秦墓中发现的秦简牍,其中11号墓出土一千一百多枚竹简,4号墓出土两块木牍。竹简的内容包括:《编年纪》[秦昭王元年(公元前306)至秦始皇三十年(公元前217)间国家与墓主家庭的大事年表]、《语书》(原题,南郡守发给属县的文书)、秦律的部分抄本[《秦律十八种》、《效律》(原题)、《秦律杂抄》]、《法律答问》(对秦律的问答体解释)、《封诊式》(原题,治狱文书程序汇编)、《为吏之道》、《日书》(原题,时日禁忌)等。木牍的内容是家信。墓葬年代是秦始皇三十年或稍后,简牍则有不少内容属战国末年史事。简牍内容为秦史研究提供了大量珍贵的一手资料。

70. 银雀山汉简

1972年山东省临沂银雀山1号和2号汉墓出土的汉代竹简。墓葬年代当在汉武帝在位期间。简文字体属早期隶书，竹简的抄写年代当是汉文帝、景帝至武帝初期。完整简、残简共计有4942枚，另有数千残片。其内容包括《孙子兵法》、《孙膑兵法》、《六韬》、《尉缭子》、《晏子》、《守法守令十三篇》、《元光元年历谱》等先秦典籍。

71.《史记》

西汉司马迁撰写的中国第一部纪传体通史。司马迁，左冯翊夏阳（今陕西韩城）人，字子长。武帝元封三年（公元前108）继承父亲司马谈之职，任太史令，不久开始撰修《史记》。后因替败降匈奴的李陵辩护，被处以腐刑。他发愤著书，立志"究天人之际，通古今之变，成一家之言"，最终完成《史记》。《史记》原称《太史公书》，包括十二本纪、十表、八书、三十世家、七十列传，共一百三十卷，五十二万余字。上起黄帝，下至汉武帝，内容涉及社会各方面，不虚美，不隐恶，不受正统思想的束缚，真实、生动地再现了两千五六百年的历史，被誉为"实录"。它集编年、记事之长，开创了以人物为中心的纪传体新体例，为以后历代正史所遵循。它与宋代司马光编撰的《资治通鉴》并称"史学双璧"。

72.《汉书》

东汉班固编撰的中国第一部纪传体断代史。班固，扶风安陵（今陕西咸阳东北）人，字孟坚。他在其父班彪所作《史记后传》六十五篇基础上，花二十余年时间编撰《汉书》。尚未完成，受外戚窦宪案牵连，下狱死。其妹班昭续写八表，马续补写《天文志》。《汉书》体例基本因袭《史记》略有更改，不列世家，书改为志，并创《百官公卿表》、《刑法志》、《地理志》、《艺文志》，共一百篇，八十万字，记述上起汉高祖、下至新莽共二百三十年史事，后人分为一百二十卷。开创断代史体例，是继《史记》之后我国古代又一部重要史书。但其历史观深受儒家思想影响，故论断是非与司马迁多有不同。

73.《四民月令》

东汉崔寔模仿《月令》所著著作。崔寔（约103—约170），涿郡安平（今河北安平）人，字子真，又名台，字元始，曾任郎、五原太守等职。四民指士、农、工、商。该书逐月记述东汉时期世家大族的生产、生活活动。对于谷类、瓜果、蔬菜的种植方法，纺绩、织染、酿造、制药等手工业，均有详细记载，是了解当时社会经济状况的重要材料。大约在宋代亡佚。现有辑本。

74.《太初历》

汉武帝太初元年（公元前104）所造历法。秦及汉初沿用"颛顼历"，以十月为岁首。由于年代久远，到汉代时已与时令不合，甚至出现"朔晦月见"的现象。武帝因命邓平、唐都、落下闳等人造新历，太初元年成，故名。又称"八十一分律历"。以正月为岁首；第一次把二十四节气订入历法，以没有中气的月份为闰月；推算出135个月有23次交食的周期，是中国第一部记载完整的历法。共施行188年，至东汉章帝元和二年（85）被更为精密的"四分历"所取代。

75. 李斯（？—前208）

战国末楚上蔡（今河南上蔡西南）人。曾师从荀子学习帝王术。后入秦任官。游说秦王嬴政（即秦始皇）兼并六国，统一天下，并献计离间六国君臣关系，官至客卿。秦王政十年（公元前237）下令驱逐六国客，上《谏逐客书》，为秦王所纳。后任廷尉。秦统一后，坚决反对分封制，主张全面郡县制，主持或参与法律、文字、度量衡等统一制度、措施的制定,是秦王朝专制集权制度的主要设计者。建议焚烧民间收藏的《诗》、《书》等百家语,禁止私学,以钳制思想。迁丞相。秦始皇死后,在赵高的威胁利诱下,共立始皇少子胡亥为二世皇帝。后为赵高所忌,诬其谋反,腰斩于市。

76. 蒙恬（？—前210）

秦将。秦王政二十六年（公元前221）,为军将,大破齐国,拜为内史。秦始皇三十二年,命蒙恬率三十万大军,北逐匈奴,收复河南地（今内蒙古河套地区）。主持修建长城,起自临洮至辽东。弟蒙毅也位至上卿。秦始皇三十四年,始皇长子扶苏因谏说坑儒一事,被贬,监蒙恬军。秦始皇死,赵高篡立二世胡亥,赐公子扶苏、蒙恬死,扶苏自杀,蒙恬不肯就范,被杀。

77. 西楚霸王

项羽自封号。项羽（公元前232—前202）,秦下相（今江苏宿迁）人,旧楚贵族。秦末随叔父项梁在吴县（今江苏苏州）起兵反秦。公元前207年,在巨鹿之战中大破秦军主力。公元前206年十月,秦灭亡。项羽主持分封十八诸侯,自立为西楚霸王,统治梁、楚九郡,都彭城（今江苏徐州）。随后,楚汉战争爆发。为汉王刘邦所败,在乌江（今安徽和县）自刎而死,年仅三十岁。

78. 萧何（？—前193）

秦末沛（今江苏沛县）人。早年任秦沛县狱吏。秦二世元年（公元前209）,随刘邦起兵反秦,为刘邦重要辅佐。刘邦封汉王后,劝说刘邦出定三秦,与项羽争夺天下,并推荐韩信为大将军。楚汉战争时,以丞相镇守关中,为汉军输送士卒、粮草。刘邦称帝后,认为萧何功最高。主持修订《九章律》,草创制度。高帝十一年（公元前196）,助吕后收捕淮阴侯韩信。高祖死后，辅佐惠帝，病卒。

79. 韩信（？—前196）

秦末淮阴（今江苏淮安）人。早年家贫，尝受胯下之辱。秦末战争中，先投奔项羽，未受重用。遂归汉王刘邦，在丞相萧何举荐下，拜大将军。建议刘邦出兵关中，与项羽争夺天下。楚汉战争中，韩信发挥卓越的军事指挥才能，独领一军，先后平定魏、代、赵、燕、齐等地，封齐王。汉五年（公元前202），与刘邦会师垓下，项羽兵败自杀。与萧何、张良称汉兴三杰。汉建立后，徙为楚王。被告谋反，降为淮阴侯。高祖十一年，又被告谋反，为吕后所杀。

80. 贾谊（公元前201—前168）

西汉洛阳（今河南洛阳东北）人。少时以能诵书属文闻名。二十余岁，文帝召为博士，因博闻善对，不到一年破格提拔为太中大夫。建议改正朔，易服色，兴礼乐，改革法令制度。因遭重臣反对，出为长沙王太傅。后为梁王太傅。针对匈奴外患、诸侯王坐大等时弊，多次上疏陈对策，后世称《治安策》。主张重农抑商，增加粮食储备；众建诸侯而少其力，削弱诸侯王势力。其思想主张对汉代政治影响深远。梁王坠马死，一年后贾谊因自责悲郁而死，年仅三十三岁。

81. 晁错（公元前200—前154）

西汉颍川（今河南禹州）人。早年学申商刑名之学。文帝时，受命从伏生学习今文《尚书》。后迁博士、太子家令，号"智囊"。针对匈奴边患、商人兼并农民土地等问题，先后上书，建议徙民实边、入粟边塞以拜爵免罪，为文帝采纳。景帝即位后，贵幸用事，迁御史大夫，进行多项改革。上《削藩策》，力主削夺诸侯王封地，以巩固中央集权。景帝三年（公元前154），吴楚七国借口诛晁错发动叛乱。景帝听从袁盎建议，杀晁错，但七国并未因此退兵,最终汉不得不出兵平乱。

82. 董仲舒（公元前179—前104）

西汉广川（今河北枣强）人。治《公羊春秋》。景帝时为博士。武帝时被举为贤良,对策深得武帝赞赏,拜江都王相。后因言灾异事获罪下狱,不久赦免。再拜胶西王相。后托病辞官,专心治学著书,但朝廷每有大事,仍派人咨询。著有《春秋繁露》一书。董仲舒适应大一统国家需要,提出"独尊儒术,罢黜百家",并建议建太学,设博士弟子员,传授经学,被武帝采纳。其学以儒家思想为中心,杂取阴阳五行思想,提出"天人感应说",为王朝统治的合法性制造理论依据,对后世影响深远。

83. 卫青（？—前106）

西汉河东平阳（今山西临汾西南）人。字仲卿。本姓郑,母为汉武帝姐平阳公主家婢,因同母异父姐卫子夫得幸武帝,遂冒姓卫。自元光六年（公元前129）拜车骑将军起,先后七次率军出击匈奴,屡建奇功。元朔二年（公元前127）,收复河南地（今内蒙古河套地区）,封长平侯。元朔五年,击溃匈奴右贤王,拜大将军,三子皆封侯。元狩四年（公元前119）,卫青、霍去病分路出击匈奴,卫青部重创单于部,追至寘颜山赵信城（今蒙古杭爱山南）,加拜大司马。虽贵幸,不树党营私。后娶平阳公主,病卒。

84. 霍去病（？—前117）

汉武帝皇后卫子夫姊子,卫青外甥。年十八任侍中。先后六次出击匈奴。元朔六年（公元前123）,率轻骑八百,捕斩匈奴二千余级,封冠军侯。元狩二年（公元前121）任骠骑将军,两出陇西,捕斩匈奴三万余级,沉重打击匈奴右部。汉在河西设武威、张掖、酒泉、敦煌四郡。元狩四年,大败左贤王部,捕斩七万余级,封狼居胥山（今蒙古肯特山）,临瀚海（今贝加尔湖）

而还，与卫青一同加拜大司马，宠幸则超过卫青。病卒，享年不到三十岁。

85. 桑弘羊（公元前 152—前 80）

西汉洛阳（今河南洛阳东北）人。商家子，善心算，十三岁为侍中。汉武帝中期，因连年发动对周边民族战争，大兴土木建设，陷入财政危机。遂重用桑弘羊，历任大司农中丞、大司农、搜粟都尉等职，统管中央财政。先后推出盐、铁、酒官营，均输、平准、算缗、告缗，统一铸币等政策，取得成功，史称"民不益（增加）赋（赋税）而天下用饶"。武帝临终前，迁御史大夫，与霍光等四人受遗诏，辅佐昭帝。始元六年（公元前81），在朝会上与来自各地的贤良文学就盐铁等政策展开激烈辩论。次年，因参与谋废昭帝被处死。

86. 霍光（？—前 68）

西汉河东平阳（今山西临汾西南）人。字子孟。霍去病异母弟。武帝时以外戚任郎，渐升至奉车都尉、光禄大夫。为人小心谨慎，深得武帝信任。武帝临终，立年仅八岁的昭帝，拜霍光为大司马、大将军，与桑弘羊等四位大臣受遗诏辅政。昭帝时，封博陆侯，外孙女为皇后，权倾朝廷。昭帝死后，立昌邑王刘贺为帝，不久废，迎立宣帝。秉政二十年。辅政期间，继续奉行武帝末年"与民休息"政策，对"昭宣中兴"起了重要作用。霍光死后，其家族因谋反被灭。

87. 刘歆（约公元前 50—公元 23）

西汉末洛阳人。字子骏。后改名刘秀，字颖叔。汉皇族宗室，著名经学家、目录校勘学家刘向之子。成帝时，以通经、善属文任黄门郎。河平三年（公元前 26），受诏与其父整理皇室所藏秘书。其父死后，任中垒校尉。哀帝时，在其父所撰《别录》基础上，编纂中国历史上第一部图书分类目录《七略》。因发现

《春秋左氏传》，故大力提倡古文经，建议立《周礼》、《左传》、《毛诗》、《古文尚书》等古文经博士，引发经学今古文之争。平帝时，王莽执政，助其托古改制。考定律历，著《三统历谱》，被认为是世界上最早的天文年历的雏形。王莽篡位后，为国师。后参与谋杀王莽，事败自杀。

88. 王充 (27—约97)

东汉会稽上虞（今浙江上虞）人。字仲壬。少孤，曾师事班彪。因家贫，常游市肆读书，博通百家之言。一度任州郡属吏，后回乡潜心学问。著《论衡》八十五篇，认为天地万物均由"气"构成，批判"君权神授"、"天人感应"、谶纬等迷信，倡导黄老思想，自称其学"违儒家之说，合黄老之义"。其观点蕴涵着朴素的唯物主义思想。在认识论上，重视耳闻目见的感觉经验，同时也重视理性思维，主张独立思考，但也不能摆脱宿命论的局限。

89. 张衡 (78—139)

东汉南阳西鄂（今河南南阳北）人。字平子。少善属文，游学京师，通贯五经六艺。擅长天文、阴阳历算、机械制作。安帝时，特征拜郎中，再迁为太史令。他改进浑天仪，将齿轮与漏壶相连，观测星宿出没。发明候风地动仪，测定地震方位，为世界最早测候地震的机械装置。被誉为"制作侔造化"。著有《灵宪》、《算罔论》，阐释天体演化原理，力主浑天说，即认为天、地均为圆形，地居天之中，不停转动。因其在科技方面的突出贡献，联合国天文组织曾将太阳系中的1802号小行星命名为"张衡星"。亦善汉赋，《二京赋》、《思玄赋》为其代表作。顺帝时，官至尚书。

90. 蔡邕 (？—192)

东汉末陈留圉（今河南开封陈留镇）人，字伯喈。博学，好辞章、数术、天文，妙操音律。灵帝时任官，后拜郎中，校书东观。迁议郎。熹平四年（175），因经籍文字多谬，俗儒穿凿附会，乃与堂溪典、杨赐等奏求正定《六经》文字，获灵帝许可。蔡邕亲自书写，令石匠刻于四十六碑，立于太学门外。后因得罪宦官权臣，曾下狱。汉献帝时，为董卓所征召，累迁左中郎将，故亦称"蔡中郎"。后以董卓党羽，死狱中。其女蔡琰（蔡文姬）因文采亦著名于世。

91. 郑玄（127—200）

东汉高密（今山东高密）人。字康成。少不好为吏，先入太学，习今文经《京氏易》、《公羊春秋》，及《三统历》、《九章算术》。又从张恭祖学《周官》、《礼记》、《左传》、《古文尚书》等古文经。后入关中，拜马融为师。游学十余年，回乡聚徒讲学，弟子达数千人。不久因受党祸牵连，遭禁锢，遂闭门不出，潜心研经。兼修今古文，遍注群经。著有《天文七政论》、《鲁礼禘祫义》、《六艺论》、《毛诗谱》、《驳许慎五经异义》、《答临孝存周礼难》等书，共百万余言，世称"郑学"，为汉代经学的集大成者。古文因马融、郑玄显于世。后人称经学家郑众为先郑，郑玄为后郑。

（五）魏晋南北朝

1. 五礼

吉礼、凶礼、军礼、宾礼、嘉礼的合称。吉礼为祭祀之礼，主要包括对昊天上帝、日月星辰、风师雨师、五岳四渎、山林川泽、祖先的祭祀。嘉礼为喜庆之礼，主要包括宴会、婚礼、冠礼、朝贺、尊老养老等。军礼为有关军事方面的礼仪，包括练兵、命将出征、誓师、发布檄文、庆贺胜利等。宾礼即接待宾客及外交使臣的礼仪。凶礼即赈灾、吊唁、丧葬等方面的礼仪。五礼内容历代皆有，但作为一整套国家制度，孕育于汉魏之际，确立于西晋，发育于两晋南朝宋齐，成熟于南朝梁和北魏孝文帝太和以后。

2. 三省

古代三个中央官署的合称，即尚书省、中书省、门下省。尚书省，东汉称尚书台，魏晋以后始称省。尚书令为都省长官，尚书左右仆射为副长官。下设诸曹，分别负责处理各种事务。魏晋南北朝，诸曹的名称及多寡不一，至隋始定型为吏、度支、礼、兵、刑、工六部。门下意为"黄门之下"，初为设于宫禁中的官署，为皇帝身边的侍从官。东汉门下有东西中三寺，曹魏西晋门下设侍中省，东晋增设西省，南朝宋改为集书省，上述名称泛称门下省。中书省，曹魏初始置，长官为中书监、中书令，下设通事郎、著作郎等官。魏晋南北朝时期，三省权力的大小、地位的高低多有变化，直到南北朝后期，中书省发布诏令、门下省审核、尚书省执行的权力分工始固定成型。

3. 典签

官名。南北朝时设置，又称典签帅、签帅、主帅。典签本为州府掌管文书的小吏，南朝刘宋时权力开始加重。由于南朝刘宋多以年幼的皇子到地方任刺史都督，所以必须委派所信任的人担任典签去协助年幼的地方长官处理政事。担任典签者多为寒人，他们定期向皇帝汇报地方情况，成为地方长官升黜的主要依据。以后其权力越来越重，以致有"诸州唯闻有签帅，不闻有刺史"的说法。典签对州刺史甚至达到人身控制的程度，这种情况直到南齐明帝以后才有所改变。北朝各州也置典签，但权力远不如南朝。隋唐宋元均有典签，但无论权力还是作用均与南朝大不相同。

4. 九品中正制

又称九品官人法，系魏晋南北朝为选用官僚而品第士人的一种制度。曹魏创立，于各郡置中正，州置大中正，负责把州郡中的士人划分为上上、上中、上下、中上、中中、中下、下上、下中、下下九个等级，作为朝廷官员选拔的对象。等级划分标准是品评对象的家世、出身、才能、品德及所在乡里对他的评价。中正据此确定等级并写出评语，吏部依据品状，分授高下清浊判然不同的官职。至西晋以后，由于各级中正均由世家大族担任，品状评定人物的标准完全变成家世门资，形成"上品无寒门，下品无势族"的局面。隋代废止九品中正制，改行科举制。

5. 清官

清要贵重之官。魏晋南北朝隋唐都有清官之职，但含义上有所不同。魏晋南北朝的显要清官只有士族高门才能担任，有两种情况：（1）地位显要的官，如尚书、中书等。（2）一些品阶较高但政务不繁重的，如秘书郎、秘书丞、校书郎、东宫侍郎、东宫通事舍人等。

6. 浊官

相对清官而言，指品级较低、政事繁杂、士族高门不屑于担任的官，多为士族次门或庶族寒人出任。如南朝梁官制，流内九品十八班，为清官，士族高门担任；流外七班为浊官，寒微士人为之。

7. "六条诏书"

西魏时关中大族苏绰为宇文泰拟定的要求地方官员为政的六条标准。具体内容为：（1）先治心，即从根本上对百姓进行治理；（2）敦教化，使社会风气淳厚；（3）尽地力，以发展经济；（4）擢贤良，以使政治开明；（5）恤狱讼，以劝善惩恶，赏罚分明；（6）均赋役，以减轻百姓负担。宇文泰加以采纳，以诏书形式推行，并规定凡是不通六条诏书及计帐者，不得为官。

8. 土断

东晋南朝实行的户籍政策。所谓土断，即以土著为断定的标准。具体做法就是以现居地为准，将人口著之于户籍。东晋十六国时期，由于北方战乱，大量流民纷纷南迁，人口流动不仅频繁，规模也很大。流民或依附于豪强，不著国家户籍，或登记在侨州郡县的户籍上，享受优复待遇，严重影响了国家税收。朝廷为明考课、定税收，多次实行土断政策。其中影响大、效果显著的有两次，一次是由大司马桓温主持的，因发生在哀帝兴宁二年（364）庚戌朔，又称"庚戌土断"；一次是由刘裕主持的，因发生在安帝义熙九年（413），又称"义熙土断"；以后南朝宋、齐、梁、陈都实行过土断，但均成效甚微。

9. 宗主督护制

北魏初期地方行政制度。宗主即豪强大族首领。十六国时，战乱频仍，中原地区豪强大族多聚集宗族力量，据坞壁自守，其宗族领袖即为宗主。北魏建国后，任命鲜卑族部落主为宗主，对地方进行督护管理，即宗主督护制。孝文帝太和十年（486）进行改革，实行三长制，宗主督护制遂废。

10. 都督制

以都督为长官的军事制度。其一为都督中外诸军事，始置于曹魏黄初三年（222），代表皇帝统率全国武装力量。其二为都督一州或数州诸军事，确立于曹魏黄初二年（221），负责统率在地方设置的军事辖区的武装力量，并兼任驻在州刺史，既管军事又理民政。在魏晋南北朝的军事编制中，还置有大都督、左·右都督、都督、都督部大等品级不同的统兵武官。

11. 世兵制

魏晋南北朝的一种主要集兵形式。始行于三国，流行于两晋南北朝，先后有士家制、兵户制、军户制、营户制、府户制、镇户制等不同称谓，均指由政府将一部分户口编制为军籍，其丁男终身当兵，世代相承，其家属或随军营居，或集中居住在政府指定的地区。其身份地位低于郡县民户，非经政府放免，不得改为民籍。

12. 府兵制

创始于西魏的一种兵制。西魏大统年间（535—551），宇文泰以鲜卑部落兵为主体，又广募关陇豪强武装及中、上等有财力的汉族农户，组建一支胡汉混编的新型军队。其组织系统按六柱国——十二大将军——二十四开府进行编制，官兵一律姓胡姓。因设军府以集兵与统兵，故称"府兵"。北周武帝即位后，下令提高府兵的地位，"改诸军士为侍官"，同时扩大征发府兵的范围，均田农户均可从军，并改其民籍为军籍。府兵服役时由军府就地集结，不服役时仍在本乡务农；免除租庸调，轮番服役有一定期限。其地位明显优于前代的军户，士气高，富有战斗力。府兵制前后沿续200年，废止于唐天宝年间（742—756）。

13. 北府兵

东晋时由谢玄以原郗鉴统率南下的流民武装为基础，又扩充召募京口（今江苏镇江）一带的北方流民所组建的一支劲旅。京口既是徐州刺史的治所，又是都督军府所在地，因位于首都建康之北，所以称为"北府"。北府兵以剽悍善战著称，屡建军功，尤以在淝水之战中击溃前秦"百万"大军（实为步骑87万）名闻于史。一说京口为北中郎将驻地，故称"北府"。

14. 屯田制

封建国有土地的一种经营方式。创始于西汉武帝时期，"以屯田定西域"；至东汉光武帝时又推广于内地。三国鼎立时期大规模地实施于南北各地，成效以曹魏最大，东吴次之。曹魏屯田有民屯与军屯两种类型，由典农系统（包括大司农、典农中郎将、典农都尉、屯司马等）和度支系统（包括度支尚书、度支中郎将、度支都尉、营司马等）分别管理。两类屯田劳动者的身份不同，前者为屯田民，后者为军士与士家；剥削方式与经营管理方式亦不同。在当时战乱连年、农田抛荒、民不聊生的社会历史条件下，屯田制的广泛推行，对恢复社会经济、增强国家实力有积极作用。

15. 占田课田制

西晋于公元 280 年平吴之后实行的土地管理制度与田赋课征制度。占田制规定，男子一人占田 70 亩，妇人 50 亩。农户自行申报土地占有数量，经政府登记，确认其土地所有权属。课田制规定，丁男一人课田 50 亩，丁女 30 亩，次丁男半之，次丁女不课。不论实际占田多少，均按课田定额征收田赋。当时"地有余羡而不农者众"。占田课田制的实施，使无地少地的农户得以自行开垦无主荒地，屯田军民在西晋罢屯田制后仍可继续耕种并合法占有所耕土地；以定额亩数课征田赋也有利于激励农户努力开荒，扩大耕地，发展农业生产。

16. 均田制

创始于北魏孝文帝太和九年（485）的一种土地制度。北魏均田制规定：男夫一人受田 40 亩，妇人 20 亩，奴婢依良。诸民年及课（15 岁）受田，老免（70 岁，一说 66 岁）及身没则还田。丁牛一头受田 30 亩，限 4 牛，随有无还受。初授田，男夫一人受桑田 20 亩或麻田 10 亩，妇人减半。正田之外，还可受备休耕之用的倍田。露田有受有还，不得买卖；桑田、麻田为世业，可继承，也可买卖，但有若干限制。政府负责每年土地的授还与登记管理。均田制的历史渊源是北魏早期实行的"各给耕牛，计口授田"与中原实行过的井田制、占田制。均田制的实施，通过重新确认土地权属，解决了因长期战乱而产生的土地纠纷与农田抛荒问题；将部分国有土地与无主荒地分配给无地少地的汉族与内迁少数民族农户，扶植了大量的自耕农；而限制土地的占有、继承与转让，则在一定程度上抑制了土地兼并与土地集中的恶性发展，这对发展社会经济有积极意义。均田制历东魏北齐、西魏北周和隋，至唐中叶废弛，前后延续300年。

17. 士族

指称讲究郡望、推重门第、累世做官、文才相继并享有法定特权的家族群体。为封建地主阶级中的特权阶层。士族中有高门与次门的高下之分。近人称高门为"门阀士族"或"门阀地主"，次门为次等士族或低级士族。古籍中有世族、势族、甲族、高门、冠族、旧门、著姓、右姓等不同称谓，一般泛指士族高门。其主要由东汉的世家大族发展而来，魏晋时期又生出许多新贵。士族（主要是高门著姓）在政治、经济上都享有特权。政治上垄断进身高官的仕途；经济上合法占有一定数量田地和国家的编户。此外在学术上以经学礼法传家，在婚姻上严守门当户对原则，不与庶族通婚，以此保持自己文化和社会的优越地位。士族的发展在东晋时达到鼎盛，南朝时逐渐走下坡路。北朝由于少数民族掌权，士族的势力不及南朝强大。隋唐时期，科举选官成为制度，士族虽然仍有相当的政治地位，但已失去对仕途的垄断；经济上也失去了合法占有国家编户的特权；文化上一些士族为考取进士，出现了轻经学重诗赋的倾向。政治、经济地位的衰落，文化优势的丧失，婚姻上不与庶族通婚的禁条也被打破。五代以后，士族的势力彻底消亡。

18. 庶族

身份地位与士族"较然有别"(《宋书·恩倖传》)的家族群体。魏晋南北朝时期凡家族中无人出仕官职,或仅担任不入流寒官者,谓之。其社会成分,包括普通地主阶层、工商业者及编户农民。庶族须负担国家规定的赋役,出仕者也不能担任清要官与品秩高的寒官。《南史·王球传》曰:"士庶区别,国之章也。"对庶族的等级歧视不仅法定,而且在两晋尤其是东晋时蔚然成为社会风气。南朝时,庶族出身的官员开始执掌机要,地位不高,权力却重,深受皇帝信任。刘宋时,不少庶族出身的人跻身高官行列,士族垄断高官的局面开始改变。梁武帝以通经或诗赋取士,北周实行"擢贤良"即不问出身的选官政策,使庶族地主的政治地位进一步上升。隋唐科举制度,为庶族的入仕打开了方便之门。唐朝有一半左右庶族出身的人登上宰相高位。

19. 门阀

即门第阀阅。门第指家族世系和社会声望;阀阅指功绩和资历。门阀最初指世代显贵、名声显赫的家族,只是在魏晋时期与官僚仕进紧密相关。秦汉时入仕之途尚不受门第阀阅限制,许多素族寒门出身的人位至公卿。东汉时,作为选官手段的察举征辟被世家大族所垄断,选士而论族姓阀阅,贡荐则必阀阅为前,始逐渐形成门阀观念。魏晋南北朝时,用以指称士族中的高门势族,由中正评定人品为二品,其父、祖辈历任官位五品以上清要显职者,谓之。东晋一朝,门阀掌控朝政大权,以至驾驭皇权,史称"门阀政治"。

20. 次门

士族中的寒微门户,或称为低级士族、次等士族。由中正评定士人之人品为三品至九品,其父、祖辈历任官位为六品以下九品以上者,谓之。次门出身的士人,称为寒士。寒士亦享有免役特权，但不得出仕品级高显的清要官职，并遭受士族高门的歧视与排抑。

21. **役门**

负担国家徭役的门户。包括庶族地主、工商业者和编户农民。征发徭役时三丁抽一、五丁抽二的三五门亦属役门。役门出身者为寒人，即使在任九品以上官职期间可免役，去职后仍须服役。

22. **郡姓**

一郡中的大姓望族。魏晋南北朝时，太原王氏、琅邪王氏、清河崔氏、博陵崔氏、范阳卢氏、赵郡李氏、荥阳郑氏均为山东郡姓之首，京兆韦氏、杜氏，河东裴氏、薛氏、柳氏，弘农杨氏，均为关中郡姓之首。北魏孝文帝定姓族后，进入高门士族系列的汉人大族也称郡姓。

23. **鲜卑八姓**

拓跋鲜卑八个高等姓族。八姓有前后变化的区别。北魏建国前，献帝拓跋邻七分国人，以自己七个兄弟分而统之。兄为纥骨氏，后改为胡氏。次兄为普氏，后改为周氏。次兄为拔拔氏，后改为长孙氏。弟为达奚氏，后改为奚氏。次弟为伊娄氏，后改为伊氏。次弟为丘敦氏，后改为丘氏。次弟为侯氏，后改为亥氏。道武帝建国后，已经是八国姓族难分。孝文帝定姓族后，穆（原为丘穆陵氏）、陆（原为步六孤氏）、贺（原为贺赖氏）、刘（原为独孤氏）、娄（原为贺楼氏）、于（原为勿忸于氏）、稽（原为太洛稽氏）、尉（原为尉迟氏）成为新的鲜卑八个著姓。

24. **关陇集团**

史学家陈寅恪对西魏、北周、隋、唐统治集团特点的概括。就地域而言，"关"指关中（今陕西），"陇"指陇右（今甘肃）。北魏分裂后，代北武川镇鲜卑进入关中，建立西魏政权。

由于力量弱于当时的东魏，统治者必须采取有效措施，与关陇地区的汉族豪强紧密结合，结成牢固的政治军事统一体。北周代替西魏以及灭掉北齐统一北方后，进一步结合山东世家大族，从而使关陇集团在北方更具有政治代表性，奠定了隋唐统治集团的基础。

25. 部曲

部曲在秦汉原为军事建制单位"部"与"曲"的合称。东汉末，部曲制下的士兵对主将的人身依附关系逐渐加强，变成了主将的私人势力，"部曲"遂成为这类"身系于主"的士兵称谓。魏晋以后，由于战乱频仍，大批农民投到大族豪强武装保护之下，成为他们的私人部曲，又称家兵。这类农民越来越多，逐渐变成耕战结合的生产者，军事性质发生改变。魏晋南北朝时部曲成为依附性很强的劳动者。至唐代仍然存在，主要从事农业生产和家内劳役，没有人身自由，婚姻亦受主人限制。

26. 佛图户

北魏寺院中等同于奴隶身份的劳动者。北魏文成帝时，沙门统昙曜提出，以犯重罪百姓及官奴为"佛图户"，以供诸寺扫洒，兼为寺院种田输粟。此议得到文成帝批准。

27. 僧祇户

依附于北魏佛寺的农户。北魏皇兴二年（468）攻破南朝刘宋青、齐二州，将百姓迁于平城西北新城，是为平齐户。沙门统昙曜奏请，平齐户和军户中有能年缴纳谷六十斛给僧曹者，即为"僧祇户"，所交粟为"僧祇粟"，用以荒年赈给饥民。从此北魏僧祇户遍于各州镇。

28. 五胡

指鲜卑、匈奴、羯、氐、羌五个古代少数民族。鲜卑为东胡一支，汉初大部分在匈奴统治之下。匈奴势力衰弱后，鲜卑各部始进入匈奴故地，东汉桓帝时，鲜卑首领檀石槐曾建立东起辽东西至敦煌的庞大的部落联盟。段部、慕容、乞伏、秃发、拓跋、徒何各部均为鲜卑。东晋十六国时，慕容、乞伏、秃发曾先后在东北、华北、西北建立政权。南北朝时，拓跋部建立的北魏统一北方。匈奴于公元前3世纪前后兴起于大漠南北，强盛时东控辽河，西至葱岭，北达西伯利亚，南抵长城。西汉初被迫与之和亲。汉武帝时大规模北伐匈奴，使其势力渐弱，后因内部分裂，一部分降附汉朝。东汉建武二十四年，匈奴分为南北两部，南匈奴内附，北匈奴西迁。汉末三国，曹魏把内迁匈奴分为五部，散居在今山西境内的一些郡县。十六国时，其分支屠各胡、卢水胡、铁弗匈奴都曾建立政权。羯又称羯胡，关于其来源，一说源于中亚康居国（今巴尔克什湖与咸海之间），一说源于小月氏。汉魏时散居于河西及山陕等地，人数达数十万。其人深目高鼻多须，少数民族特征明显。十六国时曾建立后赵。氐人居于甘肃、四川北部，汉武帝时开始在氐人居住地区设武都郡，所以他们接触汉文化较早，是五胡中汉化程度较高者。东晋十六国时，前秦、后凉、仇池国均为氐人所建。古代羌族的历史，可以追溯到殷周时期，时称羌方。战国秦时，羌人分布在今青海、甘肃、四川西北地区。西汉初，由于匈奴威胁，一部分羌人要求汉朝保护，被内迁到陇西郡南部边塞。汉武帝开河西，置护羌校尉。东汉时大量羌人被进一步内迁到今甘肃临洮、甘谷以及陕西渭水流域，与汉人杂居。十六国时羌人姚苌曾建立后秦政权。东晋时，宕昌、邓至、白兰等羌部兴起，建立政权，以后分别臣属于北魏、北周、南朝。

29. 狄

古代民族，先秦时分布在北方。春秋时分布于河北、陕西、山西一带，包括赤狄、白狄、长狄等，因种姓众多，又有"众狄"之称。春秋末年的中山国即白狄所建。魏晋南北朝时期，又称"戎狄"、"北狄"，泛指北方少数民族。

30. 柔然

古代北方少数民族。又称茹茹、芮芮、蠕蠕。公元4世纪附属于拓跋鲜卑所建代国。拓跋鲜卑建立北魏后，柔然转至阴山一带。北魏天兴五年（402）首领社仑统一漠北，建立东起大兴安岭，西逾阿尔泰山，南至大戈壁，北到贝加尔湖以南的庞大汗国，社仑自称丘豆伐可汗。柔然经济以游牧为主，有冶铁、造车、制革等手工业。后国内高车族独立，柔然势力渐衰。北魏正光元年（520），柔然内乱，可汗阿那瓌降魏。北魏分裂后，柔然复兴，东西魏争着与之和亲，进行拉拢。北朝末期被突厥吞并。

31. 高车

古代北方少数民族。又名敕勒、赤勒、铁勒。其族善造车，且车轮高大辐多，因此得名。关于其族源，一说源自匈奴，一说源自丁零。北魏初期，多次受到道武帝征伐，又被太武帝迁徙十万余户到漠南。孝文帝时，因不愿意受诏南征，其首领率族人北上复投柔然。柔然可汗豆仑时期，高车副伏罗部首领阿伏至罗率众脱离柔然，西迁至今新疆吐鲁番建立高车王国。此后多次与柔然相争，极大地削弱了柔然势力。唐代西北的薛延陀部、回纥部均为高车后裔。

32. 胡人

魏晋南北朝时对北方及西域各族的泛称。秦汉时专指匈奴，称匈奴以东的各族为东胡。唐朝则指新疆、中亚、西亚之伊朗语系西域各族。

33. 賨人

古代巴族的一支。属今重庆境内古巴国。民俗勇猛剽悍。秦灭巴国后，賨人分布在今嘉陵江流域。汉高祖刘邦为汉王时，曾经征募賨人入伍，在平定关中之战立功颇多。刘邦因此给予賨人罗、朴、督、鄂、度、夕、龚七姓免除租赋的待遇。东汉末张鲁据汉中，以鬼道教百姓，賨人敬信巫觋，多往奉之。曹操占领汉中后，又将一部分賨人迁徙到略阳（今甘肃天水北）。魏晋南北朝时期的巴渝舞，即刘邦令乐府演习賨人的舞蹈而流传下来。

34. 山越

古代族名，其先人即战国秦汉时期分布在今广东、福建、浙江、江西、安徽地区的越人。汉末三国时，他们进入大山深处，依险山为阻，脱离政府管理，不缴纳租税。三国孙吴时，一部分人被赶出深山，成为向国家交税服役的编户齐民。隋唐及宋偶见文献记载，宋朝以后便在历史上销声匿迹，全部融入汉族中。

35. 名士

东汉时，名士指那些社会声望和影响都很高的官僚或士大夫。魏晋南北朝时则指在玄学、文学等领域中有影响的人物。玄学名士有的以时期命名，如"正始名士"；有的以士人团体命名，如竹林名士；有的以朝代命名，如中朝名士（东晋人称本朝为中朝）。魏晋时期玄学盛行，学者、官僚、贵族甚至一些僧人都进入名士行列。南北朝后期，由于玄风减弱，名士多指文人学者中造诣高深、有社会声望的人。

36. 玄学

魏晋南朝流行的社会思潮。玄学以《老子》、《庄子》、《周易》为经典，讨论有无、本末、动静、名教与自然等关系。玄学在不同时期具有不同特点。曹魏正始年间，何晏、王弼等人提倡"贵无"，主张自然为本，名教为末，宣传无为治理天下。阮籍、嵇康则主张毁弃礼法，"越名教而任自然"，通过任自然达到无君无臣的"自然"社会。魏晋之际，裴頠则反对"贵无"，主张"崇有"，反对寄生思想和纵欲主义。向秀、郭象主张"名教即自然",君臣、上下乃是天理自然。魏晋时期玄学盛行,许多士族官僚纷纷以玄谈为务,以至于出现"清谈误国"的现象。东晋以后,玄学逐渐与佛学合流,而一些政治家也把玄学与政治分开,以儒学治国,以清谈致玄,玄学之风渐弱。

37. 建安七子

东汉末建安时期的七位文人:孔融、陈琳、王粲、徐干、阮瑀、应玚、刘桢。孔融(153—208),东汉鲁国(治今山东曲阜)人,字文举,孔子二十世孙。少聪慧好学,历任侍御史、司空掾、虎贲中郎将。董卓废少立献后,因不顺其意,出任北海相。曹操将汉献帝迁都许(今河南许昌),孔融被征为将作大匠、少府。多次逆曹操之意,后被构陷杀害。陈琳(?—217),东汉广陵(今江苏扬州)人,字孔璋。初为何进主簿,董卓之乱起,到冀州袁绍处避难。曾为袁绍作讨伐曹操檄文。袁绍败后归降曹操,任司空军谋祭酒,起草军国书檄。王粲(177—217),东汉山阳高平(今山东邹城西南)人,字仲宣。东汉末大乱,先往荆州依附刘表,后投归曹操,任丞相掾、侍中。擅长诗赋,著有《汉末英雄记》。徐干(171—218),东汉北海剧县(今山东昌乐西)人,字伟长。历任司空军谋祭酒掾属、五官中郎将文学。著有《中论》二十篇。阮瑀(约165—212),东汉陈留尉氏(今属河南)人,字元瑜。少从蔡邕学习,后任曹操司空军谋祭酒,起草军国书檄。能写诗著文,深受曹丕称赞。应玚(?—217)东汉汝南南顿(今河南项城西)人,字德琏。出身儒学世家,以文章著称。初为曹操丞相掾属,又转平原侯庶子,后为五官将文学。刘桢(?—217),东汉东平宁阳(今山东东平东)人,字公干。少以才学知名。任曹操丞相掾属。因平视曹丕夫人甄氏,被视为无礼而罚输作部,后免为吏。擅长诗文,五言诗被曹丕称为绝妙当时。

38. 竹林七贤

魏晋之际七个名士：阮籍、嵇康、山涛、向秀、刘伶、王戎、阮咸。因同游于竹林，被东晋南朝人称为竹林七贤或竹林名士。阮籍（210—263），曹魏陈留尉氏（今属河南）人，字嗣宗。历任大将军从事中郎、散骑常侍。值魏晋易代之际，以纵酒谈玄行为放达自保。请求为步兵校尉，以接近步兵营中善酿酒者，被世人称为"阮步兵"。著作有《达庄论》、《大人先生传》及《咏怀》诗等。阮咸，生卒年不详。字仲容，阮籍之侄，叔侄二人并称"大小阮"。放达不拘礼法，常以弦歌酣宴为乐。精通音乐，善弹琵琶。历任散骑侍郎、始平太守。嵇康（224—263），曹魏谯国铚县（今安徽宿州西南）人，字叔夜。娶曹操的曾孙女长乐亭主为妻，拜中散大夫，世人称之嵇中散。善养生，通老庄，能属文，精音乐，提倡"越名教而任自然"。拒绝山涛举荐做官，并与之绝交。藐视钟会为人，对其无礼。因此遭陷害，被杀。刘伶，生卒年不详，西晋沛国（治今安徽濉溪西北）人，字伯伦。曾为建威参军，后因答朝廷策问不合皇帝旨意，被免官。崇尚老庄，藐视儒家礼法，喜饮酒，著《酒德颂》。王戎（234—305），西晋琅邪临沂（今山东临沂北）人，字濬冲。历任吏部黄门郎、散骑常侍、河东太守、荆州刺史、豫州刺史、建威将军。参加平吴之役，平吴后拜太子太傅，转中书令，加光禄大夫，迁尚书左仆射、司徒，为七贤之高官。为人吝啬好财，为时人所讥。向秀（约227—272），西晋河内怀县（今河南武陟西南）人，字子期。历任黄门侍郎、散骑常侍。反对"贵无"，主张名教即自然，与王弼以儒合道不同，强调以道合儒。注《庄子》，未竟而卒，后郭象以之为基础加以完成。现存《庄子注》一般认为是向秀、郭象二人作品。山涛（205—283），西晋河内怀县（今河南武陟西南）人，字巨源。山涛的祖姑母是司马懿的岳母，司马昭任大将军时，山涛任他的从事中郎。历任吏部尚书、尚书右仆射、司徒等职。亦为七贤中的高官。

39. 何晏（？—249）

曹魏宛（今河南南阳）人，字平叔，东汉外戚何进之孙。曾被曹操收养，又娶金乡公主为妻。好打扮化妆，有"傅粉何郎"之称。有才辩，能诗赋，喜浮华。任尚书主持选举时，所用官吏均称其职。为三国玄学代表人物，糅合儒家名教和道家自然无为，认为"有名"的万物来源于"无名"的"道"。在政治上属于曹氏一党，高平陵之变后被司马懿所杀。

40. 杜预（222—285）

西晋京兆杜陵（今陕西西安东南）人，字元凯。娶司马昭妹为妻。历任尚书郎、河南尹、秦州刺史、镇南大将军、都督荆州诸军事、度支尚书。在任期间卓有政绩，有"杜武库"之美称。力主讨伐孙吴，统一天下，在灭吴战争中有功，被封为当阳县侯。平吴后又在荆州兴修水利，开通漕运。晚年专心研究儒家经典，自称有"《左传》癖"。著作有《春秋左氏经传集解》、《春秋释例》、《春秋长历》等。

41. 王弼（226—249）

曹魏高平（今山东邹城西南）人，字辅嗣。有影响的玄学家，与何晏、夏侯玄等人开玄学清谈之风，史称"正始之音"。王弼出身经学世家，有深厚经学修养，又喜好老庄，所以能把二者结合起来，使经学在他手里变成偏重哲理的玄学。著作有《老子注》、《老子指略》、《周易注》、《周易略例》、《论语释疑》等，论述有无、本末、动静、自然与名教等关系，其中《论语释疑》已经亡佚。其思想主张"贵无"，"援老入儒"，儒道合一。政治主张名教出于自然，"以君御民，执一统众"。因多才艺为时人所叹服，又因恃才傲物，为时人所非议。

42. 王羲之

生卒年有两说：一说为321—379年，一说为303—361年。东晋琅邪临沂（今山东临沂北）人，字逸少，王导从子。太尉郗鉴女婿。官至右军将军，世人又称"王右军"。因不愿官居王述之下，托病辞职，定居会稽。善书法，自幼从卫夫人学习，后博采众长，精通诸家书体，尤擅长隶书、正楷、行书，被后代尊为书圣。

43. 道安（314—385）

十六国常山扶柳（今河北冀州）人，俗姓卫，十二岁出家，在田舍中劳动三年，毫无怨色。后入邺城师事佛图澄。兴宁三年（365）赴襄阳，在那里居住十五年，整理校阅佛教经典，制定佛教教规，定僧侣以释为姓，弘扬佛法。太元四年（379）至长安，翻译并讲授般若学经籍，为东晋南北朝时期著述最多的佛教学者。

44. 慧远（334—416）

东晋雁门楼烦（今山西宁武西）人，俗姓贾。通六经，善老庄，二十一岁出家，为释道安弟子。时值中原战乱，随道安辗转迁徙。太元三年（378）辞道安前往庐山，定居东林寺。三十多年间，派弟子西出流沙取经，又请罽宾僧人僧伽提婆译《阿毗昙心经》，并为之作序，还在庐山结莲社。被后世奉为净土宗初祖。著有《沙门不敬王者论》、《般若经问论序》、《明报应论》等。

45. 鸠摩罗什（344—413）

十六国后秦僧人。原籍天竺，父为龟兹国相，母为龟兹公主。鸠摩罗什七岁出家，熟悉小乘、大乘教义。前秦苻坚闻其名声，派吕光率军前往龟兹迎请。因苻坚淝水兵败，乃与吕光滞留凉州达十八年之久。后秦弘始三年（401），姚兴派人迎请鸠摩罗什至长安，待以国师之礼，为其在长安西南开逍遥园，翻译、宣讲佛经。鸠摩罗什译经不仅严谨准确，而且流畅优美，是中国著名的佛经翻译家。所译经、论七十四部，三百八十四卷，现存三十九部，三百十三卷。所译中观宗三论即《中论》、《百论》、《十二门论》成为后世三论宗的主要经典。

46. 顾恺之（约345—406）

东晋晋陵无锡（今属江苏）人，字长康，小字虎头。先后被大司马桓温、荆州刺史殷仲堪引为参军。东晋末年为散骑常侍。多才多艺，绘画技艺尤其精湛。善画人物、佛像、山水，认为画人物所传神的地方是眼睛，所以当人物画像即将完成，有时数年不画眼睛。俗传顾恺之有三绝：才绝，画绝，痴绝。享年六十二。所著文集及《启蒙记》行于世。流传至今的《女史箴图》，据说是其早期摹本。

47. 寇谦之（365—448）

北魏上谷昌平（今北京昌平东南）人，字辅真。早年信奉张鲁五斗米道，后入嵩山修炼道教，历时七年。明元帝神瑞二年（415），自称太上老君授其"天师"之号，让他"清整道教，除去三张（张陵、张衡、张鲁）伪法"。在此名义下，开始对原始道教进行改造，以"礼度"为主要内容，以礼拜、炼丹为主要形式，宣传"佐国扶民"。司徒崔浩将其推荐给太武帝拓跋焘，在拓跋焘支持下，在平城建天师道场，指定乐章，诵戒新法，称"新天师道"。称太武帝为太平真君，自己受上天之命辅助太平真君。拓跋焘信以为真，乃改年号太平真君，道教也在北魏广为流行。

48. 陶渊明（365—427）

浔阳柴桑（今江西九江西南）人。字元亮，一说名潜，字渊明，世称靖节先生。晋大司马陶侃之曾孙。少有高趣，尝著

《五柳先生传》以自况，时人谓之实录。初任东晋江州祭酒，后为镇军、建威参军及彭泽令。郡遣督邮至县，吏白应束带见之。陶渊明不愿为五斗米折腰，即日解印绶去职，赋《归去来》以遂其志。宋世不复肯仕。所著文章，皆题其年月；义熙以前，明书晋氏年号，自永初以来，唯云甲子而已。首创"意中有景，景中有意"的田园诗。著《搜神后记》十卷，有文集传世。

49. 崔浩（381—450）

北魏三朝重臣，清河东武城（今山东武城西北）人，字伯渊。少好文学，博览经史。道武帝天兴中，任给事秘书，转著作郎。因工书，常置道武帝左右。明元帝时，拜博士祭酒，常教授皇帝经书。加左光禄大夫，随军为谋主，参议军国大谋。太武帝始光年间，拜太常卿，参与谋划讨伐夏、北凉、柔然，制定朝廷礼仪，起草军国书诏，官至司徒。信奉道教，向太武帝举荐天师道士寇谦之，劝太武帝灭佛。后受命兼秘书事，综理史职，负责修撰国史。由于史书记载了拓跋鲜卑早期历史，并刻石碑立于衢路，被鲜卑贵族以曝扬国恶之罪弹劾，惨遭杀身灭族之祸。

50. 陆修静（406—477）

南朝宋吴兴东迁（今浙江湖州东）人。字元德，道士。幼习儒书，旁究象纬。早年弃家修道，好方外之游。后隐庐山，专精教法。明帝泰始三年（467）奉命赴建康，居崇虚馆广收道经，辨别真伪。七年又撰定《三洞经书目录》。致力于南朝天师道的改革，吸取佛教思想、仪节，创立比较系统的道教斋戒仪范。卒谥简寂先生。北宋宣和年间封为丹元真人。著有《太上洞玄灵宝众简文》、《洞玄灵宝五感文》、《陆先生道门科略》、《道德经杂说》、《灵宝道士自修盟真斋立成仪》等。

51. 范缜（约450—约510）

南朝梁南乡舞阴（今河南泌阳西北）人，字子真。晋安北将军范汪六世孙。少孤贫，师从名儒刘瓛，博通经史。仕齐累迁尚书殿中郎、领军长史。性耿介，不畏权贵，屡遭当权者排斥。不信因果，著《神灭论》，齐竟陵王萧子良集众僧难之而不能屈，以高官劝诱而不能动。梁武帝时任中书郎、国子博士，卒官。有文集十卷。著作多佚，现存《神灭论》、《答曹舍人》等篇。

52. 陶弘景（456—536）

南朝梁丹阳秣陵（今江苏南京南）人，字通明，自号华阳隐居。受葛洪《神仙传》影响，幼有养生之志。明阴阳五行、天文地理、医书本草。后隐居句容之句曲山，从东阳孙游岳受符图经法。齐末援引图谶助萧衍代齐，得萧衍器重，朝廷每有吉凶征讨大事，常遣使咨询之，有"山中宰相"之称。卒谥贞白先生。其思想源于老庄哲学和葛洪的神仙理论，杂有儒家和佛教观点，主张儒释道三教合流。著有《真诰》、《真灵位业图》、《效验方》、《肘后百一方》、《神农本草》、《天仪说要》等。

53. 刘勰（约465—约532）

南朝梁东莞莒县（今山东莒县）人。字彦和，世居京口。早孤，笃志好学。天监初起家奉朝请。官至步兵校尉、东宫通事舍人。深为昭明太子萧统所重。早年尝依沙门僧祐，博通经论，长于佛理，建康寺塔及名僧碑志多其所撰。后于定林寺变服出家，改名慧地，寻卒。著有《文心雕龙》五十篇，为现存中国文学批评与创作讨论的第一部专著。

54. 萧统（501—531）

南朝梁人。字德施，小字维摩。梁武帝长子。天监元年（502）被立为太子，世称昭明太子。喜山水，好文学。时东宫藏书近三万卷，名士并集，文学之盛为晋宋以来所未有。常相讨论篇籍，商榷古今，闲则继以著述。卒谥昭明。所著有《正序》、《文章精华》及文集二十卷。《文选》三十卷（传世唐李善注本析为六十卷），是中国现存最早的文章总集。

（六）隋唐

1. 天可汗

突厥诸部落对唐天子的尊称。始于唐太宗。贞观二十年（646）薛延陀亡，脱离薛延陀统治的突厥别部铁勒诸部落谒太宗于灵州，共上太宗"天可汗"称号，并请开"参天可汗道"往来长安。唐太宗成为前代帝王所未曾有过的"天可汗"，这是他对境内少数族施行相对开明政策的结果。此后唐朝传诏西北诸政权首领，皆用"天可汗"印玺。

2. 三省六部

隋唐至辽宋的中央最高政府机构。三省指中书省、门下省、尚书省；六部指尚书省下属的吏部、户部、礼部、兵部、刑部、工部。三省分别形成于东汉和三国时，其后组织形式和权力各有演变，至隋始整齐划一。中书省负责秉承皇帝旨意起草诏敕；门下省负责纠核朝臣奏章，复审中书诏敕，可以封还和驳正；尚书省总领六部，负责贯彻执行诏敕等政令。三省既有分工又彼此制约，共同掌管国家大政。唐中叶以后至辽宋，三省六部权力地位各有变化，至金、元、明初，只设一省六部，明洪武十三年（1380）后以六部取代了三省六部制。

3. 《循资格》

一种按照资序升迁的选官制度。唐初选官不论资序，州县等级也无高低，致使选官时有的从大入小、有的由近而远，也有老于底层久不得迁者。开元十八年（730），吏部尚书裴光庭进行改革，制定州县等级，规定所有选人都有选限：官高者选少，官卑者选多。只要选满，不论贤愚，一律授官，由低向高，逐级升迁，不得逾越。只要不犯罪，皆有升无降。这种"循资"晋升制度，以《格》的形式公示于众，称为《循资格》。后代多因之。

4. 节度使

唐代开始设立的地方军政长官，因朝廷赐以旌节，故名。唐高宗武后时期，边地逐渐形成有固定驻地和较大兵力的军镇，统率诸军镇的大军区军事长官到睿宗景云二年（711）固定为"节度使"职衔。开元天宝间沿边形成九个节度使区，各自统领所辖州、军、镇，天宝后例兼管理民事的采访（观察）使，于是集军、民、财权于一身。唐后期内地也多有设置。其中河北三镇节度使，与朝廷保持相对独立状态。五代设置更多，废置不常，宋代则在太宗太平兴国二年（977）以后渐成虚衔。辽金在大的州和节镇多有设置，还有部落节度使。元代废。

5. 藩镇

"藩"为保卫，"镇"为军镇。唐初在边地设立军镇，以藩卫京师、镇遏周边游牧民族侵扰。到玄宗开元天宝间逐渐形成十大军镇，通称"藩镇"，也称"方镇"。藩镇大的统十数州，小的也有数州，长官多为节度使，掌军政大权。唐后期设置的数十个藩镇中，如河北三镇者，不听命于中央，相对独立；今山东、河南、山西有些藩镇桀骜难制；而今四川、陕西、江淮以南的藩镇则听从朝廷政令。藩镇间或战争不断，或联合抗命，形成割据局面，直至五代十国。北宋以后，具有军政实力的藩镇不复存在。

6. 枢密使

官名。唐代宗永泰间（765—766）始用宦官"掌枢密"，宪宗时置左右枢密使。初期只是在皇帝与宰相朝臣间传递文书，后地位渐高，与两神策军中尉合称"四贵"，拥立皇帝、任免宰相、处理军国要务。昭宗末（903）朱全忠尽诛宦官，始以朝臣任此职。后梁改为崇政院使，后唐复旧，成为枢密院长官，权压宰相。五代时枢密使常用武官，形成专掌军事倾向，至宋代，遂为最高军事长官，与宰相同执朝政。辽、金、西夏均设，元代为虚职，元末随枢密院罢而废止。

7. 南衙北司

官署别称。唐代三省六部等中央官署位于长安城宫城之南的皇城内，因称以宰相为首的政府机构为南衙，后来代指朝官。宦官所在的内侍省，以及担任使职的各官署，均在长安城皇城之北的宫城内，其衙门又多称"司"，因称宦官掌握的诸机构为北司，后来代指宦官。朝官与宦官的斗争也就被称为"南衙北司之争"。

8. 科举制

以考试选拔官吏的制度，具有不问出身背景、提倡公平竞争的特色，萌芽于南北朝，始于隋，因分科举人，故名。隋炀帝在秀才、明经科基础上，新设进士科，标志科举制确立。唐朝科举分常科和制举，及第后获出身，然后经吏部考试方可授官，以进士科地位最高。宋代科举制进一步完善，科目以进士、明经、明法为主，分解试、省试、殿试三级，主要考儒家经义，及第即授官。后代多因循，至明代分童试、乡试、会试、殿试，考中者分别称生员（俗称秀才）、举人、贡士、进士。进士分三甲授官，其中一甲三名，称状元、榜眼、探花。清沿明制，光绪三十一年（1905）废。

9. 乡试

科举考试的一级，因一般在八月举行，又称"秋闱"。唐宋时期有"乡贡"、"解试"，由州、府主持；金代以县试为乡试，县令充当试官，取中者方能应府试。元代乡试一般在行省举行。明朝规定，乡试三年一次，于八月在两京及各省会举行。考试分三场：头场四书义三道，经义四道，次场论一篇，第三场经史策五道。主考官由皇帝钦派。各省分别录取，每科均有一定的举额限制。中式者为举人，第一名为解元。举人为终生资格。只有考取举人，才可以参加会试，考取进士。举人屡考不中，可向吏部申请选官，但仕途一般不如进士发达。

10. 会试

科举考试的一级，因士子会集京师，故名。因春季由礼部主行，又称"春闱"、"礼闱"。唐宋时代有省试，辽有礼部试，与后代会试相近。会试之名始于金，府试中选者可参加会试。元代会试一般在乡试次年举行。明代规定，会试三年一次，在乡试次年的二月初九、十二、十五日分三场进行。明初会试录取不分南北。洪熙元年（1425）规定会试取士南人占十之六，北人占十之四；宣德、正统年间，又分南、北、中三卷，数额亦时有变通。会试的第一名为会元。会试中式者须再参加殿试，方成为进士。

11. 殿试

殿试，又称"御试"、"廷试"、"亲试"，科举考试方式之一。唐武则天曾策问贡士于洛城殿，为殿前试士之始。宋以殿试为士人入仕的最高级考试。举人经省试中第，须再赴殿试，才算真正登科。殿试开考时，在一日内试诗、赋、论题，熙宁三年（1070）改试时务策。举人纳卷后，试卷封弥、誊录，送考官批阅定等。殿试完毕，由皇帝主持唱名仪式，合格人按等第高下授本科及第、出身、同出身，释褐授官。中榜者为"天子门生"。

12. 使职差遣

"差遣"指本官被派遣去掌管非本官所管事务；"使职"指

以"使"为名的职衔。使职差遣的出现与唐代中央集权加强，以及社会问题日益复杂有关。以低品官"同中书门下三品"成为宰相，就是一种"差遣"。"差遣"更多表现为使职，形成地方军政（节度使观察使）、经济财政（度支使盐铁使）、宦官（枢密使内诸司使）三个系统。这些使职已是固定官职，但无品秩，待遇需由本官的品秩决定。"使职差遣"在唐后期瓜分了三省六部体制下的部分职掌，其发展趋势延续至宋代。

13. 门荫

指按照父祖官位取得入仕资格。大致起源于汉，完备于两晋，北朝后期式微。隋唐科举制建立后，仍与科举入仕并行。唐门荫制为：一品子，得官正七品上；二品子，得官正七品下；直至从五品子，得官从八品下。三品以上荫曾孙，五品以上荫孙；孙低于子一等，曾孙低于孙一等。其他爵、勋官、赠官荫法，都有相应规定。随着科举制度的发展完善，后代虽仍保持了门荫入仕道路，但数量和地位都有大幅度下降。

14. 朋党

古代政治事务中为某种利益而结成的政治集团，具有贬义。同样的集团，一般认为只有"小人"、"邪人"结成者为"朋党"。又因其"言之则可恶，寻之则无迹"而成为政治斗争中互相攻讦的借口。历朝历代均有，尤以汉、唐、宋、明为盛。唐代发生朋党之争多次，最著名的是"牛（僧孺）李（德裕）党争"，持续四十余年。历代政治家对朋党问题发表过种种议论，以欧阳修的《朋党论》最为人知。

15.《天圣令》（附唐令）

宋代法典。宋仁宗天圣初年诏命修《令》，于是参知政事吕夷简等取《唐令》为底本，在《唐令》基础上依据宋代实际情况参酌修订，同时将废弃不用的《唐令》附在现行令文后，天圣七年（1029）完成，十年颁下实行。《天圣令》后来佚失不存。1998年，浙江宁波天一阁博物馆发现了明抄本《天圣令》残本一册十卷共十二篇令文。由于唐宋《令》文本几无存世，此令又内含宋、唐两朝令文，因此具有重要史料价值，一经发现就为学术界所瞩目。

16. 神策军

唐后期主要禁军。本属陇右节度使，安史之乱后驻守陕州，以卫伯玉为兵马使、宦官鱼朝恩为观军容使，后为鱼朝恩掌握。广德元年（763）吐蕃进犯长安，代宗奔陕州，鱼朝恩率此军护卫代宗回长安，从此成为禁军。德宗不信任文武臣僚，命宦官分领左右神策军，并设左右护军中尉实际掌控，军力扩大至十五万。由于宦官控制神策军，同时控制了长安城和关中地区，造成宦官集团长期专权局面。至昭宗末（903）朱全忠诛杀宦官，神策军解散。

17. 折冲府

唐代府兵制中的主要建制。府兵制以"军府"为主要建制，隋及唐初曾名骠骑府或鹰扬府，唐太宗贞观十年（636）统称折冲府，长官为折冲都尉。折冲府依人数多少分为三等，府下逐级设团、队、火，兵士通称卫士。折冲府总数六百余，分布各地，其中三分之一在关中。诸府卫士分属中央十二卫及东宫六率，平时轮流赴长安承担宿卫，战时由折冲都尉率领出征。折冲府在唐初起过重大作用，此后随卫士逃亡增多，缺额难补，以致无兵可交，遂于天宝八载（749）被停止发兵，府兵制于是遭到彻底破坏。

18. 宫市

唐代以宦官采买宫中用品，在市场上以低价强购、掠夺民众物品，称为"宫市"。德宗贞元时（785—805）为害最烈。当时宦官常以"敕使"名义前往长安东、西两市，给价十不偿一，并令卖者支付运送物品进宫的"脚钱"，往往使卖者空手而归，白居易《卖炭翁》诗对此有形象揭露。顺宗即位（805）后罢之。

19. 租庸调

唐朝前期实行的赋税制度。租是谷物，调是布帛，庸是代役所交的绢。北魏实行均田制，同时制定了与之相适应的租调制度，北齐沿之。隋朝规定一夫一妇每年交租粟三石，调绢一匹（四丈）或布一端（五丈）、绵三两或麻三斤，丁男服役一个月。唐朝规定每丁每年交租粟二石，调绢二丈（或布二丈五尺）、绵三两（或麻三斤），服役二十日，若不役则每日折绢三尺收取（称为"庸"）。租庸调制以人丁为本，建立在唐初自耕农占有一定数量土地的基础上，随着土地兼并发展，农民破产逃亡，户籍严重不实，终于在780年为两税法所取代。

20. 突厥

中国古代北方与西北操突厥语民族及其所建汗国的名称。6世纪初，突厥乘柔然衰落发展势力，552年伊利可汗始建突厥汗国，最盛时东至辽海、西至里海、北至贝加尔湖、南至漠北。583年分裂为东、西突厥。东突厥分前后两汗国：前汗国在隋末唐初最强，曾围隋炀帝于雁门、逼唐太宗渭水结盟，629年为唐将李靖所灭；后汗国崛起于683年前后，武周时为北边大患，744年左右为回纥所灭。西突厥651年前后有兵几十万，曾进攻唐庭州，658年为唐将苏定方所灭，唐在其故地设两个都护府。西突厥可汗后裔742年后不再见诸记载。

21. 回纥

中国古代北方与西北方的民族之一，亦为其所建汗国的名称。回纥原为铁勒诸部之一，受突厥统治。东突厥前汗国灭亡后，回纥占有漠北，受唐册封为瀚海都督。744年攻灭后突厥汗国，建回纥汗国，受唐封为怀仁可汗。788年更名为回鹘。安史之乱时曾助唐收复两京，后与唐交往密切，受唐文化影响明显。840年前后为黠戛斯所灭，余众除一部降唐外，分三支西迁，建立了多个回纥汗国，如甘州回纥汗国，9世纪90年代建立，1026年后为西夏所灭；高昌回纥汗国，981年前后建立，13世纪初称臣于蒙古。元代"回纥"泛指信奉伊斯兰教的西域突厥语诸部族，对高昌回纥则以"畏兀儿"称之。

22. 吐蕃

公元7世纪至9世纪藏族在青藏高原建立的政权，其君号"赞普"。629年，松赞干布继赞普位，统一青藏高原，建都今拉萨，开展与唐、印度、尼泊尔的友好交往，640年迎娶文成公主。唐高宗、武则天时期，吐蕃向外用兵，威胁唐之陇右，并与唐争夺西域。安史之乱时，唐西北劲兵东调平乱，吐蕃乘虚据有陇右、河西，随后占领安西、北庭，控制区域最大。790年后势力削弱，823年与唐会盟，立《唐蕃会盟碑》于拉萨。846年后因内部矛盾爆发，政权瓦解。

23. 吐谷浑

活跃在青海及周边地区的民族，及其于4世纪至7世纪所建政权的名称，唐后期也称为退浑或吐浑。吐谷浑本为鲜卑前燕王族，西迁至阴山，扩展至青海、甘南和川北。6世纪30年代至90年代初，可汗夸吕建都于青海湖西伏俟城，常与隋发生冲突。609年隋大败吐谷浑，在其地置西海等四郡。隋末唐初，伏允可汗复故地，不断侵边，635年被唐将李靖击败。663年，吐谷浑为吐蕃所灭，残部东奔凉州，再东迁至朔方、河东等地，唐末五代称代北吐浑，后受契丹统治。

24. 靺鞨

隋唐时活跃于东北的民族,此前曾被称为肃慎、挹娄、勿吉。南北朝时,勿吉各部分布在今长白山以北、松花江、黑龙江和乌苏里江的广大地区,逐渐兴盛。至隋被称为靺鞨,部落数十,主要有粟末、黑水、白山等。黑水部在最北,以勇健著称,唐玄宗时在其地置黑水都督府,赐其首领姓李。粟末部在最南,较先进,隋炀帝时移居今辽宁朝阳。7世纪末粟末靺鞨首领大祚荣以粟末部贵族为主体,建立了渤海政权。黑水及其余靺鞨皆附属于渤海。

25. 本教

亦作苯教,藏族原始社会时产生的一种巫教,崇奉鬼神精灵和自然物,重祭祀和占卜。佛教传入前,在吐蕃社会中占统治地位。宫廷中本教巫师地位很高,左右朝政。7世纪后与佛教长期斗争,8世纪后因赞普墀松德赞"兴佛抑本",势力渐衰。部分教徒逐渐发展成为类似藏传佛教的一个教派。佛教也吸收了本教的仪式和一些神祇,于10世纪后半形成为藏传佛教。

26. 禅宗

中国佛教宗派之一,因以修习禅定为主而得名,主张用参究之法,彻见心性的本原佛性。传统说法认为是北朝时天竺僧菩提达摩创立。至五祖弘忍后,分为以神秀为首的北宗和以慧能为首的南宗。北宗主"渐修",南宗主"顿悟"。后南宗经慧能弟子神会弘扬以及唐王室扶持,成为禅宗正系,其下分沩仰、临济、曹洞、云门、法眼五家。宋以后传世者只有临济、曹洞二家,且远播朝鲜、日本。自中唐始,禅宗大盛,渗禅意于日常生活中,对宋明理学影响较大。

27. 净土宗

中国佛教宗派之一。因专修往生阿弥陀佛净土的法门而得名。东晋慧远被奉为净土宗初祖，实际奠定净土宗立宗基础的是北魏的昙鸾，继承昙鸾法系弘扬净土宗的是唐代的道绰、善导。该宗以《无量寿经》、《观无量寿佛经》、《阿弥陀经》为三大经典，认为必须依靠佛力援引，才能往生西方净土，而修行方法之一就是念佛名。由于修行简易，在社会上流行甚广。唐代即传入日本。宋初以后多为禅宗、天台宗、律宗学者所兼修，而专修净土者亦多。

28. 天台宗

中国佛教宗派之一。因陈、隋间天台山（今浙江天台县境内）僧人智𫖮所创而得名。以《法华经》为主要经典，又称"法华宗"。智𫖮为消除南北朝时南北教派分歧，适应统一王朝需要，创立该宗。由于他与隋代帝王过从甚密，备受推崇，天台宗遂盛极一时。该宗主张一切事物都是法性真如的显现，以中、假、空三谛圆融的观点解释世界，其观法为"一心三观"、"一念三千"，没有"心"就没有了一切。9世纪初传入日本。会昌毁佛（845年）后衰落。

29. 华严宗

中国佛教宗派之一。因所依经典为《华严经》而得名。又因此宗实际创始人法藏号贤首大师，故称"贤首宗"；因发挥"法界缘起"旨趣，又称"法界宗"。后人推杜顺为一祖、智俨为二祖，至三祖法藏，弘扬华严学说，与皇帝武则天及朝廷贵族多有交往，得武则天尊崇，其著作遂大行于世。其后有四祖澄观、五祖宗密。此宗认为"一真法界"为宇宙万有之本，"圆融无碍"为认识最高境界。7世纪后半传入朝鲜。会昌毁佛后衰落。

30. 律宗

中国佛教宗派之一。因以研习及传持戒律为主而得名。又因依据的是《四分律》，故名"四分律宗"；因主要创宗人道宣住在终南山（今陕西西安南），又称"南山宗"。汉地翻译戒律和实行受戒，始于曹魏时。至唐道宣，以规范信徒明戒、受戒为宗旨，制戒仪、设戒坛，广事著述。与道宣同时的还有法砺、怀素，并称律宗三家。后来只道宣一系（南山）传承独盛，绵延不绝。此宗将一切诸戒归为"止持"、"作持"两类，主要学说是戒体论。8世纪中，唐律僧鉴真将其传入日本。

31. 拜火教

祆教俗称。源出于波斯的琐罗亚斯德教。该教认为世界有光明和黑暗，各为善恶之源，人应弃恶从善，就要崇拜光明，因此敬拜火、光、日月星辰。传入中国后有火祆教、祆教、拜火教、波斯教等名称。大约南北朝时经新疆，由波斯商人传入中国，传入后出现祈祷神像（天神）的变化。唐代在两京及西部诸州多建祆祠。中央设萨宝府管理。信奉者主要是在华的胡人。会昌毁佛时被禁毁。南宋后罕见记载。

32. 摩尼教

又名"明教"。3世纪波斯人摩尼创立，教义杂糅祆教、佛教和基督教，宣扬"二宗三际"。二宗是光明与黑暗；三际是初际、中际、后际三段；认为经此三阶段后，光明将战胜黑暗。传入中国有明确记载的是武则天延载元年（694）拂多诞的来朝。但唐廷只允许胡人信奉。该教传入回纥后大受尊崇，仗回纥势力扩展，于唐长安及多处府州建立寺院，称"大云光明寺"。会昌毁佛时被禁。此后在民间秘密传布，成为宣传、组织反抗朝廷斗争的工具。

33. 敦煌文书

主要指1900年发现于甘肃敦煌莫高窟藏经洞（今编号为17窟）的多种文字古写本（另有少量刻本和拓本），最早为4世纪，最晚为11世纪，大部分写于中唐至宋初。文书共六万件以上，佛典占百分之九十；非佛典部分除经史子集四部书外，具有珍贵史料价值的是"官私文书"，包括公文、簿籍、契券、信牍、帐历等。这些官私文书都是未经后人编辑过的第一手资料。敦煌文书主要收藏于中国、英国、法国和俄罗斯，它的发现推进了中世纪中国乃至中亚历史的研究。20 世纪以来，以研究敦煌文书、敦煌石窟艺术、敦煌地区历史地理为对象的学术，被称为敦煌学。

34. 吐鲁番文书

新疆吐鲁番古墓葬区以及一些古城、洞窟遗址出土的纸质写本文书。主要是汉文，其他还有古粟特、突厥、回纥、吐蕃文等，时代大致是 4 世纪至 14 世纪，以唐代文书数量最多、内容最丰富。吐鲁番文书可粗略分为官、私文书与古籍、宗教共四类。官文书包括诏敕、籍帐、大量各级军政机构的文牒；私文书含各类疏（衣物疏、功德疏等）、契券、遗嘱、信牍等。吐鲁番文书主要收藏于中国、日本、德国，21 世纪以来还续有出土，是研究中国及中亚历史珍贵的第一手资料。

35. 法门寺

位于陕西省扶风县城北，始建于东汉，唐高祖时改名"法门寺"。因寺中安奉佛祖释迦牟尼指骨舍利，成为唐朝皇家寺院。终唐一朝，曾有多位皇帝将佛骨迎入长安宫中供奉，其中最盛大的是宪宗和懿宗两次。到僖宗将佛骨送还寺院，后代再无皇帝迎奉。直到千年后的 1987 年，因明代所建宝塔倒塌，考古工作者对塔基和地宫进行清理发掘，才使佛骨舍利重见天日，同时出土了上千件精美器物。这些器物绝大部分是唐懿宗、僖宗以及惠安皇太后的供养物。

36. 孔颖达（574—648）

唐冀州衡水（今属河北）人。少时曾从隋大儒刘焯问学，大业初举明经高第，入唐为秦王府文学馆学士，是太宗"十八学士"之一，后历任国子博士、国子祭酒等职。精通经学，于服虔注《左传》，郑玄注《尚书》、《诗经》、《礼记》及王弼注《周易》有很深造诣，兼善历算。曾参与修撰《隋书》，并奉诏与颜师古等撰《五经正义》一百八十卷。是书融合南北经学家见解，成为经学注疏定本、唐代科举考试经学的依据。

37. 刘知幾（661—721）

唐彭城（今江苏徐州）人，字子玄。少以文词知名，进士及第。从武周末期到唐玄宗初年，历任左史、凤阁舍人、秘书少监、左散骑常侍等，同时兼修国史，时间长达二十余年，开元九年（721）被贬，死于安州（今湖北安陆）。刘知幾著作很多，但现存者只有《史通》。《史通》详述历代史书及其体例的利弊得失，强调修史要直笔，是中国首部史学评论专书，奠定了古代历史编纂学、史学史研究、史学批评学的基础，对后代史学的发展有重要促进作用。

38. 一行（683—727）

唐魏州昌乐（今河南南乐）人，俗名张遂。青年时博览经史，精通历象阴阳五行。二十一岁因逃避官场斗争出家为僧，从金刚智研习密宗经典，后成为唐代密宗领袖。开元九年因奉诏改定历法，组织全国十多个点的天文大地测量，并根据南宫说等人的测量，归算出子午线纬度的长度，在科学史上意义重大。经此实测，他主持制定的《大衍历》比以前历法更精密，是唐代最好的历法，并很快传入日本。《大衍历》的结构体例与演算步骤，为后代编历者所师法。

39. 鉴真（688—763）

唐代赴日传法名僧。俗姓淳于，扬州人，江淮间尊为授戒大师。当时日本佛教戒律不完备，决定邀请鉴真去传授戒律。742

年鉴真毅然应请。由于地方官阻挠和海涛险恶，先后四次未能成行。第五次漂流至海南岛，双目失明。第六次（753）终于随日本遣唐使船东渡，754年一月抵日，同年在首都奈良东大寺建戒坛，日本僧人始正规受戒。鉴真也成为日本律宗始祖。759年建唐招提寺，763年圆寂。弟子为其塑干漆夹纻像，供奉至今。鉴真传播唐朝文化，为中日文化交流作出了巨大贡献。

40. 吴道子

唐阳翟（今河南禹州）人，生卒年不详，主要活动在唐玄宗时期。早有画名，玄宗召入宫内，授内教博士，官至宁王友。善画人物、佛像、神鬼、山水、禽兽等，当时人称"国朝第一"。他在寺院墙壁所画地狱变相，形象恐怖，屠夫观之，惧罪修善，不敢再杀生卖肉，足见其佛画艺术的高超。所画人物衣服飘举，被称作"吴带当风"；着色于焦墨痕中，略加微染，自然突出，被称作"吴装"。因笔法超妙，后人尊为"画圣"。有《天王送子图》摹本存世。

41. 李白（701—762）

唐绵州彰明（今四川江油）人，字太白，一说祖籍陇西，生在碎叶（今属吉尔吉斯斯坦）。少时刻苦攻读，兼习剑术。二十五岁出蜀漫游，四十二岁被玄宗召为翰林供奉，三年后离京二次漫游。安史之乱时卷入皇室内部斗争，得罪流放。晚年漂泊，六十二岁死于当涂（今安徽当涂）。李白是唐代最伟大的诗人之一，其诗作或雄伟豪放，或清新隽永，想象丰富、语言夸张，善于用历史典故和神话传说抒发感情，诗中体现的傲视权贵、敢于反抗的性格尤为历代读者喜爱。现存诗一千余首。

42. 颜真卿（708—784）

唐京兆万年（今陕西西安）人，字清臣。祖籍琅琊临沂。开元进士，官至殿中侍御史，出为平原（今山东陵县）太守。

安禄山叛，与从兄颜杲卿联军抗叛。肃宗时辗转入京，历任刑部尚书、御史大夫。忠贞耿直，屡为权臣所忌，出为地方刺史。代宗时任尚书左丞，封鲁郡公，史称"颜鲁公"。德宗时，尊为太子太师。李希烈叛乱，被遣往宣慰，为李希烈缢杀。因忠烈被谥"文忠"。颜真卿书法庄重宏伟，气势开张，被称为"颜体"。传世有正书、行书和碑刻多种。

43. 杜甫（712—770）

唐襄阳人，生于巩县（今河南巩义东北），字子美。屡试进士不第，在长安近十年，贫病交集。安史乱时至凤翔投奔肃宗，历尽艰辛，拜左拾遗。后辗转入蜀，居成都草堂，一度被保荐为检校工部员外郎。晚年出蜀，居无常所，病故于湘江舟中。杜甫是唐代最伟大的诗人之一，其诗揭示现实苦难、忧国忧民，受到历代读者推重，被称为"诗史"。杜诗在艺术上具有沉郁顿挫的风格，雄浑凝练、属对精切、格调严谨，代表了律诗的最高成就。现存诗一千四百余首。

44. 杜佑（735—812）

唐京兆万年（今陕西西安）人，字君卿。好学博闻，精通财政和吏治。德宗时任户部侍郎判度支事，历岭南、淮南节度使；顺宗时任度支盐铁转运使，主持国家财政；宪宗时拜司徒、同平章事，封岐国公，甚受礼遇。以丰富的从政和理财经验，积三十多年之功，编《通典》二百卷，上自黄帝，下至唐玄宗时代，分食货、选举、职官、礼、乐、兵、刑、州郡、边防九门编排各项制度，为我国第一部记载历代典章制度发展演变的通史著作，也为史学开辟了一个新领域。

45. 韩愈（768—824）

唐河南河阳（今河南孟州南）人，字退之。贞元八年（792）进士及第，历任监察御史、国子博士、中书舍人、国子祭酒、吏部侍郎，期间因上书言事、谏迎佛骨等，屡次被贬。终官京兆尹兼御史大夫。死后谥"文"，世称韩文公。韩愈倡导儒学，抨击佛老，以儒家"道统"继承者自居，在纲常中解释性、情。文学上提倡散体文，主张文以载道，是古文运动主将。其文章气势奔放，结构严谨，语言新奇，具有鲜明特色，为唐宋八大家之首。有文集存世。

46. 柳宗元（773—819）

唐河东解县（今山西运城西南）人，字子厚。贞元九年（793）进士及第，先后任校书郎、蓝田县尉、监察御史。顺宗时参与"永贞革新"，升礼部员外郎。宪宗时被贬永州（今湖南零陵）司马，元和十年（815）为柳州刺史，四年后死于柳州。柳宗元主张儒佛融合，重视历史发展的"势"。与韩愈共同提倡古文运动，所写文章说理透彻，寓意幽深。其山水游记十分著名，人物传记和寓言小品也别具特色。为唐宋八大家之一。有文集存世。

（七）五代十国辽宋西夏金

1. 五代十国

狭义上为五代十国各政权，五代是指后梁、后唐、后晋、后汉、后周五个次第更迭的中原政权；十国是指前蜀、后蜀、吴、南唐、吴越、闽、楚、南汉、南平（荆南）、北汉等十几个割据政权，十国乃称其"大"者，实际上还有不少割据政权。广义上一般是指介于唐末至北宋建国的这一历史时期（907—960）。黄巢起义后，唐朝名存实亡，形成藩镇割据局面。907年，朱温建立后梁，历史进入五代十国时期；960年，赵匡胤取代后周建立北宋；979年宋灭北汉，自此基本结束了自晚唐以来的分裂割据局面。

2. 西夏

由党项人建立的一个政权。唐朝中和元年（881），拓跋思恭占据夏州（治今陕西横山），封定难节度使、夏国公，世代割据相袭。公元1038年，李元昊建国时便以夏为国号，称"大夏"。又因其在中原之西，宋人称之为"西夏"。其统治范围大致在今宁夏、甘肃、新疆、青海、内蒙古以及陕西的部分地区。1227年被蒙古所灭。西夏文化深受汉族河陇文化及吐蕃、回鹘文化的影响，并积极发展儒学，弘扬佛学，形成具有儒家典章制度的佛教王国。

3. 契丹

中古出现在中国东北地区的一个民族，属东胡系。自北魏开始，契丹族就开始在辽河上游一带活动。唐初，其首领任松漠府都督。唐亡，耶律阿保机统一契丹诸部，建立契丹国，后改称辽，统治中国北方广大地区。强盛时，其疆域东自大海，西至流沙，南越长城，北绝大漠。1125年辽为金所灭。由于契丹名声远扬，国外有些民族至今仍然把中国称做"契丹"。

4. 西辽

辽朝西迁后的通称，穆斯林和西方史籍称之为哈剌契丹。在辽朝覆亡前夕，皇族耶律大石召集残部，远走漠北，自立为王，设置北南面官属。1131年二月五日，耶律大石登基称皇帝，创立西辽王朝。后又率部西征，先后降服高昌回鹘王国、东西两部喀喇汗王朝、花剌子模国，以及康里部，建成一个疆域辽阔的帝国，迁都于虎思斡耳朵（今吉尔吉斯斯坦境内）。1211年蒙古乃蛮部屈出律篡夺西辽帝位，国号未变。1218年被成吉思汗的蒙古帝国灭亡。西辽王朝统治虽仅八十七年，但在中亚历史上是一个极其重要的时期。

5. 党项

我国古代北方少数民族之一，属西羌族的一支。据载，羌族发源于今青海省东南部黄河一带。汉代时，羌族大量内迁至河陇及关中一带。此时的党项族过着不知稼穑、草木记岁的原始游牧部落生活。他们以部落为划分单位，以姓氏作为部落名称，逐渐形成了著名的党项八部，其中以拓跋氏最为强盛。另一说拓跋氏是鲜卑族的后裔，西夏开国君主李元昊就自称是鲜卑后代。

6. 女真

又名女直，是生活于中国东北地区的古老民族。公元6世纪至7世纪称"黑水靺鞨"，9世纪起始更名女真。辽时逐渐强盛，分为生女真、熟女真、回跋三部。辽末，生女真完颜部阿骨打统一各部，建立金国。17世纪初留居东北地区的建州女真满洲部逐渐强大，其首领努尔哈赤建立后金政权，至其子皇太极时期已基本统一女真各部，遂颁布谕旨改女真族号为满洲。后来满洲人又融纳了蒙古、汉、朝鲜等民族成分，逐渐形成今天的满族。

7. 道

一种行政区划，在汉朝开始出现，起初跟县同级别，专门使用于少数民族聚居的偏远地区。唐初分天下为十道，仅为州县之上的一种监察区，之后迭有增加，至唐睿宗景云年间，多达二十三道。宋代地方行政区划改"道"为"路"，而辽朝则因循唐朝旧制仍使用道作为一级行政区划。元朝建立后，行省成为一级行政区划，行省下设有道，道下有路。至明清时期，道成为省之下军区的通称，但意义上稍有不同。

8. 府

作为地方行政编制单位，始于唐开元元年（713）十二月一日，改东都洛阳为河南府、十二月三日改雍州（隋京兆郡）为京兆府。唐以建都之地为府。至宋，府、州沿袭于唐，府位较尊，除京师所在开封府外，北宋宣和四年（1122）时，京府三个，次府、府三十个，大郡多升为府。除京府、次府设府尹、少尹或府牧外，余府不设。不过，府的实际长官为知某府事，副贰为通判府事。

9. 北面官

辽官名。其制在辽太祖、太宗时初步形成，以契丹原有官制为基础，称北面官，统制契丹族。北面官杂用唐官职名，但含义不同。北枢密院既是最高军事决策机构，又是最高行政机关。北宰相府与南宰相府皆佐理契丹等各游牧部族军政事宜，北大王院与南大王院分掌部族军民事务。此外，宣徽院与护卫府等亦分北南，而所掌皆北面事务，皆由契丹贵族担任。

10. 南面官

辽官名。辽代统治汉人的行政机构系统，与北面官相对而言。其制在辽太宗时初步形成，至辽世宗时，南面官系统逐渐完备，京城设三省、六部、台、院、寺、监；京外设节度、观察、防御、团练等使，都是模仿唐代制度。机构虽然庞大，但职简权轻，远不能与北面官之权力相比拟。

11. 投下

源于辽，亦作头下、头项或投项，蒙古语称爱马，意为封地、采邑。辽朝贵族在自己割占或分赐的土地上建立投下军州，据有俘掠或受赐的人口以及自己原有的奴隶、部曲。头下军州在政治、经济、军事等方面，都有既依附于领主，又隶属于朝廷的二重性。元太祖建蒙古国，将被征服民分赐给诸弟、诸子、驸马、功臣；他们用兵于中原和西域，又将俘虏带回草原，作为各自的私属，形成若干投下。投下人平时向领主纳赋服役，战时由领主率领出外作战。

12. 斡鲁朵

语源出古突厥语，含义为宫帐、宫殿，亦作斡耳朵、斡里朵、窝里陀。辽太祖起，各帝及太后之执政者皆置斡鲁朵。辽代所设斡鲁朵共有十二宫一府。斡鲁朵既是其宫廷，又是其私属的宫卫骑军。宫户、奴隶和州县所构成的独立的军事与经济单位。其职任主要是奉侍在位的帝、后；帝、后死后，奉侍陵寝，并为继位的帝、后继续掌握使用。宫卫骑军以近卫身份负责保卫皇帝、维护皇权，以宫户为核心组成。宫户，亦称宫分户，包括正户（契丹人）和蕃汉转户（契丹人之外的各族人）。宫户世隶宫籍，不能脱离。斡鲁朵制对加强皇权，维护耶律氏的统治都起了重要的作用，对后来蒙古人的斡耳朵、怯薛制度有着直接的影响。

13. 猛安谋克

猛安谋克原是女真族部落进行战争时的军事编制，阿骨打起兵后，猛安谋克成了女真族以及一部分较早归附金朝的奚人、契丹人的社会基层组织。凡猛安谋克户，平时从事生产活动，战时编成军队，应征出战。金统治者把这些猛安谋克迁到华北及中原地区后，称为屯田军。屯田军寨的官府，同统治汉人的州县官府平行，不相统属。屯田军户一面种地自给，一面巡捕私盐，并随时准备镇压附近地区的人民反抗斗争。

14. 榷场

指辽、宋、西夏、金政权各在接界地点设置的互市市场。中原及江南地区向北方输出的主要是农产品及手工业制品以及海外香药之类。辽、金、西夏地区输往南方的商品则有牲畜、皮货、药材、珠玉、青白盐等。榷场贸易是因各地区经济交流的需要而产生的。对于各政权统治者来说，还有控制边境贸易、提供经济利益、安边绥远的作用。榷场的设置，常因政治关系的变化而兴废无常。榷场贸易受官方严格控制，官府有贸易优先权。

15. 二税户

辽代头下军州所属的人户，既依附于领主，又从属于国家，同时向领主和国家缴纳赋税，故称为二税户。辽代的皇帝、贵族经常把民户或所属人户作为施舍，大量赐送给寺院。这些民户所应纳的赋税，一半输寺，一半输官，故也被称为二税户或寺院二税户。辽亡，头下军州制已不存在，头下的二税户随之消失；唯寺院二税户的名目仍为金所继承。在辽金之际的混乱局势中，金政府规定将这类二税户中能提出证件者放免为民。

16. 坊郭户

唐代以来即称城市居民为坊郭户。宋代坊郭户包居住在州、府、县城和镇市的人户，以及部分居住在州、县近郊新的居民区——草市的人户。宋朝依据有无房产，将坊郭户分成主户和客户，又依据财产或房产的多少，坊郭户分成十等。坊郭上户中有地主、商人、地主兼商人、富有的房产主等，坊郭下户中有小商小贩、手工业者、贫苦秀才等。按宋朝法律规定，坊郭户须承担劳役，缴纳屋税、地税等赋税。

17. 西夏文

又称蕃文或蕃书，系西夏党项族人创制和使用的文字。结构多仿汉字，有楷、篆、行草等书体，笔画繁多，形体方整。元代仍使用，称河西字。有印本、碑刻、官印、钱币等文字载体传世，在黑山城（今内蒙古哈拉浩特）发现大量西夏文献。

18. 契丹字

契丹字包括契丹大字和契丹小字两种不同类型的文字。神册五年（920）由耶律鲁不古、耶律突吕不所创制的一种契丹大字，共三千余字。契丹小字后来由耶律迭剌所创制，已发展到拼音文字的初步阶段，两种契丹文字在辽代与汉字并行。辽灭金兴，契丹字又与女真字、汉字并行于金朝境内。明昌二年（1191），金章宗完颜璟明令废除契丹文字，契丹字在金朝境内遂渐绝用，但在中亚河中地区的西辽则继续行用。至明代已无人认识。

19. 女真文

女真文创制于12世纪金国建立后不久，与汉字同为官方文字。女真文有大字、小字两种。大字是金太祖完颜旻命完颜希尹和叶鲁创制的，于天辅三年（1119）颁行。小字于金熙宗天眷元年（1138）颁布，皇统五年（1145）开始使用。元灭金，金国人民，包括女真族，被蒙古人视为汉人，几乎已经不再使用女真文。元朝后，女真语中融入了大量外来词。

20. 藏传佛教

藏传佛教，或称藏语系佛教，俗称喇嘛教，是佛教传入吐蕃地区后，大量吸收当地原有的宗教因素而发展起来的教派。始于7世纪，在9世纪中叶一度遭到禁绝，即所谓"朗达玛灭佛"。一百年后，佛教由原西康地区和卫藏地区再度传入，西藏佛教又得复苏。朗达玛灭佛之前，佛教在西藏的传播被称为藏传佛教的"前弘期"，之后称为"后弘期"。从11世纪开始陆续形成各种支派，到15世纪初格鲁派形成，藏传佛教的派别分支最终定型。其主要教派有宁玛派、噶当派、萨迦派、噶举派等前期四大派和后期的格鲁派等。

21. 浙东学派

狭义的浙东学派指今绍兴、宁波、台州一带学者所发展的学术，盛于明清，源头可追溯至两宋。因学人籍贯及活动范围多在宁绍（今宁波、绍兴）地区，地处浙江之东部（古以钱塘江为界），故名。阳明学派及浙东史学或包含其中。广义的浙东学派包括狭义浙东学派及浙江其他地区的学术派别，如宋代浙中地区吕祖谦为代表的金华学派，陈亮为代表的永康学派，浙南地区叶适为代表的永嘉学派等。金华、永康、永嘉这三个学派又统称为浙东事功学派，提倡研究学问要经世致用，反对理学派的空谈性命、义理。

22. 全真教

也称全真道或全真派，两宋之际王重阳在陕西终南山所创，是金代兴起的北方三个新道派中最大和最重要的派别。该派汲取儒、释部分思想，主张三教合一。元太祖时，丘处机应诏赴西域谒见元太祖，受到礼遇，被命掌管道教，全真教进入全盛时期。此后在发展中与佛教产生矛盾，在两次僧道大辩论中，全真教均以失败告终，从而遭到沉重打击。至明代，朝廷重视正一道，全真教相对削弱。入清以后，更为衰落。

23. 大道教

金朝皇统年间（1141—1148）刘德仁所创。刘德仁以九条戒法传习门徒，其内容主要为忠君孝亲，诚以待人，清净无邪，安贫乐道，力耕而食，量入为用，不盗窃，不饮酒，不骄盈。因其教义平易，修行简便，一时流传颇广，得到许多人信仰。该教在金朝曾一度被禁。至元宪宗时，得到统治者宠信，改称"真大道"。元以后逐渐衰亡，或合并于全真教。

24. 太一教

太一教，或称太乙道、太一道，金熙宗天眷年间（1138—1140）萧抱珍所创，传至元代，后并入正一教。太一教的得名起于该教对太一神的崇奉。太一教以符水祈禳为主事，但也重内炼。它以心灵湛寂、冲虚玄静的内修功夫为本，以符箓为辅，二者并行不悖，这与同时的神霄、清微诸派特征一致。太一教遵行《道德经》，又受儒学影响，重视忠孝等纲常伦理。太一教传二百年，至元代仍受统治者礼遇。

25. 宋学

所谓宋学，是以中晚唐的儒学复兴为前导，由韩愈、李翱开启的将儒学思想由外转而向内，援佛道以证儒理，通过两宋理学家多方共同努力而创建的中国封建社会后期最为精致、最为完备的理论体系。这个思想体系虽以儒家礼法、伦理为核心，却因其融合佛道思想精粹而区别于原始儒学，所以被称为新儒学。到清代时，考据学大兴，清儒们推尊汉儒，对宋儒们空疏解经的弊病肆意攻击，遂呼之为"宋学"，以示与"汉学"相区别。

26. 关学

所谓"关学"即关中之学，是从地域角度而言的。"关学"萌芽于北宋庆历之际的儒家学者申颜、侯可，至张载而正式创立。张载世称"横渠先生"，因此又有"横渠之学"的说法。张载提出以"气"为本的宇宙论和本体论哲学思想；还提出"民胞吾与"的伦理思想，确立了他对佛道思想的批判立场。关学特别强调"通经致用"，十分重视《礼》学，注重研究法律、兵法、天文、医学等各方面的问题。

27. 洛学

洛学，一般是专指以北宋儒家学者程颢、程颐开创的理学学派，旧时也有学者把邵雍之学归在洛学之中。二程的"洛学"也称作"伊洛之学"。二程同受业于周敦颐，他们提出了"理"的哲学范畴。洛学以儒学为核心，并将佛、道渗透于其中，旨在从哲学上论证"天理"与"人欲"之间的关系，规范人的行为，维护封建秩序。二程洛学是保守的和唯心的，但也包含有辩证法因素。洛学奠定了宋明理学的基础，在中国哲学史上有重要地位。

28. 新学

北宋神宗时期王安石创立的学派，一般称之为荆公新学。新学初步形成于宋仁宗后期，王安石执政后，设局修经义，不少学者参与其事，成为其学派中人，新学遂为官方之学。《三经新义》和《字说》，乃至"新学"中人的经学著作，都通行于科举考场，为学子所宗。新学可谓北宋后期最有势力的学派。南宋后，随着对王安石变法的否定，程朱理学成为思想学术主流，新学被视为"异端邪说"，不断遭到贬低和否定。

29. 理学

宋元明清时期的一种哲学思潮，又称道学。它产生于北宋，盛行于南宋与元、明时代，清中期以后逐渐衰落，但其影响一直延续到近代。广义的理学，泛指以讨论天道性命问题为中心的整个哲学思潮，包括各种不同学派；狭义的理学，专指程颢、程颐、朱熹为代表的、以理为最高范畴的学说，即程朱理学。理学是北宋以后社会经济政治发展的理论表现，是中国古代哲学长期发展的结果，特别是批判吸收佛、道哲学的直接产物。

30. 花间派

五代后蜀赵崇祚选录唐末五代词人十八家作品五百首编成《花间集》，他们的词风大体相近，后世因而称之为花间派。温庭筠、韦庄是其代表作家，二人都侧重写艳情离愁，但温词秾艳华美，韦词疏淡明秀。其余词人，多蹈温、韦余风，内容多局限于男女燕婉之私。除少数暗伤亡国的作品和边塞词之外，花间词在思想上无甚可取，但其文字富艳精工，艺术成就较高，对后世词作影响较大。

31. 唐宋八大家

唐宋八大家是唐宋时期八大散文代表作家的合称，即唐代的韩愈、柳宗元和宋代的欧阳修、苏洵、苏轼、苏辙、王安石、曾巩（分为唐二家和宋六家）。韩愈、柳宗元是唐代古文运动的领袖，欧阳修是宋代古文运动的领袖，三苏等五人是宋代古文运动的核心人物。他们提倡散文，反对骈文，先后掀起的古文革新浪潮，一扫散文的陈旧面貌，使之焕然一新，给予当时和后世的文坛以深远的影响。

32. 三苏

三苏指北宋散文家苏洵（1009—1066）和他的儿子苏轼（1037—1101）、苏辙（1039—1112）。宋仁宗嘉定初年，苏洵和苏轼、苏辙父子三人都到了东京（今河南开封）。由于欧阳修的赏识和推誉，他们的文章很快著名于世。苏氏父子积极参加和推进欧阳修倡导的古文运动，他们在散文创作上都取得很高的成就，后来俱被列入"唐宋八大家"。三苏之中，苏洵和苏辙主要以散文著称；苏轼则不但在散文创作上成果甚丰，而且在诗、词、书、画等各个领域中都有重要地位。

33. 毕昇（约970—1051）

北宋淮南路蕲州蕲水县（今湖北英山）人，一说为浙江杭州人。初为杭州书肆刻工，专事手工印刷。庆历年间发明了胶泥活字印刷术，被认为是世界上最早的活字印刷技术。沈括所著的《梦溪笔谈》记载了毕昇的活字印刷术。活字印刷术的发明，是印刷史上的一次伟大革命，是中国古代四大发明之一，它为中国文化经济的发展开辟了广阔道路，为推动世界文明的发展作出了重大贡献。

34. 范仲淹（989—1052）

字希文，谥文正，世称"范文正公"。苏州吴县（今江苏苏州）人。北宋著名的政治家、思想家、军事家和文学家。康定年间，负防御西夏重责，与韩琦齐名，时称"范韩"。庆历年间，与富弼、欧阳修等推行庆历新政，力主改革，屡遭奸佞诬谤，数度被贬。他为政清廉，体恤民情，刚直不阿。工诗文，晚年所作《岳阳楼记》，有"先天下之忧而忧，后天下之乐而乐"之语，为世所传诵。亦工词。著作有《范文正公集》传世。

35. 欧阳修（1007—1072）

宋吉州庐陵（今属江西吉安）人。字永叔，号醉翁，晚年又号六一居士。其于政治和文学方面都主张革新，既是范仲淹庆历新政的支持者，也是北宋诗文革新运动的领导者。生平喜奖掖后进，曾巩、王安石、苏洵父子等都受到他的称誉。一生著述繁富，有《欧阳文忠公集》、《六一词》等。于史学亦有成就，曾奉诏与宋祁等合修《唐书》（《新唐书》），并独撰《五代史记》（《新五代史》），集金石遗文为《集古录》。

36. 司马光（1019—1086）

初字公实，更字君实，号迂夫，晚号迂叟，出生于光州光山县，原籍陕州夏县（今属山西）涑水乡，世称涑水先生。宋仁宗末年就立志编撰《资治通鉴》。王安石行新政，他竭力反对，退居洛阳，继续编撰《通鉴》，至元丰七年（1084）成书。元丰八年哲宗即位，高太皇太后听政，召他入京主国政，数月间尽废新法，罢黜新党。为相八个月病死，追封温国公。遗著有《司马文正公集》、《稽古录》等。

37. 张载（1020—1078）

字子厚，宋大梁（今河南开封）人，徙家凤翔郿县（今陕西眉县）横渠镇，人称横渠先生。嘉祐二年（1057）进士，历授崇文院校书、知太常礼院。少喜谈兵，曾欲结客收复洮西失地。博览群书，其学以《易》为宗，以《中庸》为体，以孔、孟为法。讲学关中，故其学派称为"关学"。著有《正蒙》、《横渠易说》、《经学理窟》、《张子语录》、文集等，后人编为《张子全书》(《张载集》)。

38. 王安石（1021—1086）

字介甫，号半山，谥文，封荆国公，世人又称王荆公。抚州临川（今属江西）人。神宗熙宁二年（1069）提为参知政事，从熙宁三年起，两度任同中书门下平章事，推行新法，其政治变法对北宋后期社会经济具有很深影响。在经学和文学中亦具有突出成就，为新学创始人与唐宋八大家之一。其诗文各体兼擅，词虽不多，但亦擅长，且有名作《桂枝香》等。现存有《王临川集》、《临川集拾遗》。

39. 二程

北宋思想家、教育家程颢（1032—1085）、程颐（1033—1107）的并称。二人为嫡亲兄弟，河南洛阳人，均出生于黄州黄陂县（今湖北红安）。程颢字伯淳，又称明道先生，官至监察御史里行。程颐字正叔，又称伊川先生，曾任国子监教授和崇政殿说书等职。二人都曾就学于周敦颐，并同为宋明理学的奠基者。二程的理学思想对后世有较大影响，南宋朱熹正是继承和发展了他们的学说。他们的著作收入《二程集》中。

40. 沈括（1031—1095）

字存中，号梦溪丈人，杭州钱塘（今浙江杭州）人。他是博学多才的科学家，精通天文、数学、物理学、化学、地质学、气象学、地理学、农学和医学；卓越的工程师、出色的外交家。沈括晚年以平生见闻，撰写了笔记体巨著《梦溪笔谈》，详细记载了劳动人民在科学技术方面的卓越贡献和他自己的研究成果，反映了我国古代特别是北宋时期自然科学达到的辉煌成就，被英国学者李约瑟誉为"中国科学史上的坐标"。

41. 米芾（1051—1107）

字元章，号襄阳漫士、海岳外史、鹿门居士。宋丹徒（今江苏镇江）人，世居太原（今属山西），后徙襄阳（今属湖北）。因他个性怪异，举止癫狂，遇石称"兄"，膜拜不已，因而人称"米颠"。徽宗诏为书画学博士，人称"米南宫"。米芾能诗文，擅书画，精鉴别，书画自成一家，创立了米点山水。他是"宋四书家"（苏、米、黄、蔡）之一，又首屈一指，其书体潇散奔放，又严于法度。

42. 岳飞（1103—1142）

字鹏举，北宋相州汤阴县（今河南省安阳市汤阴县）人。中国历史上著名战略家、军事家、民族英雄、抗金名将。其率领的军队被称为"岳家军"，人们流传着"撼山易，撼岳家军难"的民谣，表示对岳家军的最高赞誉。绍兴十一年（1141）十二月二十九日，秦桧以"莫须有"的罪名将岳飞毒死于临安（今杭州）风波亭。宋孝宗时诏复官，谥武穆，宁宗时追封为鄂王，改谥忠武，有《岳武穆集》传世。

43. 郑樵（1104—1162）

字渔仲，南宋兴化军莆田（今福建莆田）人，世称夹漈先生。不应科举，毕生从事学术研究，在经学、礼乐之学、语言学、自然科学、文献学、史学等方面都取得了成就。著述达八十余种，流传下来的仅有《夹漈遗稿》、《尔雅注》、《诗辨妄》、《六经奥论》和《通志》等。《通志》为其代表作，收录郑樵平生著述择要的"二十略"，其中的《昆虫草木略》是中国古代专门论述植物和动物的重要文献。

44. 朱熹（1130—1200）

字元晦、一字仲晦，号晦庵，祖籍南宋江南东路徽州府婺源县（今江西婺源），出生于南剑州尤溪（今属福建三明）。为政期间，申敕令、惩奸吏、治绩显赫。朱熹是宋代理学的集大成者，继承了北宋程颢、程颐的理学，完成了理气一元论的体系，世称朱子，是孔子、孟子以来最杰出的弘扬儒学的大师。著述甚多，主要有《四书章句集注》、《楚辞集注》及门人所辑《朱子大全》、《朱子语录》等。

45. 袁枢（1131—1205）

建宁建安（今福建建瓯）人，字机仲。他以《资治通鉴》为蓝本，区别事目，分类编纂。每事自立标题，按年代顺序，辑录成《通鉴纪事本末》，创造纪事本末这一新的写史体例，兼有纪传、编年二者优点，对后世影响极大，明清两代多有仿作。袁枢史才为世所推崇，其史德也令人景仰。他兼国史编修官分修国史传时，章惇曾以同乡的情谊，命家人送阅自传，请为润饰，被袁枢严词拒绝。时人叹说："无愧古良史。"

46. 马端临（1254—1323）

字贵与，饶州乐平（今江西乐平）人。宋度宗朝宰相马廷鸾之子。承家学，以二十余年精力，完成史学巨著《文献通考》三百八十四卷。其书以杜佑《通典》为蓝本，贯穿古今，会通历代典章制度，博加考察。所载宋制最为详备，多为《宋史》各志所未载。因身当亡宋之痛，故于南宋统治者的腐败，时有愤慨的批评。另有《多识录》一百五十三卷、《义根墨守》三卷、《大学集注》等书，俱失传。

47. 文天祥（1236—1283）

吉州庐陵（今江西吉安）人，字宋瑞，又字履善，号文山。宝祐四年（1256）进士第一。文天祥以忠烈名传后世，受俘期间，元世祖以高官厚禄劝降，文天祥宁死不屈，从容赴义，生平事迹被后世称许，与陆秀夫、张世杰被称为"宋末三杰"。著作经后人辑为《文山先生全集》，多忠愤慷慨之文，诗风至德祐后一变，气势豪放，允称诗史。

（八）元

1. 四大汗国

大蒙古国西征过程中建立的四个藩属国。从1219年起，蒙古军发动了三次大规模的西征。第一次西征由成吉思汗亲自统兵，至1225年西征结束，成吉思汗把新占领的中亚、黑海沿岸、高加索一带地区，分封给长子术赤、次子察合台、三子窝阔台。第二次西征在窝阔台汗（1229—1241年在位）时期，由术赤之子拔都任统帅，他在术赤封地的基础上，以钦察草原为中心建立钦察汗国。第三次西征在蒙哥汗（1251—1259年在位）时期，由蒙哥之弟旭烈兀统领，他在波斯地区建立伊利汗国。其后，以原来的封地为基础，建立察合台汗国、窝阔台汗国。四大汗国本来是统一帝国的组成部分，元世祖忽必烈时期，相继走上独立发展的道路，但仍与元朝保持宗藩关系。

2. 千户制

大蒙古国军民合一的社会组织。按照游牧民族以十进制编组军队的传统，成吉思汗将蒙古各部民众分别编入十户、百户、千户组织。大部分千户由来自不同部落的人户混合编组，打破原来的部落组织。授予贵族、功臣世袭千户长、百户长。每个千户有指定的游牧地区。这种社会组织对蒙古族的形成、发展及国家的统一发挥了重要作用。元朝统一全国后，留在蒙古草原的蒙古人仍实行千户制。进入中原和南方的蒙古人户脱离千户制，分属不同户计，大多数以军户著籍。

3. 怯薛

大蒙古国可汗和元朝皇帝的御前侍卫和执事人员。起源于草原部落首领的亲兵，蒙古人称那可儿。成吉思汗组建多达万人的怯薛，来源多为各级蒙古贵族官员的子弟，时称大中军。其成员单数称怯薛歹，复数作怯薛丹。以后历朝都有设置，总数保持在一万余人，分四队轮番入值，故称四怯薛。除蒙古人外，色目、汉人上层子弟也可担任。依执掌事务的不同，内部分为云都赤（带刀者）、昔宝赤（驯鹰人）、玉典赤（门卫）、速古儿赤（供奉衣服者）、札里赤（书写圣旨者）等多种名目。作为皇帝的近侍人员、内廷军官集团，怯薛拥有特权，常干预朝政，并出任政府、军队要职。诸王也有怯薛。

4. **行省**

行中书省的简称。元朝地方最高行政区。其制渊源于前代的临时性分遣机构，如魏晋、北朝的行台，金初的行台尚书省、金末的行尚书省。大蒙古国时期，在燕京、别失八里设置大断事官，汉人亦称之行省。中原地区的汉人世侯也有自称行省的。元朝以中书省为中央最高行政机构，临时分遣宰执处理地方重大军政事务，设置行省。后来逐步定型为一种常设机构，正式确立为一级行政区。行省直接对中书省即都省负责，掌管境内行政、军政、财政、司法等事务。置丞相（或置或罢），平章政事，左、右丞，参知政事等官员。行省制度是中国古代地方行政制度的一个创举。明代改行省为布政使司，习惯上仍称行省，简称省。

5. **路**

宋、金、元地方区划名。宋代的路设置转运司、提刑司、安抚司，分别负责本路的财经、司法、军政事务，并对辖区州县官有监察之责。金代的路全称总管府路，共十九路，为地方最高行政区，总管府负责本路的行政、军政、司法事务，一路或两路置转运司负责财赋调度，数路置一提刑司负责监察官员、复审刑狱。元代的路亦称总管府路，为行省之下的一级行政区，多达一百八十余个，负责本路的行政、财政、司法事务。路置达鲁花赤、总管、同知、治中、判官等官员。路辖府、州。

6. 行御史台

简称行台。元代御史台（简称内台、中台）的派出和分设机构。初置江南、云南两处，后徙云南行台于陕西。包括台院和察院，御史大夫、御史中丞、侍御史、治书侍御史、监察御史的官秩比同内台。江南诸道行台，简称南台，治建康（今南京市），监察按治江浙、江西、湖广三行省；陕西诸道行台，简称西台，治京兆（今西安市），监察按治陕西、四川、甘肃、云南四行省。负责节制诸道肃政廉访司，封事建言，纠劾违枉，察举官吏，平反冤狱。腹里及河南、岭北、辽阳三行省由御史台官监察。

7. 肃政廉访司

初名提刑按察司，至元六年起陆续设置，二十八年更名。元代的地方监察机构。简称宪司、监司。辖区称作道。全国共计二十二道。内道八司直隶御史台，江南行御史台辖十道，陕西行御史台辖四道。廉访使二员坐镇治所，总领一道，称总司；副使、佥事六员分掌若干路分，定期出巡，为分司。负责审核官府文书，举察官吏，访问民间利弊，审理重囚、冤狱，劝课农桑。

8. 宣慰司

元代官府名。始置于元世祖中统年间。早期为中央节制地方军政官员的机构，俗称监司。后来，临时受命处置地方军政事务，级别高者为行省，低者为宣慰司。废置不常，后陆续合并或改为行省。行省制度确立后，又在远离行省中心的地区或少数民族聚居地区设置宣慰司，品秩高于路而低于行省，兼具行省派出机构和介乎省、路之间的一级行政机构的职能，以就便行使行政、司法、理财权力。加都元帅府衔者佩金虎符提调军马，综治军民事务。腹里地区不置行省，宣慰司直接听命于中书省。

9. 腹里

元代中书省直辖的地区。行省制度确立后,河北、山东、山西及内蒙古的部分地区,称腹里,不置行省,宣慰司、路、府直隶中书省。腹里的行政监察,也不设行御史台,肃政廉访司直接对御史台负责。

10. 宣政院

元代官府名。掌管全国的佛教事务,统领吐蕃地区的僧俗、军民各色人等。初名总制院,置于元世祖至元元年,首命国师八思巴领院事。至元二十五年,取唐朝皇帝在宣政殿接见吐蕃使臣的典故改名。由帝师领院事,置院使二人至十人不等,头名院使一般由朝廷重臣担任,第二院使由僧人担任。各地僧司、僧徒、佛寺事务均归统辖。所辖吐蕃之地,设置三道宣慰司都元帅府。各级官员僧俗并用。选官、施政自成系统,不受中书省节制。

11. 达鲁花赤

元朝官职名。蒙古语,意为镇守者。地方行政、军事部门的最高监治官。始置于成吉思汗时期,目的是加强对新征服地的统治。元朝统一后,普遍设置于行省以下的各级地方行政机构以及许多管军机构、经济部门,一般由蒙古人或色目人担任,负责对这些机构的官员进行监控,并有最后裁决的权力。

12. 断事官

蒙古语称札鲁花赤。大蒙古国、元朝的官名。成吉思汗设置也可札鲁花赤,汉译大断事官,为大蒙古国的最高行政、司法官。诸王投下分设断事官处理民政、刑政。窝阔台汗在燕京、别失八里等处派遣大断事官,负责总揽一方民政,汉人称之行尚书省、国相、丞相。入元以后,置中书省、行中书省,不再设大断事官。设大宗正府专理司法,置断事官若干员审理怯薛、诸王投下、蒙古、色目人的案件,以及汉人、南人的重案。中书省、枢密院各设断事官若干员，分别审理一般刑事和军事案件。

13. 红巾军起义

元末农民起义。因起义军多以红巾裹首，故称红巾军，又称红军。起义军多为白莲教徒，烧香拜佛，故又称香军。至正十一年（1351），北方白莲教首领韩山童、刘福通等利用元朝征调民夫开凿黄河故道的机会，在颍州颍上（今属安徽）发动起义。江淮各地纷纷起兵响应。次年，南方白莲教首领徐寿辉首先称帝。1355年，刘福通迎立韩山童之子韩林儿为帝，号称小明王，国号大宋。大宋军分兵北伐，因兵力分散，没有成功。南方起义军则发生内讧，形成多支武装政权。1366年，韩林儿、刘福通遇害。起义沉重打击了元朝的统治。

14. 蒙古族

中国少数民族之一。起源于唐代蒙兀室韦部，始居望建河（今额尔古纳河）。回鹘汗国解体后，逐渐向蒙古高原迁徙，形成多个部落。先后臣服于辽、金。有萌古、蒙骨、蒙兀、蒙古里等不同译写。在成吉思汗统一蒙古各部、建立大蒙古国、开疆拓土的过程中，凡属蒙古语族的各部落，以及蒙古化的突厥人，逐渐形成以蒙古为族称的新的民族共同体。蒙古族建立的元朝对我国统一多民族国家的发展作出贡献。元亡后，主要分布于蒙古高原和西域地区，留居内地的多融合于汉族。

15. 回回

北宋时或指称回鹘，南宋指伊斯兰国家，元代指伊斯兰教徒，明清时期主要指我国回族。元代被签发或自愿东迁的信仰伊斯兰教的中亚、西亚各族人民，皈依伊斯兰教的回鹘人，以及唐宋时期即客居我国的伊斯兰教徒，被统称为回回人，是元代色目人的重要组成部分。经过长期的融合过程，到明代正式形成回族。

16. 色目

元朝泛指蒙古人以外的我国西北各族及来自域外的亚、欧各族人。其本意为各色名目，因其种类繁多而得名。包括回回、畏兀儿、唐兀（党项羌）、吐蕃、汪古、康里、钦察、哈剌鲁等族。其地位次于蒙古人，居四等人制的第二等。各族上层受到元朝统治者的信任和重用，拥有较高的政治、经济地位。为皇室、诸王、驸马、官府从事高利贷贸易的大商人多出自色目人。普通色目人或从军，或从事农、工、商业，没有多少特权。他们对元代的民族交流与融合，边疆开发，以及中外经济、文化交流作出了贡献。

17. 斡脱

蒙古语的音译，原义为合伙。元代指经营高利贷商业的官商。从成吉思汗时期起，蒙古大汗、诸王、贵族就提供本金，委托斡脱发放高利贷（斡脱钱），经营商业或海外贸易，获取巨利。部分商品是供王公贵族享用的奢侈品。元朝建立后，斡脱成为诸色户计的一种，设置官府进行管理，并提供特殊保护措施。这种商贸成为统治者盘剥人民的手段。斡脱商人乘机假公济私，营运牟利。斡脱钱债使不少百姓破产，祸害经济，造成严重的社会问题。

18. 白莲教

佛教净土宗的一个支派。又称白莲宗、白莲社、白莲会。南宋初僧人茅子元创建。崇奉阿弥陀佛，宣扬弥陀为"诸佛光明之王"。普劝在家人斋戒念佛、死后同生净土。因教义浅显，修行简便，至南宋后期广为传播。入元后，堂庵遍布南北各地。弥勒佛信仰转盛。白莲教徒常聚众反抗官府，元朝屡次禁教，而势力不减。元末农民起义军首领多出自白莲教徒。韩山童以"明王出世"、"弥勒下生"号召起义，其子韩林儿号"小明王"。入明以后，遭到官方禁止。明清时期，屡见利用白莲教秘密组织起义的事件。

19. 蒙古文

蒙古族使用的拼音文字。成吉思汗时期，畏兀人塔塔统阿借用畏兀字母创制，为蒙古畏兀字；元世祖忽必烈时期，吐蕃高僧八思巴以吐蕃字母为基础，创制新的拼音文字，称八思巴蒙古字、蒙古新字、蒙古国字，规定为元官方文字，可译写境内一切文字。元亡后，八思巴蒙古字被废弃，蒙古族继续使用畏兀字。17世纪中叶，以蒙古畏兀字为基础形成的托忒蒙古文，主要行用于新疆地区。现在通行的蒙古文字是在畏兀字基础上改制而成的。

20.《大元通制》

元朝颁行的综合性法律条文。元初兼用成吉思汗颁布的大札撒（法令）和金代的法律。元世祖至元八年禁行金代律令，二十八年颁行《至元新格》。仁宗下令汇辑、整理历朝颁发的各种法令文书，英宗至治三年颁布，定名《大元通制》。分制诏、条格、断例。制诏是皇帝的诏令，条格是各种令条，断例是具有法律效力的案例汇编。条格取法唐、宋、金法律体系中的令，包括户令、学令、选举、军防、仪制、衣服、禄令、仓库、厩牧、田令、赋役、关市、捕亡、赏令、医药、杂令、僧道、营缮等令目。断例依照唐、宋、金律十二篇分类，唯没有名例篇。元朝的法律体系得以完备。元末又做过一次修订，定名《至正条格》，也包括制诏、条格、断例三部分。

21.《蒙古秘史》

大蒙古国时期的官修史书。原文用蒙古文书写。记载成吉思汗先祖的世系、成吉思汗的早年经历以及统一蒙古各部、建立大蒙古国、对外用兵的史实，窝阔台汗统治时期的历史。使用文学手法讲史，穿插有蒙古族的神话传说，语言生动，人物形象鲜活。为蒙古族的第一部史书、第一部文学经典，具有珍贵的史学、文学和语言学价值。明初翰林馆出于教学蒙古语文的需要，用汉字音写蒙古语原文，对每个词加注汉译，题名《元朝秘史》。蒙古文原文久佚，现存本为明代汉字音写本。

22.《红史》

亦译作《红册》。元代藏文史书，成书于1363年。作者蔡巴·贡噶多吉（1309—1364），出身吐蕃贵族，1323年继任蔡巴万户长，任职近三十年，后出家为僧。对藏传佛教的发展贡献颇大。生平著述甚多，以本书最有名。全书分两大部分，第一部分依次记述印度古代王统及释迦世系，汉地历代沿革，西夏、蒙古王统；第二部分详述吐蕃王统及藏传佛教各宗派的源流、世系和有关历史，具有很高的史料价值。为现存最早的藏文历史著作，对后世藏族史学影响很大。

23. 成吉思汗（1162—1227）

名铁木真，出生于蒙古乞颜·孛儿只斤氏族，世为贵族。大蒙古国的建立者，元朝追上庙号太祖。少年丧父，族众离散，曾投靠克烈部。后招徕父祖旧部，出兵帮助金朝征讨塔塔儿部，获赐官号，势力逐渐强大，得以摆脱克烈部的控制。先后打败蒙古高原诸强部，统一蒙古各部。1206年，建立大蒙古国，加号成吉思汗，此号之义有"海洋"、"天赐"、"强大"诸说。实行千户制、分封制，改造蒙古部落组织，加强了对平民和奴隶的统治。发动大规模西征。进攻金朝和西夏，为元朝的统一奠定了基础。

24. 耶律楚材（1190—1244）

字晋卿，号湛然居士。契丹人，辽代皇族后裔。世居金中都。金元之际的政治家、思想家。父耶律履官至金尚书右丞。他曾任金燕京行尚书省左右司员外郎。金中都城陷后，被成吉思汗召置帐下，掌文书及占卜星象事。窝阔台即位后，主管汗廷文书，人称中书令，辅佐朝政，推行汉法，提出一系列有利于恢复中原地区秩序和发展经济、文化的措施。窝阔台采纳他的建议，阻止蒙古贵族改农田为牧场的企图，限制苛征暴敛，在中原设立十路课税所，规定由朝廷设官征赋，按份额分配给受封者。他还奏请保护、任用儒士。其博学多才，于诗文、音乐、地理、史学、天文历法、医学都有造诣，晚年尤归心佛学。有《湛然居士集》传世。

25. 胡三省（1230—1302）

字身之，世称梅磵先生，晚年自号知安老人。台州宁海（今属浙江）人。宋末元初著名历史学家。宋末进士，曾任县令、府学教授、主管沿江制置司机宜文字。宋亡，隐居不仕，专心著述。对《资治通鉴》研究尤精，以《资治通鉴音注》名于世。举凡史事本末、名物源流、地名异同、建置沿革、制度损益，以及史料的歧异，前人注释的错谬，做了大量的注释、补充、考辨工作。作品博大精深，治学严谨，尤长于地理考证，在史学史上占有重要地位。注文多见评古论今、直抒胸臆之语，充满民族气节和爱国热情。

26. 郭守敬（1231—1316）

字若思，顺德路邢台县（今属河北）人，元代著名水利专家、天文学家。幼承家学，于数学、天文、地理、水利学受过良好教育。向元世祖忽必烈面呈水利建议，受赏识，任提举诸路河渠。历任都水少监、工部郎中、同知太史院事、太史令兼领都水监事，终昭文馆大学士兼知太史院事。主要负责水利和天文事务。主持开凿大都至通州段运河，即著名的通惠河，按地形变化及水位落差，设置船闸、斗门，很好地解决了大都的水源及运河的水量水位问题。和王恂等研制成多种先进的天文仪器，主持全国范围的天文测量，南抵南海。制定的《授时历》成为当时世界上最精密的历法，与地球绕太阳公转一周的实际时间相差仅26秒。

27. 八思巴（1235—1280）

又译作巴思巴、巴思八、巴哈思八。本名罗古罗斯坚赞，号八思巴（圣者）。乌思藏撒思迦（今西藏萨迦）人。元代藏传佛教萨迦派首领。自幼在拉萨大昭寺出家。1244年，随伯父撒思迦班智达赴凉州拜谒蒙古皇子阔端。1254年，忽必烈从受佛戒，留置帐下。参加佛道大辩论，以博学善辩获胜，重创道教。忽必烈即位后，先后加封国师、帝师，统领天下释教僧徒及吐蕃地区军政事务。晚年返藏。佛学著述达三十余种，以《彰所知论》最有名。创制蒙古新字。元仁宗时诏令全国各路建八思巴帝师殿，以时祭享。

28. 马可·波罗（1254—1324）

元朝时期来华的意大利人，旅行家。其父为威尼斯商人，往来于东西方经商。曾觐见忽必烈，奉命出使罗马教廷。1275年，马可·波罗随父亲经陆路长途跋涉来到元廷，侨居中国十七年。约1291年从泉州起程经海上返回威尼斯。在华期间，他曾担任官职，多次奉命出使各地，游历了数十座城市。回国后，他参加城邦之间的战争，被俘入狱，在狱中讲述他的东方游记，特别是在中国的见闻，包括元朝的政治、制度、经济、城市、风习，经一位作家狱友记录、整理成书。《马可·波罗游记》成为一部世界名著，为欧洲人了解东方打开一扇窗，马可·波罗也作为东西方交流的先驱载入史册。

29. 关汉卿

号已斋叟，元大都人。出身太医院户。元代最著名的剧作家。生活于金末至元成宗大德年间。博学能文，滑稽多智，通音律，会歌舞。曾为五京书会领袖，经常出入歌楼酒肆、勾栏瓦舍。所作杂剧见于记载的有六十余种，今存十余种。作品题材广泛，风格多样，结构技巧纯熟，语言艺术高超。塑造的最有光彩、最有性格的艺术形象是底层民众。作品有强烈的人民性，深刻揭示了当时的社会矛盾，同情被压迫者的苦难生活，热情歌颂了劳动人民的聪明才智和反抗精神。代表作有《窦娥冤》、《救风尘》等。

30. 王实甫

元大都人。元前期著名剧作家。生平事迹不详。所作杂剧见于记载的十余种，今存仅三种。代表作为《西厢记》。该剧取材于唐人元稹的小说《莺莺传》，以金代董解元改编的《西厢记诸宫调》为蓝本，提炼加工成五本二十一折的长剧。主题开掘更深，提倡婚姻自主，反对门第观念，具有强烈的反封建意识。人物艺术形象更加鲜明、丰满，尤其心理描写极具特色。亦存散曲多首。

31. 赵孟頫（1254—1322）

字子昂，号松雪道人。湖州（今属浙江）人。元代著名书画家。亦能诗文。出身赵宋宗室。宋亡，家居治学，有乡里名。元世祖至元二十四年（1287）应召至大都任刑部主事，后历任同知济南路总管府事、江浙行省儒学提举、翰林侍读学士、集贤学士、翰林学士承旨。卒封魏国公，谥文敏。擅书法，精绘画，主张书画同源。书法用笔圆转流美，骨力秀劲，世称"赵体"。兼通工笔重彩画和水墨画，将书法笔墨趣味融于绘画之中，自创新格。画作多绘南方水乡，着重表现文人隐士的生活情趣，是早期文人画的代表人物。传世画作有《重江叠嶂图》、《洞庭东山图》、《鹊华秋色图》、《秋郊饮马图》等。

32. 黄公望（1269—1355）

字子久，号一峰、大痴道人。平江常熟（今属江苏）人。元代著名画家，文人画的代表人物，"元季四大家"之一。幼有神童之称，应童子试。曾任御史台吏员，受牵连入狱。出狱后为道士，居杭州，与四方名士交往。学问渊博，通晓诸艺，人称"海内奇士"。尤擅长水墨山水画。作品大都表现江南秀丽景色。代表作《富春山居图》，描绘富春江两岸的秋景，用笔简练，布局谨严。传世的其他作品还有《九峰雪霁图》、《溪山雨意图》。笔势雄伟，意境苍茫简远。曾著文总结五代以来画山水的经验。他在绘画史上占有突出地位，对后世影响很大。

（九）明

1.《大明律》

明代官修律书。朱元璋于吴元年（1367）命李善长、刘基等人议定律令；十二月，成《律令》四百三十条。洪武六年（1373），朱元璋命刑部尚书刘惟谦以《律令》为基础议定，七年颁行，十二篇，三十卷，六百零六条。此后，《大明律》间有厘正。洪武三十年（1397），朱元璋再命重订，成三十卷，卷一为名例律，其余各卷分为吏律、户律、礼律、兵律、刑律、工律等六个门类，共四百六十条，同时规定废除其他榜文和禁例，决狱以《大明律》为准。终明一代，《大明律》未再修订，凡有变通处，则发布诏令或制定条例，辅律而行。

2. 太庙

历代祭祀帝王祖宗之庙。明太祖朱元璋于吴元年（1367）建太庙于南京宫城东南，德、懿、熙、仁四祖各一庙。洪武八年（1375）合为一庙，前正殿，后寝殿九间，分置四神主，成同堂异室之制。十五年，以孝慈马皇后神主附享，遂定皇后附享之制。永乐十八年（1420），于北京皇城东南建太庙。成化末年，宪宗死后，寝殿九室已满，遂于中室供奉德祖，懿祖以下奉入寝殿后之祧庙。嘉靖十年（1531），改以太祖于中室不迁，余皆迁入祧室。清代太庙规制稍异，前殿十一间为主殿；中殿九间，供奉努尔哈赤以下历代帝后神主；后殿九间，供奉努尔哈赤以上四世祖先。

3. 首辅

首席内阁大学士。内阁大学士辅助皇帝决策，起到辅政的作用，故习惯上称作"辅臣"，而首席大学士也有"首辅"、"元辅"、"首揆"等称呼。首辅一般是入阁时间最长、最受皇帝眷顾的内阁大学士。明嘉靖至万历初，首辅主持内阁大政，威权颇重，排名第二的次辅权力完全不能抗衡，而围绕首辅位置的权力之争也很激烈。嘉隆年间的首辅，有严嵩那样的权相，也有徐阶、高拱、张居正那样的政治家。

4. 内阁

官署名，明清两代协助皇帝决策的辅政机构。洪武十五年，明太祖朱元璋仿宋制设殿阁大学士备顾问，为内阁之萌芽。永乐初年，明成祖朱棣选翰林院官员解缙等七人入文渊阁当直，参预机务。文渊阁在午门内、文华殿南，地处内廷，故称内阁。洪熙以后，内阁大学士官秩渐高，且为皇帝票拟，阁权渐重。然正统以来，皇帝不亲政事，阁票入内，例由司礼监承旨批复，故内阁之权又为宦官所制。大臣入阁，例经吏部、内阁、九卿及科道官员会议推举，至崇祯年间为防大臣结党营私，改会推为枚卜，即由吏部推荐候选名单，皇帝抓阄决定。清承明制，设内阁，大学士满、汉各二人，协办大学士满、汉各一人，名义上为国家最高官署，但实际上并不具备明内阁的中枢地位，只是处理例行政务的机构。

5. 廷推

明代任官制度。大臣缺员之时，由吏部集会九卿等官推举合格者数人，呈请皇帝简用，以其会官推举，故亦称会推。内阁大学士、吏、兵两部尚书职位空缺，会集九卿、五品以上官以及科道官廷推；尚书、侍郎、都御史、通政使、大理卿员缺，令六部、都察院、通政司、大理寺三品以上官廷推。外官中，只有总督、巡抚之选须用廷推，九卿参与，由吏部主持。

6. 翰林院

官署名。唐宋时期有翰林学士院。辽改翰林院，为朝廷撰拟文诰之机构。金复称翰林学士院。元改并为翰林兼国史院，又置蒙古翰林院。明初，置翰林院，掌制诰、修史、图书等事。长官为掌院学士，其下设侍读学士、侍讲学士、侍读、侍讲、修撰、编修、检讨等官，皆称翰林。明代进士一甲第一名例授翰林院修撰，二、三名授编修。永乐二年（1404）定制，选进士中文学优等及善书者入翰林院肄习，称庶吉士。庶吉士散馆时，考选优者留为编修、检讨，次者出为给事、御史。明代内阁大学士多出身翰林，故翰林有储相之称，而翰林院亦为清要之地。清承明制，仍设翰林院，而清流亦多出其中。

7. 大学士

官名，即内阁大学士。明太祖朱元璋于洪武十三年（1380）罢中书省，废丞相，十五年仿宋制设华盖殿、文华殿、武英殿、文渊阁、东阁大学士各一人，备顾问，不久废。永乐初年，成祖朱棣选翰林官入直文渊阁，参预机务，然官秩不高。仁宗朱高炽又增设谨身殿大学士。嘉靖年间（1522—1566），以殿名改，世宗改置中极殿、建极殿、文华殿、武英殿、文渊阁、东阁诸大学士。自洪熙（1425）、宣德（1426—1435）以来，大学士多加公、孤衔，或尚书、侍郎衔，品秩颇高，又掌握为皇帝票拟之权，虽无丞相之名，有丞相之实。

8. 总督

官名。明代始置。明正统六年，靖远伯王骥以兵部尚书征麓川，始以总督军务入衔。其时总督多因事而设，事完即撤。成化以来，两广及陕西三边等地，多加部院衔出镇，渐成专职，又或称总制。嘉靖中，以臣下不得称"制"，复旧称，并增设蓟辽、漕运总督。清沿明制，设总督，辖一省或二、三省，综理军政事务，职权日重，成为地方最高长官，雍正以后例设两江、陕甘、闽浙、湖广、四川、两广、云贵、直隶总督，光绪末年增置东三省总督。

9. 巡抚

官名。建文元年（1399），建文帝派侍郎暴昭、夏原吉等任采访使分巡天下，为巡抚制度之萌芽。永乐十九年（1421），明成祖派尚书蹇义等巡行天下，以兴利除弊。此时巡抚差遣尚未定制，官员分巡各地，事毕还朝。宣德年间，巡抚渐成专职。宣德五年（1430），宣宗派于谦等分巡两京、山东、山西、河南、江西、浙江、湖广等地，为各省专设巡抚之始。巡抚由短期出巡变为常驻久任，久之便由皇帝特命的专职重臣变成近似于地方行政官员的职位。清承明制，设巡抚，为一省地方长官。

10. 北直隶

明朝称直属于京师的地区为直隶，与十三布政使司同为地方最高一级的行政区域。洪武初建都南京，以应天等十四府、四州直隶中书省，简称直隶。永乐年间，因移都北京，以顺天等八府、二州、万全等都司为北直隶，南京诸府改称南直隶。清初废南直隶，北直隶改直隶省。

11. 六科

官署名。明初，置给事中。洪武六年（1373），分吏、户、礼、兵、刑、工设给事中十二人，每科二人，合称六科，曾先后隶属于承敕监和通政司。二十四年（1391），定每科设都给事中一人，左、右给事中各一人，掌本科事。下设给事中。各科员数不等，六科共四十人。永乐间，六科自为一署，移至午门外直房办公。六科官秩不高，为正七品或从七品官员，然掌侍从、规谏、补阙、拾遗，稽察六部百司之事，位轻权重，与都察院御史并称科道官，有言责。清沿置，但权任大减，仅负责分科稽核六部庶务、注销各衙门文卷。

12. 东林党

明后期以东林书院讲学人士为主体的士大夫群体。万历后期，顾宪成、高攀龙等一批正直官员罢黜家居。万历三十二年（1604），顾宪成等人重修无锡东林书院讲学，讲学之余，往往讽议朝政，与朝中官员遥相应和，引起朝中对立官员的嫉恨，遂诬称其结党营私，故有东林党之谓。东林党与对立的齐党、昆党等，利用每六年一次的京官考察，互相罢黜对方官员。天启年间，魏忠贤专权，其党徒作《东林点将录》以打击东林党，并杀害了杨涟、左光斗、魏大中、顾大章、周朝瑞、袁化中等"东林六君子"。高攀龙被捕之前，以自沉反抗魏忠贤的暴政。崇祯初，魏忠贤阉党被清算，东林党人多被起用。

13. 乡绅

明清时期的一个社会阶层，与士绅、绅士意义相近，由官僚与获得功名的士人组成。明清两代，府、州、县学的生员、国子监生、举人与进士，都是终生资格，有徭役优免的特权，从而与在职的及退休的官员构成一个享有政治和经济特权的阶层。乡绅的影响大小不等，或具全国性的影响，或是省区名流，然而即使影响最小的地区名流，也在乡村或集镇的事务中行使不可忽视的权力，在基层社会事务——如修地方志、举行乡约、宗族建设、书院建设、修桥筑路、救荒等——扮演重要的角色。

14. 徽商

徽州商人。徽州人经商可以追溯到很早，但徽商作为一个商帮的历史是从明朝中叶开始。徽商不仅仅指单个的徽州府商人，更指以乡族关系为纽带结成的徽州府商人群体，主要经营盐、木材、茶、粮食、棉布、丝绸、墨业、典当等业，明清时期遍及全国，至江南有"无徽不成镇"之谚。19世纪中叶，受清政府盐业政策调整、上海开埠及太平天国运动的影响，徽商逐渐衰落。

15. 晋商

山西商人。明代于边境实行开中法，鼓励商人向边镇输粮，换取食盐销售的凭证盐引，以从事食盐贩卖，故山西商人最初多以盐为主业，兼营粮食、丝绸、棉花等商品。明朝后期，山西商人已与徽商齐名。入清后，晋商还积极参与北方各民族之间的贸易及对外贸易。清朝后期，凭借雄厚的资本积累，山西商人涉足金融业，经营钱庄、票号。至清末，随着近代金融业的兴起，晋商逐渐衰落。

16. 民变

明朝后期广泛出现在农村与城市的群体反抗性行动。明朝后期，除了农民起义外，城镇内也出现罢工罢市，以及因抢粮、反对地方官或抗税而起的暴动。史书将之与农村的暴动统称为民变。反对矿监税使横征暴敛的城镇民变为明代显著特点。

17. 矿监税使

明万历年间奉命监督开矿和征收商税的宦官。万历皇帝朱翊钧（1573—1620年在位）贪恋钱财，于万历二十四年（1596）派御马监太监鲁坤、承运库太监王亮分别至河南和直隶真定府开矿，为矿监之始。之后，矿监四出。皇帝还派太监到全国重要港口如通州张家湾、天津、临清、京口、仪真、东昌、苏州、杭州、湖口等地征税，为皇帝敛财。宦官横征暴敛，遭到地方官员和民众的反对，引起各地民变。万历三十三年（1605），皇帝下令撤回矿监税使。据学者统计，十年间，矿监税使向皇帝进奉的矿税银约五百万两，而宦官借机中饱私囊的银两则更多。

18. 黄册

明代的户籍册，又称户籍黄册、赋役黄册。洪武十四年（1381），朱元璋下令州县以下实行里甲制度，每一百十户为一里，其中十户为里长，每十户为一甲，设甲首一人。同年，以里甲制为基础，朱元璋命核查全国户口，编制户籍册，每里一册，详列各户的人口、田土、房屋。黄册编成后，分抄四份，布政使司、府、县各存一份，一份呈送户部。送呈户部的人口册以黄纸为封面，故称黄册。黄册送至南京后，储藏在后湖（今南京玄武湖）湖心岛屿的黄册库中。黄册每十年编造一次，从洪武十四年起，到崇祯十五年（1642）最后一次编纂黄册止，历时二百六十余年，基本上与明王朝相终始。

19. 鱼鳞图册

南宋以来官府为征派赋役而绘制的土地簿册。因其图绘田亩依次排列，呈鱼鳞状，简称鱼鳞册。明洪武十三年（1380），朱元璋派遣国子生武淳等往各处丈量土地。十九年，又派遣国子生吕震等往两浙府县各乡丈地。田土册的绘制从洪武十三年始，至洪武二十五年（1392）完成，以里为单位，对相邻田土按顺序编号，绘图，并且记录每块田地的名称、类别、面积、田主姓名和四至。有总图、分图，依县、州、府汇集成册。历时既久，鱼鳞图册所记与实际情况往往不符，故自明中叶至清又常加修订。

20. 市镇

非行政中心的商业聚落。由于商品交换需要，唐宋以来，农村地区开始出现非定期市和定期市，而具有军事性质的镇往往因交通便利而成为商品交换聚集地。宋代以来，市镇逐渐出现，至明代中期以后发展迅速，尤以明清江南地区最为密集和繁荣。一般情况下，镇的规模比市要大，市达到一定规模可升格为镇。市镇不是行政运作的结果，而是手工业和商业发展的结果。明清江南形成了许多专业市镇，如丝织业市镇、棉布业市镇。某些大型江南市镇的人口规模与繁华程度，甚至超过县城或府城。

21. 土司

即土官，是明朝对西南少数民族地区世袭地方官的统称，或指由土官所把持的政权机构或衙门，如宣慰司、宣抚司、土府、土州等。土司制度始于元朝，并为明朝所沿袭。土司世守其土，世长其民，世袭其职，向朝廷承担一定的义务，如定期交纳贡赋，随时备征调等。

22. 三边

延绥、宁夏、甘肃等三个边镇的总称。明朝为抵御蒙古，在北部边境沿长城防线陆续设立了九个军事重镇，即九边，自东至西依次为辽东、蓟州、宣府、大同（山西）、延绥、宁夏、固原（陕西）、甘肃。延绥镇洪武初设立，成化十年（1474）迁榆林；宁夏镇创自洪武，永乐初年称镇；甘肃镇亦在洪武年间设立。弘治十年（1497），明朝议设重臣以总制陕西三边军务，后或设或停，至嘉靖四年（1525），始定制。陕西三边总督辖四镇，即固原镇及延绥、甘肃、宁夏三边镇。

23. 朝贡贸易

以朝贡与赏赐为形式的贸易关系。在中国古代皇帝的政治理念中，自己是天下共主，僻远的边疆民族及外国应该向自己效忠，定期朝贡。朝贡次数及人数都有规定，而且入境需要勘合，故亦称勘合贸易。明朝时，边疆民族及外国定期朝贡，并携带大量商品，除向朝廷上贡部分贡品外，余下商品用以与平民交易。朝廷则给予高于贡品价值的银钱或实物作为回报。

24. 萨迦派

藏传佛教教派之一，俗称"花教"。北宋熙宁六年（1073），贡却杰布（1034—1102）在后藏萨迦地方建萨迦寺，创立此派。13世纪中叶，其第四代祖师萨班·贡噶坚赞首与蒙古王室建立联系。第五代祖师八思巴受元世祖封为帝师，掌管全国佛教及藏族地区行政事务。自此时起至14世纪中叶，此派在西藏建立第一个政教合一的地方政权。元至正十四年（1354）为帕竹噶举派所取代，实力衰落。永乐十一年（1413），明成祖封此派领袖人物昆泽思巴为"大乘法王"。

25. 格鲁派

藏传佛教教派之一，俗称"黄教"。明永乐七年（1409），宗喀巴创立此派。该派注重修行，要求僧人严守戒律，不得娶妻，亦不得从事农作。嘉靖二十五年（1546），此派始行活佛转世制度。万历六年（1578），索南嘉措接受蒙古土默特部俺答汗赠予的"圣识一切瓦齐尔达喇达赖喇嘛"名号，是为达赖喇嘛名号的开端，索南嘉措为达赖三世。崇祯十五年（1642），格鲁派借蒙古和硕特部固始汗的兵力击败各敌对势力，在藏族社会取得绝对优势。清顺治二年（1645），固始汗赠予罗桑却吉坚赞"班禅博克多"名号，是为班禅名号的开端，罗桑却吉坚赞为班禅四世。康熙五十二年（1713），清廷封班禅五世为"班禅额尔德尼"。乾隆十六年（1751），清廷命达赖七世掌管西藏地方政权，此派遂成为西藏地区执政教派。

26. 噶举派

藏传佛教教派之一，俗称"白教"。11世纪中叶，由玛尔巴创立。此派不重经文学习，注重密宗教义的师徒口耳相传，以苦修为特色。支系繁多，有"四大八小"之称。帕竹支系曾在元、明两朝敕封下，继萨迦派执掌卫藏地方政权（1354—1618）。噶玛支系领袖人物自永乐五年起受明代"大宝法王"封号，为藏传佛教各教派领袖中的最高封号。17世纪中叶格鲁派得势后，此派势力渐衰，仅噶玛、止贡、主巴、达垅等支系尚有流传。

27.《永乐大典》

明永乐间官修类书。永乐元年（1403），解缙奉命编纂，参与者一百四十七人，书成，初名《文献大成》。因采摘不广，记载太略，命重修，以姚广孝、解缙等监修，翰林学士王景等总裁，在文渊阁开馆编纂，参与者三千余人。永乐五年，全书完成，更名《永乐大典》。全书以洪武正韵目编次，按单字依次辑入与此字相联系的文史记载，辑录先秦至明初书籍七八千种，共二万二千九百三十七卷（内含目录六十卷），一万一千九十五册，约三亿七千万字。正本初藏南京文渊阁，迁都后移贮北京文楼。嘉靖、隆庆年间，录副本一部。正本约亡于明亡时。清朝修《四库全书》，从《永乐大典》中辑出不少佚书。光绪二十六年（1900），八国联军入侵北京，副本部分毁于火，余被劫走。1960年，中华书局根据历年征集的七百三十卷影印出版。

28. 耶稣会士

天主教耶稣会传教士。天主教耶稣会成立于1540年，首任总会长是西班牙贵族罗耀拉，主张维护教皇权威，反对宗教改革。该会组织严密，纪律严明，重视教育，勇于开拓国外传教事业。1552年，耶稣会士方济各·沙勿略抵达广东海域的上川岛，拉开了天主教在华传教事业的序幕。从明万历到清乾隆年间约两百年内，大批传教士进入中国传教，仅费赖之《在华耶稣会士列传及书目》即列举四百六十七人。耶稣会士在传教的同时，也给中国带来了西方较为先进的科学知识。

29. 郑和（1371—1433）

明初伟大的航海家。本姓马，名三保（一作三宝），昆阳（今云南晋宁）人，回族。洪武十五年（1382）入宫，侍燕王朱棣。朱棣即位，以军功升内官监太监，赐姓郑。从永乐三年（1405）到宣德八年（1433），郑和七次率领船队下西洋（指我国南海以西海域）。船队携带大量的瓷器和丝织品，由江苏太仓的刘家港出海，沿途进入中国南海，穿越马六甲海峡，进入印度洋，访问沿途各国，并与各国贸易。船队最后一次航行的归国途中，郑和病逝。

30. 于谦（1398—1457）

明代政治家、军事家，字廷益，号节庵，钱塘（今浙江杭州）人，永乐十九年（1421）进士。正统十四年（1449），明英宗朱祁镇被瓦剌也先俘获，于谦力排南迁之议，请固守北京，并拥戴英宗异母弟朱祁钰即皇帝位，进兵部尚书。他整饬兵备，击败瓦剌军队，取得北京保卫战的胜利。景泰元年（1450），英宗回朝。景泰八年（1457）正月，石亨等人乘景帝朱祁钰病重，拥英宗复辟，改元天顺，并杀害于谦。成化初年，复官赐祭；弘治二年，谥肃愍。万历中，改谥忠肃。

31. 王阳明（1472—1529）

明代著名思想家。名守仁，字伯安，浙江余姚人，因晚年居于阳明洞，世称阳明先生。弘治十二年（1499）中进士。正德五年（1510），因上言而得罪宦官刘瑾，谪为贵州龙场（在今贵州修文县境内）驿丞，于千辛万苦中悟得"圣人之道，吾性自足"；正德七年，提出"心即理"、"心外无理"；正德十四年，平定了江西宁王朱宸濠叛乱，后因军功被朝廷封为新建伯；正德十五年，提出"致良知"说，认为人需要的不是外求知识，而是不断扩充自己内心的良知。他的学说当时影响很大，门人众多，后世称作王学或阳明学。

32. 李时珍（1518—1593）

明代著名医学家。字东璧，号濒湖，蕲州（今湖北蕲春）人。秉承家风，爱好医学、植物学，因医好楚王之子的气厥症，被征任楚王府奉祠正。嘉靖年间曾一度赴京供职太医院，托病归，集数十年之功完成《本草纲目》这部中国药物学的巨著。所著尚有《濒湖脉学》、《奇经八脉考》、《脉诀考证》、《蕲所馆诗集》、《白花蛇传》、《集简方》等。

33. 张居正（1525—1582）

明朝后期著名的政治家、改革家。字叔大，号太岳，江陵（今湖北荆州）人，嘉靖二十六年（1547）进士。隆庆元年（1567）入阁，任吏部左侍郎兼东阁大学士。隆庆六年（1572），取代高拱出任首辅，辅佐年仅十岁的万历皇帝。万历朝的前十年，张居正积极整顿吏治，推行一条鞭法，丈量土地，使明王朝的政治和财政危机得到暂时的缓解。万历十年（1582），张居正逝世，谥文忠。万历十二年，抄张居正家。天启二年（1622），廷臣讼其冤，复故官，赐祭葬。

34. 施耐庵

元末明初小说家。生平事迹不详，大约生活在14世纪，是明初《水浒传》的整理者。比较流行的说法称其名耳，又名子安，字耐庵，钱塘（今浙江杭州）人。或说他祖籍苏州，晚年迁居兴化。或说他曾在1331年左右中进士，任官杭州；或说他曾参加元末张士诚起义，失败后移居兴化。这些传说都缺乏有力证据，不足全信。

35. 罗贯中

元末明初小说家。又名罗本、罗贯、罗道本，字名卿，号湖海散人，山西太原人，或说钱塘（今浙江杭州）或庐陵（今江西吉安）人，其后半生可能生活在钱塘。生平事迹不详，逝世之年应在明洪武三年（1370）以后。他是一个小说家，可能还是一个戏曲作家和出版商。除了编纂《三国志通俗演义》，他还编纂了《三遂平妖传》等一系列作品，而施耐庵的《水浒传》亦可能经其润色。

36. 吴承恩（约1500—1582）

明代著名小说家。字汝忠，号射阳山人，山阳（今江苏淮安）人。嘉靖时举为岁贡生，屡试不第。嘉靖二十八年（1549）迁居南京，卖文为生。三十九年（1560），任长兴县丞，不久辞职归。隆庆四年（1570）开始撰写《西游记》。所著尚有《花草新编》、《禹鼎志》等，多散佚，今存《射阳先生存稿》四卷、《续稿》一卷。

37. 李贽（1527—1602）

明代思想家。初姓林，名载贽，后改姓名为李贽，字宏父，号卓吾，又号思斋、秃翁、龙湖叟、温陵居士、百泉居士，福建晋江人，嘉靖三十一年（1552）举人。万历八年（1580），时任云南姚安知府的李贽放弃做官，转而致力于学，游走于官僚、平民、僧儒之间。他的思想充满了反叛精神，如视臣下对君主的愚忠为"痴"，攻击儒家经典，点评《忠义水浒传》、《三国志演义》等小说而常有异端言论。其作品及思想在万历年间极为流行，引起了封建卫道士的紧张。万历三十年（1602）二月，时在通州养病的李贽被捕。三月十五日，在狱中以剃刀割喉自杀。

38. 汤显祖（1550—1616）

明代著名戏曲家。字义仍，号海若、海若士、若士、茧翁、清远道人，临川（今江西抚州）人。万历十一年（1583）中进士，历任南京太常寺博士、詹事府主簿、礼部祠祭司主事。十八年，因上言辅臣失政，谪为雷州徐闻县典史，迁浙江遂昌知县。二十六年，因被劾告归，次年大计，黜官。家居二十年，专意著述，研精词曲，名重一时，书斋有"玉茗堂"、"清远楼"。所著除诗文集外，还有戏曲多种，而尤以《紫钗记》、《牡丹亭》、《南柯记》、《邯郸记》著名，合称"玉茗堂四梦"或"临川四梦"。

39. 利玛窦（Matteo Ricci，1552—1610）

明末来华耶稣会传教士。意大利人，1552年出生于山城马切拉塔（Macerata），1571年成为耶稣会见习修士，在罗马接受神学、古典文学以及自然科学方面的训练，1582年到达澳门，次年进入广东，1601年向明神宗进呈自鸣钟等方物，从此留居北京，直至1610年逝世。利玛窦提倡传教的"适应"策略，主张尊重中国风俗，自己也儒冠儒服，以争取儒家士大夫的支持。他刊印《坤舆万国全图》，翻译《几何原本》、《圜容较义》，向中国传播了西方的地理学、数学知识，又曾将中国的《四书》转译为拉丁文，为中西文化交流作出了重要贡献。

40. 徐光启（1562—1633）

明代杰出的科学家。字子先，号玄扈，松江府上海（今上海市）人，万历三十年（1602）受洗为天主教徒，万历三十二年（1604）进士，官至礼部尚书、文渊阁大学士。他精通数学、历法和农学，曾协助利玛窦翻译《几何原本》，又参与翻译《测量法义》、《泰西水法》等书，撰写《农政全书》；崇祯初年主持修订历法，聘请传教士龙华民、汤若望等参与修历，而《崇祯历书》最终由李天经等人在崇祯十一年（1638）修成。

一 中国历史名词

41. 徐霞客（1586—1641）

明代著名地理学家。名弘祖，字振之，号霞客，江阴人。少年好学，喜读奇书，博览古今史籍、图经地志。二十二岁起，弃科举业，风餐露宿遍游华北、华东、华南、西南山水，考察自然地貌，水文气候、植被动物、风俗习惯、经济状况。前后三十余年，写下著名的《徐霞客游记》。崇祯十三年（1640），病倒于云南丽江，被人护送回乡，次年卒于江阴。

42. 宋应星（1587—约1666）

明代著名科学家。字长庚，江西奉新人，万历四十三年（1615）举人，崇祯时历任分宜教谕、汀州推官、亳州知州，后弃官，终老于乡。宋应星所著颇多，既有针对明末的政治和经济危机提出应对措施的政论性著作《野议》，又有充分展现其唯物主义倾向的哲学著作《论气》、《谈天》，而最著名的当数其科学著作《天工开物》。该书详细记载了明中叶以前中国古代的各种技术，被誉为17世纪中国科技百科全书。

43. 汤若望（Johann Adam Schall von Bell，1591—1666）

明末清初来华耶稣会传教士。德国人，字道未。明万历四十七年（1619）来到中国，抵达澳门，天启二年（1622）到北京，学习汉语，后至西安传教。崇祯三年（1630），经徐光启推荐，到北京参修《崇祯历书》。清顺治二年（1645），他将《崇祯历书》稍加整理，成《西洋新法历书》，称《时宪历》，颁行天下，此后长期任清朝的钦天监监正。康熙四年（1665），以杨光先上《辟邪论》，反对西洋历法，汤若望下狱，时称"历狱"。次年获释，不久病逝于京城。

44. 朱舜水（1600—1682）

明末清初著名思想家。名之瑜，字楚屿，一字鲁屿，号舜水，浙江余姚人，明末贡生。崇祯末年，因不满政局，多次拒绝征召。明亡后，流亡海上，多次来往于日本、安南、暹罗等地，筹划反清复明。南明永历十二年（1658），参与郑成功、张煌言的抗清活动，失败后东渡，定居日本。在长崎、江户（今东京）、水户等地授徒讲学二十余年，传播中国儒学及建筑、农艺等方面的技术知识，后被水户藩主德川光圀聘为宾师，对日本儒学的水户学派影响深远。卒后，日本学者私谥为文恭先生。

（十）清

1. 七大恨

明万历四十六年（1618），后金国汗努尔哈赤在赫图阿拉以"七大恨"告天，誓师反明。"七大恨"的主要内容是：努尔哈赤的祖父、父亲被明军杀害；明朝政府对待女真各部不公平，偏袒叶赫，压制建州；明朝政府不遵界约，侵占建州取得的哈达的土地。"七大恨"强烈地反映了建州女真的民族情绪。誓师反明，有反抗民族压迫的正义的一面，又有到汉族农业区掠掳人口、耕牛、粮食的落后的一面。

2. 八旗

清代满族军事、社会组织。明万历二十九年（1601），努尔哈赤在"牛录制"基础上初置黄、白、红、蓝四旗，四十三年复增编镶黄、镶白、镶红、镶蓝四旗，正式建立八旗之制。皇太极时，降附的蒙古人、汉人增多，分别编为八旗蒙古和八旗汉军，原设八旗遂为八旗满洲。顺治八年（1651），多尔衮死后，正白旗收为皇帝自领，遂以镶黄、正黄、正白三旗为上三旗，余为下五旗。八旗实行旗（满名固山）、参领（满名甲喇）、佐领（满名牛录）三级管理体制，各以都统（满名固山额真）、参领（满名甲喇章京）、佐领（满名牛录章京）为统率官员。

3. 山海关

在河北秦皇岛市东北 15 公里。明洪武十四年（1381）大将徐达在此构筑长城，建关设卫。因关在山海之间而得名。北依燕山，南临渤海，地势险要，是东北、华北间的咽喉要冲，历史上为兵家必争之地，有"两京锁钥无双地，万里长城第一关"之说。明长城从山海关南面海滨的老龙头，经山海关蜿蜒越群山之巅而向北延伸。山海关东依长城，辟四门，东曰"镇东"，即"天下第一关"；西曰"迎恩"，南曰"望洋"，北曰"威远"，各门上均筑城楼，城中心筑钟鼓楼，城外绕以护城河。关周围有军事设施和建筑物。1644 年四月，满洲八旗骑兵与明朝降将吴三桂军合力，在山海关石河西岸击溃大顺农民军，由此进入北京。

4. 满洲

（1）族名。即满族，为中国少数民族之一。16 世纪末至 17 世纪初，以建州女真和海西女真为主体，并将散居东北各地的女真各部统一而成的共同体。后金天聪九年（1635），皇太极正式下令改旧族名"诸申"（女真）为满洲。辛亥革命后简称满族。（2）地名。清末日俄帝国主义者入侵，假部族名为地名，称东三省为满洲，并有南满、北满之称。

5. 议政王大臣会议

清代前期由议政王大臣协议国政的制度。其端绪可追溯到努尔哈赤诸贝勒共议国政的制度。他们除赞决军国重务外，甚至还能废立国汗。皇太极继位后，为了削弱和限制诸大贝勒的权力，增加了议政成员。议政的内容既有军国大事，也有制定法规、处理王公大臣等。入关之后，议政王大臣会议仍有很大权力。这就与皇帝集权发生了矛盾。皇帝不断采取措施，抑制议政王大臣会议的权力。雍正年间设立军机处后，议政王大臣会议形同虚设，遂于乾隆五十六年（1791）取消。

6. "太后下嫁"

清初三大疑案之一的"太后下嫁"，说的是顺治朝太后博尔济吉特氏下嫁给摄政王多尔衮。博尔济吉特氏史称"孝庄文皇后"，蒙古族人，是清太宗皇太极妃，顺治帝福临的生母，康熙帝玄烨的亲祖母。她身经三朝政局变化，扶助两个幼年皇帝，掌握和影响朝政达几十年。多尔衮是清太祖努尔哈赤第十四子，顺治元年（1644）统兵入关，是清帝国的实际开创者。"太后下嫁"之说流传三百余年。有学者撰文，力辩其无；有学者推论，确有其事。

7. 保甲

县一级基层地方政权之下建立的乡兵组织和社会基层组织。隋文帝令五家为保，五保为闾，四闾为族，皆设正为其长。宋神宗时，规定相邻十户为一小保（后减至五户），十小保为一大保（后减为五小保），十大保为一都保。分别选主户任保长、大保长等。保内如有犯罪，知而不报，连坐处分。清朝初年实行保甲法，州县城乡，十户立一牌头，十牌立一甲头，十甲立一保长。每户给一印牌，上写姓名丁口，出则注其所往，入则查其所来。

8. 里甲

明清时期社会基层组织形式和编金徭役的基本单位。以相邻的一百十户为一里，推其中丁、田最多的十户轮流充当里长。其余一百户分为十甲，每甲十户轮流充当甲首。里长和甲首轮流服役。每到编审之年，再按丁田的变化重新编排。里甲人户载在黄册，遇有差役，凭册金派。

9. 养廉银

清代官吏于常俸之外按品级另给津贴银两，称为养廉银。意在杜绝贪墨，廉洁官守。养廉银之设，始于雍正二年（1724），山西巡抚诺岷奏请将耗羡存公者，以其盈余定为各官养廉。嗣后各省俱奏请仿效。这一做法至少有两点重大的改革：一是各官养廉银定额化，二是改各官自取为全省统一支给。这就意味着原来无限制的非法侵渔，转变为制度化的合法收入。不过，在腐朽的官僚制度下，真正要杜绝贪污、限制私派，那是很困难的。这是统治者在整顿财政制度、进行赋税改革中无法解决的矛盾。

10. 噶伦

官名，藏语音译，亦作噶隆、噶布隆、噶布伦。噶厦（清代西藏地方政府）主管官，设四人，三俗一僧，其中一人为首席噶伦。秉承驻藏大臣及达赖喇嘛之命，共同主持西藏的行政事务。依清制为三品官，颁噶厦之"德吉玛"印章，以发布政令。授札萨克衔，多由大贵族充任。

11. 驻藏大臣

清代派驻西藏的最高军政长官。雍正五年（1727）置，初设二人。统掌前藏、后藏之军政。乾隆十六年（1751），清廷颁布《西藏善后章程》，明确规定由达赖喇嘛和驻藏大臣共理藏政。乾隆五十八年，清廷又颁布了《钦定西藏章程》。这是清朝比较完备的一部治藏法典，内容包括政治、军事、财政、司法、宗教等方面。"章程"根据西藏的特点，既充分尊重达赖、班禅的地位，又强调了驻藏大臣的作用，进一步提高驻藏大臣的职权。明确规定：驻藏大臣总揽全藏，主管西藏僧俗官员的任免，稽查财政收支，掌管藏区军队的调遣，督察司法、田产、户籍等项事宜，巡视边境防务，办理一切涉外事项。

12. 噶厦

藏语音译，意为"发布命令的机关"，清代西藏地方政府。由三名贵族和一名僧侣组成，秉承驻藏大臣及达赖喇嘛之命，共同处理西藏行政事务。参加噶厦的四人称噶伦（亦作噶隆、噶布隆），由清政府授予三品官衔。下属藏官有仔琫、商卓特巴、业尔仓巴、朗子辖、协尔帮、达琫等，分别掌管商务、财务、刑名、马厂等。

13. 第巴

一作牒巴，亦称第悉。藏语，意为酋长、头目、首领。清初文献中对执掌西藏事务的官员的称谓。由蒙古固始汗及其继承者商同达赖喇嘛任命，共历八任，其治事处称"第巴雄"（雄，藏语，意为官府），权力甚大。康熙六十年（1721）清政府废除第巴执政之制，改设噶伦联合执政。此后以第巴为地方官吏之名，加职名于前，如司牛羊第巴、司帐第巴等。

14. 札萨克

亦作扎萨克，官名。蒙古语音译，源出"扎撒"（法令）一词，意为执掌政令者，旗长。清代外藩蒙古和哈密、吐鲁番回部每旗置札萨克一人，由理藩院于各旗王公贵族内挑选请旨充任，掌管一旗之政令，直隶理藩院，受中央监督及当地将军、大臣等节制。下设协理台吉、管旗章京、副章京等官协理事务。此外，内蒙古六盟各设备兵札萨克一人，管理本盟之军务。

15. 伯克

维吾尔语音译，"长官"的意思。维吾尔族旧制，凡官皆曰伯克，其职用号加以区别。乾隆二十四年（1759）清政府平定大小和卓叛乱后，根据新疆维吾尔族地区的特点，沿用伯克制，同时适当地进行了改造，如划定品级、发给"顶翎"、"铃记"，又废除世袭，规定高级伯克须经朝廷任命，在俸禄和养廉方面也做了若干规范。这样做照顾了上层贵族的固有利益，同时又使中央政府能加以控制。

16. 伊犁将军

清代新疆地区最高军政长官，全称为"总统伊犁等处将军"。乾隆二十七年（1762）设，驻伊犁惠远城，代表清廷中央总揽全疆各项军政事务。伊犁将军之下，设都统、参赞大臣、办事大臣、领队大臣等职，分驻天山南北，管理本地军政事务。各级军政长官的分布，根据形势和治理需要，在不同时期有所变化。光绪十年（1884）新疆建省后，伊犁将军的权限大大缩小。辛亥革命后废除。

17. 改土归流

清代改土司为流官的政治举措。西南是我国少数民族分布最多的地区，长期实行土司制度。随着历史的发展，土司制度的弊端和危害日益明显。顺治、康熙时期，清政府在部分地区实行改土归流。雍正年间，在云贵总督鄂尔泰的提议下，清政府在西南地区大规模地进行改土归流。运用政治手段辅之以武力废除土司制度，分别设立府、厅、州、县，委派流官进行统治。各项制度与措施大体与内地保持一致。这是清政府的一项重大改革。它打击了土司割据势力，减少了叛乱因素，加强了中央政府对边疆的统治，一定程度上废除了土司、土官凌虐属民的制度，有利于少数民族地区社会经济文化的发展。

18. 藩属国

与中国保持宗藩关系的国家。中国传统的藩属国有朝鲜、琉球、安南（今越南）等。所谓宗藩关系，在某种意义上可以说，是封建君臣关系在国家关系上的体现。它虽然是一种以小事大、不平等的关系，但它又是历史上宗主国和藩属国政治、经济和思想文化互动关系的一种延续。它和近代资本主义、帝国主义依靠武力征服形成的与殖民地、附属国的关系不同。宗主国对藩属国主要是为了维护"万邦来朝"的天朝"尊严"。藩属国国王定期向清朝皇帝进表纳贡。清廷有大的庆典活动，属国派使臣前往祝贺。清朝皇帝除向属国颁布敕谕诏旨、派遣使臣外，还要向国王和来使进行赏赐，表明天朝"怀柔远人，厚往薄来"之意。使臣及其随员来华时，又进行了贸易往来和文化交流。

19. 马戛尔尼使团

乾隆五十八年（1793），英国以为乾隆帝祝寿的名义向中国派遣的以马戛尔尼为首的使团。乾隆帝在热河避暑山庄接见并宴请了英国使团，接受了英使呈递的国书和礼品清单，并向英王及使团回赠了礼物。马戛尔尼向清政府提出了六项要求。这些要求一部分是属于希望改善贸易关系的正常要求，一部分则具有殖民主义侵略性，如割让岛屿。乾隆帝对英使的六项要求逐条驳斥，催促他们起程回国。清政府断然拒绝英国的割地要求，这是完全正确的，它维护了国家的主权，抵制了殖民主义的侵略。但是，清政府不愿打开中国的大门，闭关自守，又使中国失去了一次了解世界、扩大经济文化交流的历史机遇。

20. 最惠国待遇

指一国在通商、航海、税收或公民法律地位等方面给予另一国享受现时或将来所给予任何第三国同样的优惠待遇。最惠国待遇的取得必须有条约和根据。最惠国待遇一般是相互的，缔约双方相互享受最惠国待遇。但清朝与外国签订的条约，往往只规定该缔约国得享受最惠国待遇，而中国则无对等权利，是片面最惠国待遇。如1843年中英《虎门条约》规定："设将来大皇帝有新恩施及各国，亦应准英人一体均沾，用示平允。"这就是说只要中国给其他国家好处，英国就可以同享，但是却未提英国给予中国同等待遇。这就成为签约双方不平等的片面最惠国待遇。

21. 黄教

藏传佛教派别之一。因格鲁派僧人戴黄色僧帽，俗称"黄教"。达赖、班禅是该派两大活佛转世系统。在清廷大力扶持下，格鲁派成为西藏地方执政的教派。该派寺院众多，著名的有西藏的甘丹寺、哲蚌寺、色拉寺、扎什伦布寺、青海的塔尔寺、甘肃的拉卜楞寺。在达赖五世时还大规模扩建拉萨布达拉宫，作为达赖喇嘛的驻地。达赖七世时修建了罗布林卡，作为达赖喇嘛夏天居住的地方。该派各大寺院建筑宏伟，僧人众多，塑像精美，有一整套学经修习制度。

22. 达赖喇嘛

藏传佛教格鲁派（黄教）最高领袖人物之一。明朝万历六年（1578），蒙古土默特部领袖俺答汗尊格鲁派领袖人物索南嘉措为"圣识一切瓦齐尔达喇达赖喇嘛"。自此建立达赖喇嘛活佛转世系统。索南嘉措被认定为达赖三世。达赖一世和达赖二世皆为追认。顺治十年（1653），清廷封达赖五世阿旺罗桑嘉措为"西天大善自在佛所领天下释教普通瓦赤喇怛喇达赖喇嘛"，赐金册金印。从此，历世达赖喇嘛必经中央政府册封。

23. 班禅额尔德尼

藏传佛教格鲁派（黄教）最高领袖人物之一。17世纪初，日喀则扎什伦布寺座主罗桑却吉坚赞因佛学渊博被当地人尊称为"班禅"，意为大学者。清顺治二年（1645），蒙古和硕特部首领固始汗尊罗桑却吉坚赞为"班禅博克多"。康熙元年（1662），罗桑却吉坚赞圆寂，达赖五世阿旺罗桑嘉措为他寻访转世灵童，正式建立班禅活佛转世系统。罗桑却吉坚赞为班禅四世，一世至三世均属追认。康熙五十二年，清廷封班禅五世罗桑意希为"班禅额尔德尼"，赐金册金印。从此，历世班禅额尔德尼都必须经中央政府册封。

24. 金瓶掣签

清代为确认黄教大活佛转世所特定的抽签办法。乾隆五十七年（1792），清廷颁发两个金瓶，一个放置在拉萨大昭寺，一个放置在北京雍和宫。凡达赖、班禅、哲布尊丹巴、章嘉呼图克图及其他黄教大活佛转世时，将候选"灵童"的名字用满、汉、藏三种文字书写在象牙签上，置于金瓶之中，由驻藏大臣在大昭寺，或由理藩院尚书在雍和宫监督，当众掣签，以决定人选。此后成为定制。

25. **坐床**

藏传佛教新转世活佛接替前世活佛法位时的升座仪式。经此仪式后，灵童始正式成为活佛。达赖、班禅"坐床"前须奏请中央政府批准，由中央派驻藏大臣或特别代表赴西藏出席，主持坐床仪式，始能生效。届时，中央大臣当众宣布认定的圣旨及准许启用达赖、班禅印信的指令等。

26. **启蒙思潮**

明清之际，剧烈动荡的社会现实促使学者反思，总结历史的教训。因此，涌现出了一批杰出的思想家。他们从不同角度提出了一系列富有创见的新思想新观念，形成早期启蒙思潮。黄宗羲、顾炎武、王夫之就是他们中的代表人物。他们治学的规模宏伟博大，具有批判精神和求实精神，以犀利的笔锋，奔放的激情，抨击了封建专制主义，抒发了深刻而新颖的政治观点、哲学观点，不仅在当时引起思想界的共鸣，而且对清末维新思潮的兴起产生过积极的推动作用。

27. **强学会**

戊戌变法时期以北京为中心的维新派政治团体，又名译书局，亦称强学局或强学书局。由康有为发起，帝党赞助，翰林院侍读学士文廷式出面，于光绪二十一年（1895）十月初（一说七月初）成立于北京。其宗旨是求中国自强。总董为：陈炽、丁立钧、张孝谦、沈曾植，张孝谦主其事。列名会籍或参预会务的有：梁启超、麦孟华、汪大燮、沈曾桐、杨锐、袁世凯、徐世昌等数十人。规定每十日集会一次，每次有人发表演说。后决定以报事为主，将《万国公报》改名《中外纪闻》，作为机关报。在上海设分会，发行《强学报》。同年十二月初六日，御史杨崇伊奏劾强学会"私立会党，将开处士横议之风"，遂被清廷封禁。

28.《古今图书集成》

一部大型的类书。它分列门类纲目，荟萃群书，从各种典籍中按类采择摘录，汇编成书。由陈梦雷主持编纂，初名《古今图书汇编》。进呈御览后，康熙帝赐名为《古今图书集成》。该书于雍正年间出版，共有一万卷，分为历象、方舆、明伦、博物、理学、经济六编，下设三十二典，六千一百零九部。每部又有汇考、总论、图表、列传、艺文等类目。内容广泛，材料丰富，分类详细，成为我国古代的一部大百科全书。

29.《四库全书》

我国历史上最大的一部丛书。它把我国古代重要的典籍首尾完整地抄录下来，分编于经、史、子、集四部四十四类之下。共收图书三千五百零三种，近八万卷，包罗万千，广博浩瀚，为我国古代思想文化遗产之总汇。编纂工作从乾隆三十八年（1773）设立四库馆开始，至五十二年《四库全书》缮写完毕止，历时十五年。全书共缮写七部，分贮于内廷文渊阁、圆明园文源阁、避暑山庄文津阁等地。此外，又由纪昀等人撰写了《四库全书总目》，对一万多种图书（包括著录和存目）作了介绍和评论。然而，编纂《四库全书》的过程也是禁书毁书的过程。在这期间清廷禁毁的图书多达三千一百多种，无异于一场文化浩劫。

30. 扬州八怪

清中叶扬州画坛出现的一个画派。据《瓯钵罗室书画过目考》载，"八怪"为金农、黄慎、郑燮、李鱓、李方膺、汪士慎、高翔、罗聘八人。此后的记载也有将华嵒、高凤翰、陈撰、闵贞、边寿民等列入。"八"不一定是实数。这批画家大多出生于封建社会下层，有的曾做过地方官，有的终生布衣，都比较接近社会现实。他们继承了徐渭、朱耷特别是石涛的独创精神，打破束缚，各抒所长，形成了自己独特的风格。由于他们的画风和正统派形成鲜明对比，因而被称为"八怪"。

31. 黄宗羲（1610—1695）

字太冲，号南雷，又号梨洲，浙江余姚人。其父尊素，东林名士，被魏忠贤害死。宗羲十九岁时，进京为父鸣冤，以铁锥刺杀仇敌，声震朝野。崇祯末年，与东林后裔一百四十余人作《南都防乱揭》，声讨阉党余孽阮大铖。清兵南下，召募义勇进行抵抗。后退守四明山，又渡海追随南明鲁王，官至左副都御史。失败后，专意著述和讲学，弟子林立，声名远播。康熙时举博学鸿儒，荐修《明史》，均不就。一生博学多识，勤于著述，为后世留下了大量的著作。其中《明夷待访录》、《明儒学案》、《明文海》等影响深远。

32. 顾炎武（1613—1682）

原名绛，字忠清，明亡后改名炎武，字宁人，或自署蒋山佣，学者称亭林先生，江苏昆山人。明季诸生，少时加入复社。清兵南下，在苏州参加抗清活动。失败后，离乡北游，往来于山东、河北、河南、山西、陕西等省。行万里路，读万卷书，以其深湛的学术造诣而名著朝野。但是，清廷几度征聘，他都断然拒绝。晚年定居陕西华阴。为学以"明道救世"为宗旨，主要著作有《日知录》、《天下郡国利病书》、《音学五书》、《亭林诗文集》等。

33. 王夫之（1619—1692）

字而农，号薑斋，学者尊为船山先生，湖南衡阳人。明崇祯举人。清兵南下，在衡山举兵抵抗。失败后，投奔南明永历政权，任行人司行人。因疏劾权奸，险遭残害。后归衡阳，于石船山筑土室，深居简出，潜心写作。学识渊博，著述宏富。重要著作有《周易外传》、《尚书引义》、《读四书大全说》、《永历实录》、《读通鉴论》、《宋论》、《张子正蒙注》、《思问录》、《老子衍》、《庄子解》、《黄书》、《楚辞通释》等。他和同时代的启蒙者一样，憎恨封建君主专制制度。无论是他的政论、史论及至某些经学、哲学著作都贯穿着他对封建专制主义的批判。

34. **施琅**（1621—1696）

字尊侯，号琢公，福建晋江人。早年曾是郑芝龙、郑成功的部将，降清后，历任同安副将、总兵官。康熙元年（1662）升福建水师提督，后授靖海将军、内大臣，隶汉军镶黄旗。康熙二十年（1681）复任福建水师提督。二十二年（1683）率师攻克澎湖，统一台湾，以功封靖海侯。曾上疏建言，力主设兵守台，巩固边防，维护统一，防止外来侵略。康熙二十三年，清廷在台湾设置台湾府。台湾的行政建制从此与内地划一。

35. **阎若璩**（1636—1704）

字百诗，号潜邱，祖籍山西太原，客居江苏淮安。少为诸生，后在科场角逐中屡屡受挫。康熙十七年诏举博学鸿儒，应荐入京与试，再遭败北。学问渊博，精于考据。自二十岁起，即开始留意《古文尚书》疑案的梳理。日积月累，潜心数十年，著《古文尚书疏证》，列证一百二十八条，以证其伪。他不仅以考订晚出《古文尚书》为伪作而名重一时，而且也因之享盛名于后世。又精于地理之学，对山川形势，州郡沿革，均能考其源流，曾应聘参与修撰《一统志》。另著有《潜邱劄记》、《四书释地》、《孟子生卒年月考》、《困学纪闻三笺》等。

36. **惠栋**（1697—1758）

字定宇，号松崖，江苏吴县人。祖周惕、父士奇，皆治

《易》学，三世传经。他早年为诸生，随父宦居广东，以工于文词著称。乾隆初，父病故，僻居苏州，课徒自给。潜心经术，尤精通《易》学。撰有《易汉学》、《周易述》、《周易本义辨证》、《易例》、《易大义》等。一生表彰汉《易》，复兴汉学，影响甚大。于《尚书》、《春秋》诸经皆有研究，兼长史学、文学，著有《古文尚书考》、《左传补注》、《九经古义》、《后汉书补注》等。

37. 曹雪芹（1715？—1763？）

名霑，字梦阮，号雪芹，又号芹圃、芹溪，汉军正白旗（一说满洲正白旗）人。他的父祖辈一直世袭江宁织造，与清廷保持非同寻常的关系。他小时候居南京，享受荣华富贵。雍正六年（1728）因家产被抄，随家迁居北京。家境每况愈下，败落不堪。晚年居住西山，穷愁潦倒，痛感世态炎凉，愤而著书，致力于章回体小说《石头记》的创作。逝世前，完成前八十回。后经高鹗补为完书一百二十回，改题《红楼梦》刊行。这是一部融高度思想性和高度艺术性于一体的不朽的现实主义杰作，在中国小说史上具有极其重要的意义。

38. 戴震（1724—1777）

字东原，安徽休宁人。因家贫，早年曾随父经商，后以教书为业，并师从名儒江永。三十余岁，避仇入京，广交当时名流纪昀、钱大昕、王鸣盛、王昶、朱筠等，以谙熟天文数学、声韵训诂和古代礼制而声重京师。四十岁中举，会试则屡屡失意，久未如愿。只得往来于南北，寄人篱下，充任幕宾。乾隆三十八年（1773）以举人特召入《四库全书》馆。四十年赐同进士出身，授翰林院庶吉士。学问广博，卓然自立，著有《孟子字义疏证》、《原善》、《绪言》等。

39. 章学诚（1738—1801）

字实斋，浙江会稽（今绍兴）人。早年随父宦游湖北，后师从翰林院编修朱筠。乾隆三十六年（1771），朱筠出任安徽学政，他应聘南下，从此开始了长达数十年的幕宾生涯。其间虽于乾隆四十二、四十三两年连捷乡、会试，五十二年又获谒选知县机会，但终未入仕。他一生作幕南北，足迹遍布河北、河南、安徽、湖北、江苏、浙江等地。历主定州定武、肥乡清漳、永平敬胜、保定莲池、归德文正诸书院讲席，主持纂修和州、永清、亳州诸州县志和《湖北通志》。著有《文史通义》、《校雠通义》。

40. 林则徐（1785—1850）

字元抚，一字少穆，晚号竢村老人，福建侯官（今福州）人。嘉庆进士。历任浙江杭嘉湖道、江苏按察使、江苏巡抚。道光十七年（1837）升湖广总督。十八年上奏道光帝，赞同黄爵滋禁食鸦片的主张，强调法当从严。十一月受命为钦差大臣，前往广东禁烟。次年，在虎门海滩当众销烟，并大力整顿海防，积极备战，屡败英军武装挑衅。与此同时，他开眼看世界，派人翻译外文书报，主编《四洲志》，提倡"师夷长技以制夷"。鸦片战争爆发后，受诬被革职，充军新疆伊犁。二十五年起复，署陕甘总督，后任陕西巡抚、云贵总督。著有《林则徐集》等。

41. 龚自珍（1792—1841）

又名巩祚，字璱人，号定盦，浙江仁和（今杭州）人。曾从外祖父段玉裁习文字学，后从刘逢禄学今文经学，究心于经世致用。道光进士，曾任内阁中书、礼部主事。著有《明良论》、《乙丙之际著议》等，揭露社会的腐朽衰败，强调改革是历史的必然。致力于边疆历史地理的研究，撰《西域置行省议》，主张加强对新疆的管理。道光十九年（1839）辞官回乡，沿途记录见闻，追忆往事，作七言绝句三百多首，题为《己亥杂诗》。其中的名篇"九州生气恃风雷,万马齐暗究可哀。我劝天公重抖擞,不拘一格降人才"传诵至今。

42. 魏源(1794—1857)

原名远达,字默深,湖南邵阳人。道光进士。曾从刘逢禄研治今文经学,学识渊博,淹贯经史。道光六年(1826),受江苏布政使贺长龄之聘,辑成《皇朝经世文编》。鸦片战争时,在两江总督裕谦处充任幕僚,参与抗英。次年,《南京条约》签订,愤而著书,成《圣武记》十四卷,历述清初至嘉庆时的重大史事,于政治得失多有评论。受林则徐嘱托,据《四洲志》及中外文献资料编成《海国图志》,详细介绍海外各国情况,主张学习西方的科学技术,"师夷长技以制夷"。

43. 曾国藩(1811—1872)

湖南湘乡人,道光进士,历任内阁学士、侍郎。咸丰二年(1852)赴长沙帮办湖南团练,后扩编为湘军。四年发布《讨粤匪檄》,率兵镇压太平天国。十年,授两江总督、钦差大臣,督办江南军务。翌年,奉命统辖江苏、安徽、江西、浙江四省军务。同治三年(1864)攻陷天京(今南京),封一等侯爵,加太子太保。后任直隶总督、两江总督。在同太平军作战和同外国势力的接触中,他认识到西方武器的先进,购买西方的洋枪洋炮、机器装备;学习西方的科学技术,兴办近代企业,制造新式武器;主张培育新式人才,向美国派遣幼童留学生,推动了洋务运动的开展。

44. 左宗棠(1812—1885)

字季高,湖南湘阴人,道光十二年(1832)中举,后屡试不第。咸丰十年(1860)由曾国藩保举以四品京堂襄办军务,与太平军作战。后历任浙江巡抚、闽浙总督、陕甘总督。同治六年(1867)以钦差大臣督办陕甘军务,先后消灭捻军和回民起义军，授协办大学士。光绪元年（1875），任钦差大臣督办新疆军务，率军讨伐阿古柏，先后收复天山北路、南路。新疆平定后，建议新疆设省，并提出若干具体措施，促进新疆地区经济文化的发展。七年，任军机大臣、总理衙门大臣。翌年调两江总督兼通商事务大臣。后病死于福州。

45. 洪秀全（1814—1864）

广东花县人。早年入塾读书，但屡试不第。后创设拜上帝会，立志铲除妖魔，实现"天下一家，共享太平"。道光三十年十二月初十日（1851年1月11日），在广西金田发动武装起义。建号太平天国，称天王，分封五王。随后，太平军入湖南、湖北，克九江，下安庆，攻芜湖。咸丰三年（1853），攻下南京，在此定都，改称天京，颁行《天朝田亩制度》，分军北伐、西征。后天京内讧，大大削弱了自身力量。中外反动势力联合镇压，天京被清军包围。同治三年（1864）四月，洪秀全病逝。六月，天京被攻陷，太平天国起义失败。

46. 李鸿章（1823—1901）

安徽合肥人，道光进士，改翰林院庶吉士，散馆授编修。因编练淮军，镇压太平天国，升任江苏巡抚，封一等肃毅伯。继任湖广总督、直隶总督兼北洋大臣，后授武英殿大学士、文华殿大学士，仍留总督任。掌管清廷军事、经济、外交大权，成为洋务派首领。他先后开办了一批近代军事工业和民用工业，主要有：江南制造总局、金陵机器局、上海轮船招商局、开平煤矿、漠河金矿、天津电报局、上海机器织布局、津榆铁路等。他还创立北洋水师学堂，建立北洋海军。然而，甲午战争中国战败，北洋舰队覆没，洋务运动以失败而告终。在外交事务上，他周旋于列强之间，妥协求和。光绪二年（1876）与英国签订《烟台条约》，十一年与法国签订《中法新约》。二十一年与日本签订《马关条约》。次年奉命出使俄国，订立《中俄密约》。二十七年与列强签订《辛丑条约》。同年病死。

47. 慈禧太后（1835—1908）

又称西太后、那拉太后，满洲镶蓝旗（后抬入镶黄旗）人，叶赫那拉氏。咸丰帝的妃子，封号先后为兰贵人、懿嫔、懿贵妃。咸丰帝死后，其子载淳继位，她与皇后钮祜禄氏并尊为皇太后。与皇弟奕訢合谋，杀辅政大臣载垣等人，改年号为同治，实行两太后垂帘听政，她掌握实权。同治十三年（1875）载淳病死，年幼的载湉继位，改元光绪，仍由太后垂帘听政。光绪十五年（1889），她名为"归政"，但继续掌控军政实权。后又发动戊戌政变，幽禁光绪帝。她是清末同治、光绪两朝实际的最高统治者，统治中国长达半个世纪。其间，中国的内忧外患日益严重。

48. 张之洞（1837—1909）

直隶南皮（今属河北）人，同治进士，历任翰林院侍讲学士、内阁学士、四川学政。光绪七年（1881）授山西巡抚。十年升两广总督。后调任湖广总督、两江总督，擢体仁阁大学士，授军机大臣，是晚清洋务运动的首脑之一。在两广任上就着手兴办实业，开矿务局。在湖广任内更是大办洋务。先后开办汉阳铁厂、湖北枪炮厂，湖北织布局、湖北纺纱局等近代企业，筹办芦汉铁路。他又重视文化教育，曾设广东水陆师学堂，立广雅书院，创办两湖书院。他提出的"中学为体，西学为用"的主张，在中国近代思想史上影响深远。

49. 严复（1854—1921）

福建侯官（今福州）人。福州船政学堂第一届毕业。光绪三年（1877）赴英国留学，在格林尼次海军大学学习战术及炮台建筑等，并潜心研究资产阶级政治经济学说。两年后学成归国，任福州船政学堂教习。翌年调天津北洋水师学堂总教习，后升总办。曾翻译出版英国赫胥黎的《天演论》，把"物竞天择，适者生存"、"优胜劣败"的进化论观点介绍到中国，呼吁国人自强奋斗，救亡图存，引起强烈反响。又译《群学肄言》、《穆勒名学》等，较为系统地介绍了西方资产阶级政治学说，成为中国近代启蒙思想家。

50. 康有为（1858—1927）

广东南海人。光绪十四年（1888）第一次上书清帝，主张变法，因受阻隔，未能上达。二十一年（1895）得知中日订立《马关条约》，发动在京会试的各省举人，联名上书，要求拒签条约，迁都抗战，变法图强。遂创办报刊，成立学会，宣传维新，并连续向皇帝上书。二十四年，受光绪帝召见，在总理衙门章京上行走。此后频上奏折，对政治、经济、军事、文教等方面都提出改革建议，促成"百日维新"。戊戌政变时，遭到通缉，流亡国外，但仍然坚持改良主义，组织保皇会，反对资产阶级革命运动。辛亥革命后，任孔教会会长。后逝于青岛。

51. 袁世凯（1859—1916）

河南项城人，光绪八年（1882）随淮军提督吴长庆入朝鲜，负责前敌营务处。十一年，被李鸿章保荐为三品道员，改任"驻朝总理交涉通商事宜"。回国后授浙江温处道，在天津小站训练新建陆军。戊戌变法期间，告密出卖维新派，获得慈禧太后的宠信。二十五年升山东巡抚。二十七年署直隶总督兼北洋大臣，次年实授。三十三年任军机大臣、外务部尚书。宣统三年（1911）任内阁总理大臣。1912年中华民国成立后，窃取中华民国临时大总统职位。1913年解散国会，撕毁约法，实行独裁专制。1915年宣布改次年为洪宪元年，准备即皇帝位。蔡锷等人在云南发动讨袁的护国战争，各省纷纷响应。1916年3月，袁世凯被迫宣布取消帝制。6月病死。

52. 黎元洪（1864—1928）

湖北黄陂人。北洋水师学堂毕业，参加过甲午海战。后应张之洞之召，随德国教官训练湖北新军，由管带、统带擢升为二十一混成协统领。辛亥革命爆发后被拥为湖北军政府都督。南京临时政府成立时当选为副总统。1914年，袁世凯解散国会，篡改约法，设参政院，黎元洪任参政院议长。袁世凯死后继任大总统。1917年与国务总理段祺瑞发生府院之争，罢免段祺瑞总理职。张勋复辟时出走天津。1922年受直系军阀指使，复任总统，次年又被直系军阀逐走。后死于天津。

53. 孙中山（1866—1925）

名文，号逸仙，后化名中山樵，人们称他"孙中山"。广东香山（今中山）人，曾留学海外，了解世界形势，立志救国。光绪二十年（1894）赴天津上书李鸿章，主张变法，遭到拒绝。遂在檀香山组建兴中会。次年在香港设总部，筹划在广州起义，事泄而败，逃亡国外。三十一年，在日本东京成立中国同盟会，被推举为总理。确定同盟会的宗旨"驱除鞑虏，恢复中华，建立民国，平均地权"，提出三民主义学说，并多次发动武装起义。1911年辛亥革命爆发，从欧洲回国，被十七省代表推举为中华民国临时大总统。1912年，辞职。1913年发动讨伐袁世凯的二次革命。1921年就任非常大总统。1924年在广州主持召开中国国民党第一次全国代表大会，把旧三民主义发展为新三民主义。在黄埔创办陆军军官军校，培养革命军事干部。1925年在北京病逝。

54. 梁启超（1873—1929）

广东新会人。光绪十六年（1890）师从康有为。二十一年进京参加会试，随康有为发动"公车上书"。后办报撰文，大力宣传维新变法理论，成为康有为的得力助手，时人合称"康梁"。二十三年任长沙时务学堂中文总教习。次年入京，以六品衔专办京师大学堂译书局。戊戌政变后逃亡日本，创办报刊，宣传改良、主张保皇。1913年初回国，出任司法总长，后任段祺瑞内阁财政总长。曾倡导文体改良的"诗界革命"和"小说界革命"，开白话文风气之先。晚年在清华学校讲学。博学多识，勤于著述，有《饮冰室合集》。

55. **黄兴**（1874—1916）

湖南善化人。光绪二十八年（1902）留学日本，次年回国，与宋教仁等人成立华兴会，被推举为会长。三十年准备发动长沙起义，事泄逃亡日本。次年与孙中山共同成立中国同盟会，任执行部庶务，居协理地位。后参与或指挥防城之役、镇南关之役、钦廉上思之役、云南河口之役和广州新军之役。宣统三年（1911）发动广州黄花岗起义，失败后前往香港。武昌起义爆发后，赶赴武昌，任战时民军总司令，率领民军与清军奋战。1912年南京临时政府成立，任陆军总长兼参谋总长。次年，二次革命爆发，任江苏讨袁军总司令。1916年在上海病故。

二
中国历史大事记

编写体例

1. 本大事记内容范围上起古人类生活的远古时代，下迄1912年清帝退位。重点关注的是：（1）历代中央王朝（或有重要影响的地方政权）的建立和更替；（2）具有重要影响的政治制度、经济制度、民族政策和思想、文化与科技发明；（3）重大的政治事件、军事活动、外交活动；（4）具有重要意义的农民起义。

2. 年代以公元为序。同一年所收内容，大致以历史事件发生先后为序。

3. 同一重要历史事件，史料记载或史家诸说有异，以页下注形式列出，并注明出处。

4. 编写过程中尽量吸收学术界最新成果，还原历史真实面貌。

二 中国历史大事记

距今约 800 万年至前 21 世纪初　中国是远古人类起源地之一。自重庆巫山人算起起,中国进入原始社会。在社会的组织形式上经历了从原始群到氏族公社(包括母系氏族公社和父系氏族公社)的演进,在考古学文化分期上发生了旧石器时代与新石器时代的更替。数学萌芽于原始社会。

距今约 800 万年　腊玛古猿禄丰种活动于云贵高原,并开始从猿到人的进化历程。

距今约 500 万至 300 万年　南方古猿活动时期。

距今约 300 万至 200 万年　早期人类"能人"活动时期。[①]

距今约 204 万至 201 万年　自我国境内已知的最早人类巫山人算起,中国进入原始社会。

距今约 200 多万至 20 万年　旧石器时代早期:直立人活动时期。以巫山人、元谋人、北京人为代表。

距今约 20 万至 5 万年　旧石器时代中期:早期智人活动时期。以大荔人、丁村人为代表。

距今约 5 万至 1 万年　旧石器时代晚期:晚期智人活动时期。以山顶洞人为代表。

距今约 12000—9000 年　新石器时代早期:重要考古发现有湖南道县玉蟾岩、江西万年仙人洞、河北徐水南庄头等遗址。

距今约 9000—7000 年　新石器时代中期:代表性文化有浙江余姚河姆渡文化、河南新郑裴李岗文化、内蒙敖汉兴隆洼文化等。

距今约 7000—4000 年　新石器时代晚期:代表性文化有仰韶文化、马家窑文化、大汶口文化、龙山文化、红山文化、良渚

[①] 我国古人类学者认为,生活在距今 170 万年的云南元谋人相当于"能人"时代的晚期。

文化等。

距今约5000—4000年 早期文明时期（也称为龙山时代）。在黄河流域、长江流域和内蒙古中南部河套地区等地均出现了城邑与国家的初始形态：邦国。重要考古发现有山西襄汾陶寺遗址等。

约前32世纪末 传说中的炎帝时代。

约前26世纪初 传说中的黄帝时代。①

约前23世纪中至前22世纪中 传说中的尧、舜时代。传说推行禅让制。舜命禹治水。

约前2070—前770年 夏商西周奴隶制国家统治时期。重要的哲学著作有《尚书·洪范》、《易经》。主要的文字有甲骨文、金文。反映此期历法的有《夏时》、《夏小正》。《左传》引的《夏书》，记载了夏朝发生在房宿位置上的一次日食，是世界上最早的日食记录。《诗经》所载前776年9月6日的日食，为我国历史上第一次有确切年月日的日食记录。从甲骨文可见，商朝已采用了十进位制。商周青铜艺术发达，著名的有湖南宁乡出土的四羊方尊和1986年四川广汉三星堆遗址出土的大型青铜立人、面具和神树等。

约前2070—前1600年 夏朝统治时期。② 夏朝是中国中原地区历史上第一个以"天下共主"为最高统治者的奴隶制王朝。

约前1600—前1046年 商朝统治时期。

---

① 学界对黄帝的历史纪年之始有公元前2488、2550、2600、2697、2711、2977年等不同说法。

② 夏朝的起止年代，学界有不同说法。此处据夏商周断代工程专家组编著《夏商周断代工程1996—2000年阶段成果报告·简本》。

二 中国历史大事记

约前 1300 年　盘庚迁殷。

约前 13 世纪末至前 12 世纪初　武丁征鬼方、土方等。

约前 12 世纪末　古公亶父率周人迁居周原。

前 1046—前 771 年　西周统治时期。①

前 927 年　穆王命吕侯作吕刑。

前 909 年　懿王自镐迁都犬丘。

前 841 年　共和元年，此年为中国历史有史籍记载的确切纪年之始。②周厉王贪财暴虐，国人流王于彘，史称"彘之乱"。

前 828 年　周厉王死于彘。太子静即位，是为宣王，命周、召二公辅政。

前 827—前 782 年　宣王即位，"不藉千亩"，井田制崩坏。宣王在位期间，命吉甫、南仲等对狁、西戎用兵，经略西北；命申伯、韩侯等经略中原；命方叔、皇父等经略东南，"日辟国百里"，史称"中兴"。

前 771 年　申侯联合西夷、缯人、犬戎攻杀幽王，虏褒姒。诸侯立幽王与申后之子宜臼，是为平王。

前 770 年　晋文侯、郑武公、秦襄公护送平王东迁至洛邑，史称"东周"。③平王赐秦襄公岐山以西之地，秦始列于诸侯。

---

① 周武王发动牧野之战，灭商立周之年，学界有数十种说法。此处据夏商周断代工程专家组编著《夏商周断代工程 1996—2000 年阶段成果报告·简本》。

② 共和有两说：一说以《史记·周本纪》为据，载"召公、周公二相行政，号曰共和"。一说以《史记索隐》引古本《竹书纪年》为据，载"共伯和干王位"。

③ 西周积年，诸说有异：(1)《史记·周本纪》集解引古本《竹书纪年》：自周武王灭商迄于幽王，计 257 年；(2)《史记·匈奴列传》：自周武王伐商至犬戎杀幽王，计 400 余年；(3)《汉书·律历志》引刘歆《世经》：伯禽至春秋，凡 386 年；(4) 刘恕《通鉴外纪》载西周凡 352 年。

前770—前221年　春秋、战国时期，又称东周时期。①奴隶制生产方式衰落，封建制生产关系逐渐形成并确立。春秋时期以周平王东迁为标志，始于公元前770年。战国时期以周元王元年为界标，始于公元前475年。②出现了"百家争鸣"局面。主要的有道家创始人老子、庄子，载籍为《老子》、《庄子》；儒家创始人孔子，代表人物孟子、荀子，载籍为《论语》、《孟子》、《荀子》。墨家创始人墨子，载籍为《墨子》；法家集大成者韩非，载籍为《韩非子》；兵家代表人孙武、孙膑，载籍为《孙子兵法》、《孙膑兵法》。重要的著作：文学和史学著作有《诗经》、《离骚》、《春秋》、《左传》、《国语》、《战国策》等，工程技术著作有《考工记》，天文学著作有甘德《天文星占》和石申《天文》（合称《甘石星经》）。名医有医和、医缓、扁鹊。大约在战国时代，基本确定24节气。春秋战国时代采用四分历，此种历法的岁实（回归年）是365天，闰法为19年7闰，是当时世界上最精确的历法之一。大约在公元前8世纪至前6世纪，我国天文学家创立二十八宿体系。战国时出现了"司南"，发明了"刻漏"。建筑技术发展迅速，鲁国人公输班是当时最有名的工匠。

前753年　秦初有史以记事。

前750年　秦文公败戎人于岐，岐以东献于周。③

前722年　鲁国编年史《春秋》始于本年。

前685年　齐公子小白即位，是为桓公。任用管仲、鲍叔牙

---

① "东周"作为王朝，以公元前256年周赧王去世为终结，作为历史时期，下限在公元前221年。

② "战国时期"的开端，学界或以公元前453年"三家分晋"为标志，或以公元前403年周威烈王正式承认三家为诸侯作标志。此处据《史记·六国年表》。

③ 今本《竹书纪年》系于平王十八年，此处据《史记·秦本纪》。

等改革内政，齐国日强。齐国实行"相地而衰征"，即按土地的好坏征收数量不等的田税。

前679年　齐桓公与宋公、陈侯、卫侯、郑伯会盟于鄄，始霸诸侯。

前667年　周惠王遣召伯廖册封齐侯为侯伯。

前656年　齐桓公率诸侯攻楚，楚遣大夫屈完与诸侯讲和，会盟于召陵。

前655年　齐桓公与鲁、宋、陈、卫、郑、许、曹之君会盟于首止，谋划平定王室之乱。晋灭虢、灭虞。

前651年　齐桓公会宰周公、鲁侯、宋公、卫侯、郑侯、许男、曹伯于葵丘，此为齐桓公所主持最盛大之盟会。

前649年　周太叔带引扬、拒、泉、皋、伊、洛之戎攻周。秦、晋连兵击戎救周，戎人败退，太叔带奔齐。

前645年　韩原之战，秦军俘晋惠公。晋"作爰田"，把土地分授给农民以个体小农方式经营；"作州兵"。

前644年　晋公子重耳逃亡到齐国。

前643年　齐桓公卒。公子无亏立，太子昭逃亡到宋国，齐大乱。

前639年　宋襄公与齐、楚盟于鹿上，欲继齐桓公为霸主。

前638年　楚军败宋襄公于泓。

前636年　秦送晋公子重耳回国，是为晋文公。

前633年　晋建三军，阅兵于被庐，以郤縠为帅。

前632年　晋与楚在城濮交战，楚军大败，晋遂霸北方诸侯。晋与齐侯、鲁侯、宋公、蔡侯等会盟于践土，史称"践土之盟"，周襄王也应召赴会。周襄王册封晋文公为侯伯。晋于三军之外，又立三行，合为六军，此为当时各诸侯国中军力之冠。

前629年　晋举行大蒐礼于清原，改编军队为五军。

前627年　晋败秦师于殽，获秦三帅。

前623年　秦穆公用戎臣由余之谋，攻戎王，开地千里，遂霸西戎。

前613年　周公阅与王孙苏争政，讼于晋，晋赵盾听讼，平周乱。《春秋》："秋七月，有星孛入于北斗"，是世界上最早的哈雷彗星记录。

前606年　楚庄王伐陆浑之戎，至洛，问九鼎轻重，有取代周王之意。

前594年　鲁实行"初税亩"，废除井田制借民力耕治公田的助法，改为按照田亩多寡征税。

前593年　周室复乱，晋卿士会平王室。

前590年　鲁定"丘甲"制度，即按丘（十六井为丘）出军赋。

前588年　晋"作六军"，以韩厥、赵括、巩朔、韩穿、荀骓、赵旃为卿。

前584年　诸侯会盟于马陵。晋遣巫臣使吴，教吴乘车战阵之法，吴始通于中原诸国。

前582年　晋与诸侯会盟于蒲。

前579年　宋大夫华元游说晋、楚合好成功。晋、楚第一次"弭兵"之会。

前576年　吴开始参加中原诸侯的盟会。

前575年　晋败楚、郑之师于鄢陵，晋霸业复兴。

前565年　晋悼公会盟诸侯之大夫于邢丘，规定诸侯朝聘数目，旨在恢复文襄霸业。

前562年　鲁作三军。鲁三家三分公室，各有其一。此后，又"四分公室"。

前554年　晋与诸侯会盟于督扬，约"大毋欺小"。

前551—前479年　儒家创始人孔子生活的时代。①

前546年　宋大夫向戌游说于晋、楚两国间，欲弭诸侯之兵，最终诸侯在宋国举行盟会，并确认晋、楚两国同做霸主。

前538年　郑子产定"丘赋"制度。

前536年　郑子产铸刑书。

前532年　齐国田氏等攻栾氏、高氏，田氏逐渐强大。昭公时，晋六卿强盛，公室衰落。

前513年　晋赵鞅铸刑鼎，颁布范宣子所定刑书。

前506年　吴伐楚，攻入郢。

前498年　孔子去鲁适卫，自此周游列国。②

前496年　越王勾践战胜吴国军队，吴王阖闾负伤，卒于陉，子夫差立。

前494年　吴王夫差战胜越国，勾践派大夫文种求和。吴与越和。

前483年　鲁"用田赋"，即按田亩增加税额。

前482年　吴与晋、鲁等会盟于黄池，欲霸诸侯。

前481年　孔子修《春秋》，绝笔于本年"西狩获麟"句。

前474年　越始通于中原诸国。

前473年　越灭吴，吴王夫差自杀。越盟诸侯于徐州，为霸主。

约前468—前376年　墨家创始人墨子生活的时代。③

---

① 孔子生年，《史记·孔子世家》系于鲁襄公二十二年，《公羊传》、《穀梁传》系于鲁襄公二十一年，此处据《史记·孔子世家》。

② 《史记·仲尼世家》系于周敬王十四年，此处据《史记·十二诸侯年表》、《史记·鲁世家》。

③ 墨子生年，据孙诒让《墨子闲诂》附录《墨子年表》。另有前490年、前480年、前475年等说法。

前467年　鲁三桓（即孟孙氏、叔孙氏、季孙氏）势力强盛，公室没落。

前445—前396年　魏文侯在位，命李悝实行改革。

前440年　周考王封弟揭于王城，是为西周桓公。

前408年　秦"初租禾"，是秦国第一次按土地亩数征收租税。

前403年　晋大夫韩虔、魏斯、赵籍自立为诸侯，是为"三家分晋"。

前401—前381年　楚悼王在位，命吴起主持变法。

前391年　齐田和废齐康公，自立。①

前386年　周天子立田和为齐侯。

前375年　秦实行"户籍相伍"，即以五户为单位，统一编制户籍。韩灭郑。

前374年　齐于临淄城设"稷下学宫"，学者云集。

约前372—前289年　儒家代表人物孟子生活的时代。

前367年　赵与韩乘西周公国内乱，助东周惠公立国于巩。自此，周王畿为东、西周二公国分治。周显王寓居于成周洛邑。

前361—前338年　秦孝公在位。前355年，秦孝公以商鞅为左庶长，主持变法。②

前356—前320年　齐威王在位，命邹忌实行改革。

前353年　齐、魏发生桂陵之战，齐军在田忌、孙膑率领下，采取"围魏救赵"之策大破魏军。

前351年　韩以申不害为相。

---

① 《史记·六国年表》系于周安王十六年，此处据《史记·田完世家》。
② 《史记·六国年表》系于秦孝公六年，《商君列传》系于秦孝公三年，此处据林剑鸣《秦史稿》。

前350年　秦自栎阳徙都咸阳。

前344年　魏惠王与十二诸侯在逢泽会盟，会后率诸侯朝周天子于孟津。

前341年　齐大败魏军于马陵，孙膑为齐军师。

前334年　魏、齐徐州"相王"。楚灭越，杀越王。

前325年　秦开始称王。

前318年　魏公孙衍策动魏、赵、韩、燕、楚五国合纵攻秦，拥戴楚王为首。联军攻秦函谷关失利而还。

前316年　秦司马错灭蜀。

前315年　周末代天子赧王即位，徙居于西周公国的王城。

约前313—前238年　荀子生活的时代，他的思想混一儒法两家。

前307年　赵武灵王下令推行胡服骑射，增强了赵国的军事实力。

前296年　赵与齐、燕共灭中山国。

前290年　东周君朝秦。

前288年　秦昭王自称西帝，遣魏冉立齐王为东帝，后又复称王。

前286年　齐与魏、楚灭宋，三分其地。

前284年　乐毅率燕、秦、魏、韩、赵五国联军攻入齐国临淄。

约前280—前233年　法家代表人韩非生活的时代。

前279年　赵王与秦王会于渑池。楚庄蹻入滇，并自立为王。

前278年　秦军攻占楚国郢都。屈原投汨罗江自杀。

前270年　秦灭义渠，遂占领陇西、北地、上郡，筑长城以拒胡人。

前260年 秦军败赵于长平，占领上党。

前256年 秦灭西周公国。周赧王卒，周王朝亡。秦获九鼎。周室不再称王，此后史家以秦王纪年。楚灭鲁。

前249年 秦以吕不韦为相，封为文信侯。东周公与诸侯谋秦，秦灭东周公国。

前246年 水工郑国为秦开凿泾水为渠，灌田四万余顷，秦人大获其利。

前241年 赵庞煖组织最后一次合纵，率楚、赵、魏、韩、卫五国攻秦，秦败联军于蕞。

前238年 秦王政亲政。杀嫪毐。次年，逐吕不韦。此后，吕不韦迁蜀，畏罪自杀。

前237年 秦驱逐客卿，李斯上书谏止。

前230年 秦灭韩。

前225年 秦灭魏。

前223年 秦灭楚。

前222年 秦灭燕。秦灭赵。

前221—公元220年 秦汉统治时期。此一时期，秦灭六国，建立起统一的专制主义中央集权国家，影响至远。法家思想曾盛极一时，继之为黄老"无为"、"独尊儒术"、佛教传入和道教兴起。经今、古文之争兴起，谶纬流行。重要的著作：目录学著作有刘歆《七略》，哲学著作有王充《论衡》，史学著作有司马迁《史记》、班固《汉书》、官修《东观汉记》，算学著作有《算数书》，医学著作有《黄帝内经》、《神农本草经》、张仲景《伤寒杂病论》，天文学著作有《灵宪》，农学著作有氾胜《氾胜之书》、崔寔《四民月令》。文学形式主要有汉赋、散文和乐府诗等，其中，赋以贾谊《吊屈原赋》、司马相如《子虚赋》，散文以贾谊《过秦论》、晁错《论贵粟疏》，乐府诗以《孔雀东南飞》为代表。汉代绘画艺术高超，1972 年长沙马王堆汉墓出土的帛画代表了当时绘画的最高水平。

前 221 年　秦灭齐。六国至此皆亡。秦王政更号为皇帝，本人为始皇帝，命为制，令为诏，自称朕。建立君主专制、中央集权、官僚制度三位一体之君主专制中央集权国家，在全国设置郡县，统一度量衡与文字。

前 220 年　秦始皇出巡西北。修驰道于全国。

前 219 年　秦始皇第一次东巡，封禅于泰山、梁父，随行大臣刻石纪功。命方士徐市率童男女入海求仙。又南巡。

前 218 年　张良谋刺杀秦始皇于博浪沙，未果。

前 216 年　令民自实田。

前 215 年　遣蒙恬北击匈奴。

前 214 年　秦攻取南越陆梁地，置三郡，徙民与越人杂处。蒙恬败匈奴，取河南地。增筑长城，以防匈奴。

前 213 年　秦定挟书律，下令焚书。

前 212 年　秦始皇命人由九原至云阳凿山平谷通直道。修阿房宫。坑方士、儒生。

前 210 年　秦始皇南巡。返回途中，死于沙丘宫。李斯、赵高私立胡亥为皇帝，是为秦二世；赐扶苏、蒙恬自尽。

前 209 年　陈胜、吴广起义，陈胜称王，国号张楚。刘邦起兵于沛，称沛公。秦二世废卫君角为庶人，周初诸侯，卫为最后亡者。

前 208 年　陈胜为御者庄贾所杀。秦将章邯击败楚军，项梁战死。秦二世杀李斯，灭族。

前 207 年　项羽败秦军主力于巨鹿。赵高杀秦二世，立子婴，贬号为秦王。子婴杀赵高，灭族。

前206年　刘邦至霸上，秦王子婴降，秦亡。刘邦与秦人约法三章。项羽尊楚怀王为义帝，自立为西楚霸王，又分封诸王。

前205年　项羽使人杀义帝。

前204年　赵佗自立为南越武王。[①]

前203年　项羽与刘邦约中分天下，以鸿沟为界。

前202年　刘邦背约击项羽，项羽兵败自刎乌江。刘邦即皇帝位于氾水之阳，是为汉太祖高皇帝，初都洛阳，不久决定改都长安。

前201年　高帝大封功臣，大封同姓。命叔孙通定朝仪。

前200年　长安长乐宫成，正式迁都，始用朝仪。高帝自将兵击匈奴至平城，被围。

前198年　汉采纳刘敬的建议，与匈奴和亲。高帝始迁齐、楚大族及豪杰于关中。

前196年　杀韩信、彭越，皆灭族。立赵佗为南越王。

前192年　以宗室女为公主，嫁匈奴。封越君摇为东海王。

前191年　废除秦所定挟书律。

前188年　惠帝死，吕后临朝称制，至前180年止。吕后大封诸吕为王。

前187年　废除秦所定夷三族罪及妖言令。

前180年　右丞相陈平、太尉周勃诛杀诸吕，迎代王恒为帝。

前179年　废除收孥诸相坐令。南越归附汉朝，赵佗去帝号。

前174年　淮南王刘长交结闽越、匈奴谋反。文帝遣宗室女与匈奴和亲。贾谊上《治安策》，提出"众建诸侯而少其力"的

[①] 《中外历史年表》系于前206年，此处据张荣芳、黄淼章《南越国史》。

主张。

前165年　晁错请削诸侯，更法令。

前156年　复收民田半租，三十而税一。

前154年　吴、楚等七国起兵反，史称"七国之乱"。景帝遣周亚夫平乱。

前140年　武帝亲策贤良方正直言极谏之士。董仲舒对策，请黜刑名，崇儒术，兴太学。卫绾对策请黜所举贤良之为申、韩、苏、张之言者。

前138—前126年　张骞第一次出使西域。

前136年　罢三铢钱，行半两钱。置五经博士，提升儒学在官学中之地位。

前134年　武帝初令郡国"举孝廉"。此后察举成为从地方选拔人才的主要制度。

前130年　命唐蒙、司马相如等先后通西南夷，西南夷归顺，置郡县。张汤定律令。

前127年　武帝用主父偃策，颁"推恩令"，分封诸侯王子弟为侯，以分其势。遣将击匈奴，以卫青为将，攻取河南地。募民徙朔方。武帝初迁郡国豪杰及赀三百万以上于茂陵，此后又多次徙豪富之家。

前122年　颁"左官律"、"附益法"，降低诸侯王地位，打击其势力。

前121年　击匈奴，以霍去病为将，至祁连山，大胜。

前119—前115年　张骞第二次出使西域。大发兵击匈奴，以卫青、霍去病为帅。霍去病封狼居胥山而还，自此"漠南无王庭"。

前119年　颁算缗令。命商人自报财产，并开征车船使用税。

前115年　以桑弘羊为大农中丞,置均输官于郡国以通货物。禁郡国铸钱。张骞使乌孙还,西域始通于汉。

前114年　令民告缗,由杨可主持,规定:凡告发属实,给以被告者资产之半。

前111年　南越丞相吕嘉杀其王,汉军攻入南越,南越灭亡。次年,汉在南越故地设九郡。东越王余善称帝,汉军平定东越,徙闽越之民于江淮间。

前110年　越繇王杀东越王余善降汉,悉徙东越民于江淮间。武帝东巡,封禅于泰山、梁父,改元元封。又北巡。此后武帝又多次出巡。以桑弘羊为治粟都尉,领大农,掌盐铁;在地方置均输,在京师置平准。

前109年　滇王降汉,以其地置益州郡。

前108年　遣将破车师,俘其王。朝鲜尼谿相参杀朝鲜王降汉,汉置乐浪、临屯、玄菟、真番四郡。以司马迁为太史令。

前106年　置朔方、交趾等州,凡十三部,皆置刺史监察,以"六条问事"。

前105年　以宗室女嫁乌孙。汉与安息通使。西域诸国遣使于汉。

前104年　造《太初历》,用夏正,易服色,定官名及宗庙百官仪。《太初历》是我国第一部记载完整的历法。

前102年　汉击败大宛。汉与西域诸国通使日益频繁。

前99年　李陵投降匈奴。司马迁因言李陵事,受腐刑。作"沈命法",规定:凡盗起不发觉或发觉而所捕人数不足者,二千石以下至小吏皆处死。

前91年　皇后卫氏及太子据以巫蛊事自杀,是为"巫蛊之祸"。

前89年　武帝下轮台"罪己诏"。以赵过为搜粟都尉,改进农具,推行"代田法"。

前81年　盐铁会议召开。桓宽据此撰《盐铁论》。昭帝罢榷酤官。

前65年　龟兹王朝汉。遣将攻莎车,莎车王自杀。

前62年　遣使巡行郡国,观风察吏。

前57年　匈奴五单于争立,国内大乱。

前51年　宣帝命诸儒于石渠阁讲论《五经》同异,立梁丘《易》、大小夏侯《尚书》、《穀梁春秋》博士。

前48年　置戊己校尉,屯田车师故地。

前43年　《汉书·五行志》载:四月,"日黑如仄,大如弹丸",此为可信的最早的太阳黑子记录。

前36年　西域都护甘延寿等击杀北匈奴郅支单于,匈奴势力彻底退出西域。

前33年　汉元帝以宫女王嫱赐匈奴呼韩邪单于。

前26年　命求遗书于天下。命刘向等校书。

前1年　哀帝死。太皇太后王氏临朝。王莽为大司空,领尚书事,位在百官之上。

5年　王莽杀平帝,称"假皇帝"。

8年　王莽即天子位,改国号为"新"。

9年　大改官名、地名、爵名。更天下田为"王田",奴婢为"私属"。

10年　王莽废汉诸侯王为民。制五均、六筦、赊贷之法。

22年　王莽遣将击青州樊崇赤眉军及荆州王匡绿林军。绿林军分下江兵和新市兵。汉宗室刘縯、刘秀等起兵于宛,与新市、平林兵合。

23年　新市、平林诸将拥戴汉宗室刘玄为皇帝,建元更始。刘秀攻下昆阳等地。更始帝驻洛阳,命刘秀行大司马事,攻略河北。次年，更始帝迁都长安。

25年 蜀王公孙述称帝，建元龙兴。刘秀称帝于鄗南，建元建武，是为汉光武皇帝。赤眉军立汉宗室刘盆子为帝。赤眉军入长安，更始帝出奔。光武帝入洛阳，定都。赤眉军杀更始帝。

26年 光武帝大封功臣。

27年 冯异大破赤眉军，刘盆子降汉。

30年 恢复田租旧制，三十税一。

48年 匈奴分裂为南、北二部。

49年 乌桓大人郝旦等内属，汉置乌桓校尉。乌桓迁入长城后，鲜卑遂占有乌桓故地。

57年 倭奴国遣使奉献，光武帝赐以"汉委奴国王印"。

68年 汉明帝命建洛阳白马寺，供迦叶摩腾、竺法兰二僧居住。

70年 汴渠成，河、汴分流，六十余年河患至此方息，黄河安流八百余年。

73年 班超出使西域。西域与汉隔绝六十余年，至此复通。

74年 西南夷哀牢、白狼等百余国遣使奉表进贡。西域诸国多遣子入侍。

79年 章帝命诸儒生于白虎观议五经异同。

85年 以《太初历》讹差，颁新制《四分历》。

89—91年 多次出兵击北匈奴，大破之，北匈奴主力远遁。

91年 龟兹、姑墨、温宿诸国皆降，复置西域都护，以班超为都护。

92年 郑众以诛除窦宪之功，获封鄛乡侯，开宦官封侯、用权的先例。

97年　班超派甘英出使大秦；取道条支，抵安息西界还。①

105年　蔡伦造纸成功。

132年　张衡造候风地动铜仪。

156—181年　鲜卑檀石槐统一诸部。

159年　桓帝封宦官单超等五人为县侯，此后宦官权势日重。

166年　大秦王安敦遣使至汉。司隶校尉李膺等二百余人被称为党人，下狱；赦免后，禁锢终身，启"党锢"之祸。

169年　党狱再起，公卿守相死者百余人，妻子徙边，附从者锢及五服，州郡豪杰陷党籍者众。

176年　诏州郡更考党人之门生、故吏、父子、兄弟，在位者皆免官禁锢，株连五服。

184年　张角领导黄巾起义。黑山军起义于冀州。张修以五斗米道组织起义，攻占巴郡。大赦天下党人。

185年　各地农民纷纷起义。重要的有博陵张牛角、常山褚飞燕、黄龙左校等。

189年　董卓入洛阳，废少帝为弘农王，立陈留王协，是为孝献皇帝。董卓自为相国。

190年　关东州郡起兵，推袁绍为盟主，讨伐董卓。董卓胁迫汉献帝迁都长安。

192年　司徒王允设计杀董卓，灭其族。曹操败黄巾军，俘获甚众，取其精锐，编为青州兵。

196年　曹操迁汉献帝于许，挟天子以令诸侯。曹操开始大兴屯田。

200年　曹操大破袁绍军于官渡。定田租户调制。

208年　曹操自为丞相。孙权、刘备联军大破曹军于赤壁。

---

① 《中国史稿·大事年表》系于99年，此处据沈福伟《中西文化交流史》。

210年　曹操令荐人者惟才是举。

216年　曹操进号为魏王。曹操分南匈奴为五部，居并州。

219年　刘备称汉中王。

220—589年　魏晋南北朝时期。此一时期，中国分裂，各少数民族纷纷进入中原和周边，建立政权。区域经济发展、民族融合波澜壮阔。魏晋之际，玄学风靡一时，以何晏、王弼为首倡。佛教发展并日趋中国化。道教广为传播，影响日大。重要的文学形式有诗歌、辞赋、散文、小说等。诗歌首推"建安风骨"，以"三曹"、"建安七子"为代表。辞赋以陶渊明《归去来辞》、曹植《洛神赋》，散文以嵇康《与山巨源绝交书》，小说以干宝《搜神记》、刘义庆《幽明录》和《世说新语》为代表。重要的著作：史学著作有陈寿《三国志》、范晔《后汉书》、沈约《宋书》、萧子显《南齐书》、魏收《魏书》，数学著作有刘徽《九章算术注》，农学著作有《齐民要术》，医学著作有王叔和整理《伤寒论》、《金匮要略》，地理学著作有郦道元《水经注》。地图有裴秀《禹贡地域图》，虞喜《安天论》首次提出"岁差"概念。华佗发明麻沸散。甘肃敦煌石窟、大同云冈石窟、洛阳龙门石窟、邯郸昫堂山石窟、甘肃麦积山石窟等集宗教文化、雕塑、绘画和建筑艺术于一身的著名石窟的开凿均始于或完成于此一时期。书法艺术以钟繇、索靖、卫瓘、王羲之、王献之最为有名。绘画成就瞩目，孙吴曹不兴善画佛像；顾恺之、陆探微、张僧繇皆负盛名。

220年　曹操死，子丕袭爵。陈群奏立九品官人法，郡置中正，曹芳时置州大中正，司选举事。曹丕称皇帝，建立魏国，定都洛阳。废汉献帝为山阳公。

221年　刘备称帝于成都，改元章武，国号汉，史称蜀汉。

孙权称臣于魏，魏册封孙权为吴王。

222年　鄯善、龟兹、于阗各国遣使奉献于魏，西域又通，置戊己校尉。刘备亲自率兵攻吴，败于夷陵。

224年　魏立太学，置博士。

225年　诸葛亮击破雍闿、高定，擒孟获而释之，南中四郡平定。

226年　吴分丹阳、会稽、吴郡为东安郡，以经营山越。

228年　诸葛亮出祁山攻魏，魏将张郃败蜀汉将领马谡于街亭。

229年　孙权称皇帝，改元，是为吴大帝。蜀汉遣使贺吴，两国结盟，约中分天下。

230年　吴舰队抵达夷州。

235年　魏命马钧做司南车。

237年　魏更名《太和历》为《景初历》。吴将诸葛恪定山越，得精兵数万。

249年　司马懿发动政变，杀曹爽、何晏等，司马氏遂专魏政。

254年　司马师废魏帝为齐王，立高贵乡公髦为帝。

258年　孙琳废吴帝为会稽王，立琅琊王休，是为景皇帝。景帝杀孙琳，灭族。

263年　魏将邓艾破成都，后主刘禅降，蜀汉亡。

264年　魏进司马昭为晋王。刘禅至洛阳，封为安乐公。

265年　吴迁都武昌。司马炎迫魏帝禅位，废之为陈留王，魏亡。司马炎改元泰始，是为晋武帝，大封宗室。

266年　晋罢民屯。

277年　西北杂胡及匈奴、鲜卑、五谿蛮、东夷三国各率部附于晋。

280 年　晋攻下建业，吴帝孙皓降，赐爵归命侯，吴亡。晋颁布占田、课田令。罢州郡兵与军屯。

291—306 年　贾后大杀晋诸王。八王之乱。

299 年　江统著《徙戎论》，主张徙冯翊四郡之羌于析支之地，徙扶风等三郡之氐于武都。

301 年　张轨建立前凉。氐人李特起义。

303 年　义阳蛮张昌更名李辰聚集流民起事，占据江夏，推戴丘沈（改名刘尼）为帝，建号曰汉，建元神凤。

304 年　李雄建立成国，338 年李寿改为汉。匈奴刘渊建立汉国。

306—308 年　刘伯根、王弥起义于荆州。

307 年　汲桑、石勒起义于河北。

310—312 年　雍州流民之在南阳者推戴王如为首起事。

311—315 年　杜弢率长沙流民起义。

316 年　刘渊族子刘曜围长安，愍帝降，西晋亡。

317 年　琅琊王司马睿在江南建东晋。

318 年　刘曜率军平定靳准之乱，即汉国皇帝位。

319 年　汉帝刘曜改国号为赵，史称前赵。石勒建立后赵。350 年，冉闵夺取政权，改后赵国号为魏。

337 年　鲜卑慕容皝称燕王，称藩于石虎，史称前燕。

338 年　代王翳槐死，弟什翼犍嗣，建元建国。

351 年　氐人苻健自称天王、大单于，国号秦，建元皇始，史称前秦。

352 年　前燕杀冉闵，魏亡。

357 年　苻坚杀苻生自立，去帝号，称大秦天王，以王猛为中书侍郎。

364 年　东晋桓温主持大阅户口，令所在土断，谓之"庚戌制"。

370 年　苻坚入邺，俘慕容暐，前燕亡。

376 年　前秦统一北方。

383 年　前秦苻坚进攻东晋，晋谢安遣谢石、谢玄率北府兵拒秦军于淝水，大破之，是为淝水之战。

384 年　慕容垂建立后燕。姚苌建立后秦。慕容泓建立西燕。

385 年　陇西鲜卑乞伏国仁建立西秦。

386 年　鲜卑拓跋珪即代王位，建元登国。改国号曰魏，史称北魏。氐人吕光建立后凉。

394 年　后秦姚兴杀苻登。西秦乞伏乾归杀苻崇，前秦亡。

397 年　鲜卑秃发乌孤建立南凉。卢水胡沮渠氏拥段业建立北凉，401 年沮渠蒙逊自立。

398 年　燕王慕容德称皇帝，都广固，改元建平，史称南燕。拓跋珪迁都平城，建宗庙社稷。命立官制、协音律、定律令。十二月，拓跋珪称帝，改元天兴。

399 年　会稽王司马道子专政，孙恩起义，攻占会稽。法显赴古印度求佛经。

400 年　李暠建立西凉。

402 年　晋下诏讨伐桓玄。桓玄入建康，自总百揆。河西王秃发利鹿孤死，弟秃发傉檀立，称凉王，改元弘昌，迁乐都，史称南凉。

403 年　吕隆为沮渠蒙逊、秃发傉檀所逼，举国入后秦，后凉亡。桓玄称皇帝，国号楚，改元永始，废晋帝为平固王。北魏始制冠服之制。

404 年　刘裕讨伐桓玄，桓玄败走，刘裕入建康。桓玄挟晋帝至江陵。益州都护冯迁杀桓玄。北魏改官制。

405年　后秦姚兴以鸠摩罗什为国师，译经典，佛教大兴。

407年　后燕冯跋拥慕容云为天王，云复姓高氏，史称北燕。匈奴铁弗部赫连勃勃建立夏国。

409年　北魏拓跋珪为其子清河王绍所杀，太子嗣杀绍即位，改元永兴。

410年　刘裕北伐，俘慕容超，斩之，南燕亡。

412—413年　刘裕重申庚戌土断之制，除徐、兖、青三州居晋陵者外，诸侨置郡县多并省，大量北方流民就地落户入籍。

414年　秃发傉檀降于乞伏炽磐，被鸩杀，南凉亡。

417年　晋将王镇恶攻入长安，姚泓降，后秦亡。

420年　刘裕称皇帝，是为南朝宋武帝，改元永初，废晋帝为零陵王，东晋亡。

422年　北魏崇奉道士寇谦之，设道场，道教大盛。

431年　夏赫连定击乞伏暮末，西秦亡。吐谷浑俘赫连定，夏亡。北魏司徒崔浩整顿流品，明辨姓族。魏更定律令。

438年　北燕冯弘遣使请迎于宋，高句丽杀弘，北燕亡。

439年　北魏进兵姑臧，灭北凉，统一北方。

445年　宋颁行何承天所上《元嘉新历》。北魏卢水胡盖吴起兵杏城，称天台王，通使于宋，关中大乱。

446年　北魏用崔浩的建议，毁佛寺、坑沙门、焚经像。

450年　北魏太武帝率军攻宋，宋文帝亦领兵北伐。次年，魏兵南下，宋兵坚守。最终，宋魏两军各退守，南北对峙格局趋于稳定。

451年　北魏改元正平，更定律令。

454年　宋始课南徐州侨民租。

457年　宋土断雍州诸侨置郡县。

462 年　宋祖冲之造新历，并推算出七位圆周率值。

466 年　北魏杀丞相乙浑，冯太后称制。

471—499 年　北魏孝文帝在位；490 年前在冯太后的指导下实行改革。

479 年　萧道成称帝，改元建元，是为南朝齐太祖高皇帝。以宋帝为汝阴王，后杀之，宋亡。

483 年　北魏始禁同姓为婚。

484 年　北魏实行百官俸禄制，规定贪腐者"枉法无多少皆死"。

485 年　北魏实行均田制。南齐唐寓之起义。

486 年　北魏朝会始用衮冕。唐寓之攻下钱唐，称皇帝，不久败死。北魏清户籍，立乡党三长法和新租调制，整齐州郡。

490 年　北魏孝文帝亲政，以汉化为中心，继续改革。

493 年　北魏定迁都之计并营建洛阳。次年，正式迁都。

495 年　北魏孝文帝亲祀孔子。禁鲜卑语于朝。立国子、太学等于洛阳。

502 年　萧衍称帝，改元天监，是为南朝梁高祖武皇帝，以齐帝为巴陵王，后杀之，南齐亡。梁土断南徐州诸郡县。

509 年　北魏帝为诸僧及朝臣讲佛经，佛教大盛。

524—530 年　北魏六镇起义，率先爆发于沃野镇，其后蔓延至河北、关陇地区，历时七年结束。①

528 年　北魏尔朱荣立魏长乐王子攸为帝，溺毙胡太后及幼帝钊于河，改元建义。

528—529 年　北魏河间邢杲集流民起兵于北海。

---

① 《魏书·肃宗纪》系于 524 年三月，《资治通鉴》系于 523 年四月。此处据朱大渭《六朝史论》对六镇起义的考证。

534 年　北魏孝武帝出奔长安，被宇文泰杀害，北魏亡。高欢立北魏清河王世子善见为帝，改元天平，是为孝静帝，迁都于邺，称东魏。第二年，宇文泰立魏文帝，称西魏。自是魏分为东、西。

541 年　东魏颁行新法令，号《麟趾格》。西魏增新法制十二条。

548—551 年　梁朝发生侯景之乱。

550 年　高洋称皇帝，改元天保，是为北齐显祖文宣皇帝，以东魏帝为中山王，后杀之。东魏亡。西魏建立府兵制度。

555 年　梁王詧称帝于江陵，改元大定，史称后梁。突厥破柔然，西败嚈哒，东逐契丹，成为北方大国。

557 年　西魏宇文觉称天王，建立北周。以西魏恭帝为宋公，后杀之，西魏亡。陈霸先称帝，改元永定，是为南朝陈高祖武皇帝。以梁帝为江阴王，后杀之。梁亡。

564 年　北齐更定民受田输租及征调之制。

574 年　北周禁佛、道二教，毁经像，勒令僧、道还俗。北周改革府兵制。

577 年　北周攻灭北齐。陈颁新定度量衡制。

579 年　北周废胡服，改穿服汉魏衣冠朝贺，改元大成。以洛阳为东京。周宣帝禅位于太子阐，是为静皇帝。周攻取陈北徐州，于是江北、淮南之地尽入于周。

580 年　北周复行佛、道二教。杨坚为相国，总百揆，进爵随王，大杀周宗室诸王。

581—907 年　隋唐统治时期。隋的统一结束了近四百年来的分裂局面，再建统一多民族国家。唐代在继承和总结历史经验的基础上，开创了中国历史新局面，封建社会进入一个新高峰。

佛教达致鼎盛，道教更受唐朝皇帝尊崇，钦定道先佛后。诗歌于有唐一代最为兴盛。唐诗作者最著名的有"初唐四杰"（王勃、杨炯、卢照邻、骆宾王），擅长边塞诗的高适、岑参，擅长田园诗的王维、孟浩然，以及"诗仙"李白、"诗圣"杜甫。韩愈、柳宗元领导发起"古文运动"。重要的著作：史学著作有《晋书》、刘知幾《史通》、杜佑《通典》，地理学著作有李吉甫《元和郡县图志》、贾耽《海内华夷图》，医学著作有巢元方《诸病源候论》、孙思邈《备急千金要方》和《千金翼方》，唐高宗颁行之《新修本草》。佛教经典《金刚经》采用雕版印刷术。隋朝刘焯历法中用定朔法取代以往的平朔法，是天文学上的重大变革。唐朝僧一行组织了世界上第一次地球子午线测量活动。隋朝李春所造赵州安济桥，是世界现存最早的单孔石拱桥。隋唐绘画艺术吸收西域"晕染法"，在众多题材上均有发展。著名画家有吴道子、阎立本、张萱、周昉、韩干等。唐代雕塑细腻生动，其中，唐太宗昭陵前的石雕六骏，是闻名世界的石刻精品。书法艺术以虞世南、欧阳询、褚遂良、薛稷、颜真卿、柳公权、怀素、张旭最为有名。

581年　杨坚称帝，改元开皇，是为隋高祖文皇帝。以周静帝为介公，北周亡。隋建三省六部制。突厥四可汗分立。

582年　隋颁均田、租调令。隋建新都于汉长安城之东南，名大兴城。

583年　隋定地方政府为州、县两级。废除九品中正制。地方官不得自辟僚佐，一律由吏部任用。突厥分为东、西两部。

584年　隋颁甲子元历。突厥沙钵略可汗请和亲于隋。

585年　隋实行"大索貌阅"、"输籍法"，即通过检查户口、定额赋役的手段，将隐漏的户口从豪强手中查归国家。

587年　隋征后梁帝入朝，废之，后梁亡。

589 年　　隋军攻入建康，俘虏陈后主，陈亡。

590 年　　隋诏民年五十免役收庸。婺、越、苏、乐安、饶等州豪民先后起事，攻陷州县。隋遣杨素等击定之。

599 年　　突厥内讧。东突厥归附隋。

604 年　　杨广弑文帝，即皇帝位，是为隋炀帝。

605 年　　隋营建东京洛阳。发民开通济渠、邗沟。

607 年　　隋创建进士科，为科举制之始。隋遣羽骑都尉朱宽出使流求国。隋颁新律、改州为郡、改度量衡、官制。发丁男筑长城，西起榆林，东至紫河。

608 年　　隋开永济渠。筑长城自榆谷而东。

608—609 年　　隋败伊吾、吐谷浑，控制西域商道。

611—623 年　　隋征高句丽，举国骚动。山东王薄自称"知世郎"，揭开隋末农民起义序幕。

613 年　　杨玄感反隋。

616 年　　隋末起义军中逐渐形成瓦岗军和窦建德、杜伏威等几支主要力量。

617 年　　梁师都、刘武周等占据西北边郡。李渊起兵于太原，攻占长安，立代王杨侑为帝，是为隋恭帝。

618 年　　宇文化及等杀炀帝于江都。隋恭帝禅位于李渊。李渊称皇帝，是为唐高祖，建元武德，建立唐朝。罢郡为州，废大业律令，颁新格。宇文化及杀隋秦王浩，称帝于魏县，国号许。窦建德改国号曰夏。

619 年　　唐初定租庸调法。王世充废隋皇泰帝，自称皇帝，建元开明。

622 年　　唐相继消灭各地割据势力。颁行均田令、租庸调法。

624 年　　唐册封高句丽王建武为辽东郡王，百济王扶余璋为带方郡王，新罗王金真平为乐浪郡王。

626年 秦王李世民杀太子李建成、齐王李元吉等，史称"玄武门之变"。李渊立世民为太子，旋即传位于世民，自称太上皇。唐太宗定功臣实封之制。

627年 唐改元贞观。更定律令。大并省州县，分全国为十道。

628年 薛延陀建国，归附于唐朝。

629年 吐蕃松赞干布继赞普位，统一各部。玄奘赴古印度求经。

630年 四裔君长上太宗号为天可汗。唐灭东突厥。

635年 唐攻降吐谷浑。景教僧阿罗本至长安传教。

640年 高句丽等国遣子弟来唐学习。吐蕃赞普向唐请婚，唐以文成公主妻之。唐攻灭高昌，置安西都护府。随后降服西域其余诸国，设四都督府，号"安西四镇"。

646年 唐、回纥攻灭薛延陀。

647年 唐遣军击高句丽。高句丽王遣子谢罪。

649年 蒙舍诏首领细奴逻建立大蒙。

653年 颁《律疏》，此为我国现存最早最完整之古代法典。

655年 高宗废皇后王氏、淑妃萧氏，立武昭仪为皇后。

657年 唐灭西突厥。

659年 改《氏族志》为《姓氏录》，升武姓后族为第一，现任官秩五品以上者皆入选。

663年 唐攻占百济。

668年 高句丽王降于唐，唐分其地，置安东都护府于平壤，派兵戍守。

669年 裴行俭等定诠注选人之法，后为永制。

670年 唐迫于吐蕃的压力，罢安西四镇。

674年　武后称天后，改元上元。

684年　武后废中宗为庐陵王，立豫王旦为帝。改东都为神都，立武氏七庙。徐敬业等起兵讨武氏，兵败，被杀。

689年　武后追尊其父为太皇，母为太后。用周正，武后自名曌，改诏曰制。

690年　武则天亲策贡士，殿试自此始。武则天称帝，改国号为周，改元天授。

692年　武则天引见举人，悉加擢用，试官自此始。

693年　令宰相撰写时政记，时政记自此始。

698年　靺鞨大祚荣自称震（振）王，建震（振）国。

705年　张柬之等拥立太子显，武则天传位于太子。显复唐国号，以神都为东都，立韦氏为后。武则天死。

710年　金城公主赴吐蕃。李隆基杀韦后，相王旦即位，是为睿宗，立隆基为太子。

711年　分陇右道设河西道，以贺拔延嗣为河西节度使，此为节度使之始。

712年　李隆基即位，是为玄宗；睿宗自称太上皇。

713年　唐封粟末靺鞨首领大祚荣为"渤海郡王"，至此以"渤海"为政权名，后为辽朝所灭。唐玄宗改年号先天为开元。

714年　置陇右、幽州等节度使。此后又置剑南、朔方等地节度使。

717年　日本吉备真备、阿倍仲麻吕跟从遣唐使到中国。

721年　命宇文融搜括逃移户口。

725年　僧一行、梁令瓒作水运浑天仪成功。

729年　颁行《大衍历》。

730年　吏部尚书裴光庭改选法，一循资格，即按照资格逐级限年晋升的官员升迁方式。

733年　分全国为十五道，各置采访使，以六条察事。

737年　置玄学博士，习《老》、《庄》、《文》、《列》四子。改边兵为招募，给田宅，予优恤。

738年　南诏统一六诏，归附于唐，唐册封皮逻阁为云南王，都太和城，后迁羊苴咩。

742年　玄宗以安禄山为平卢节度使。改元天宝。

750—751年　唐与阿拉伯争夺昭武诸国。

753年　鉴真赴日本，建唐招提寺传法。

755—763年　"安史之乱"。

756年　安禄山在洛阳称帝，国号燕。唐玄宗出奔入蜀。太子李亨即位，是为肃宗，命宦官掌军。

763年　置卢龙、成德、魏博三镇。

780年　德宗采纳宰相杨炎的建议，约丁产定等，作两税法。

781年　魏博、淄青、成德三镇反叛。此后淮西与河北诸镇亦反叛。

793年　南诏王遣使上表。

805年　宦官俱文珍等废顺宗，立宪宗，王叔文、柳宗元或死或贬，史称"二王八司马事件"（或称"永贞革新"）。

817年　平定淮西镇叛乱。

821年　李德裕与李宗闵相倾轧，开"牛李党争"数十年之端。唐与吐蕃在长安和逻些会盟。

835年　李训、郑注与文宗谋除宦官，事泄，训、注皆死。是为"甘露之变"。自是宦官之权益大。

840年　回鹘内讧，诸部逃散。自是回鹘不振。

845年　武宗毁佛寺，令僧尼还俗，史称"会昌废佛"（或"会昌灭佛"）。

846年　牛党得势，贬李德裕于崖州。此后，牛李两党首领先后病死，"牛李党争"渐息。

859—860年　浙东裘甫起义，揭开唐末农民战争之序幕。

868年　置定边军节度使，以制南诏。庞勋率戍兵发动兵变。

874—884年　王仙芝、黄巢起义。

883年　李克用据河东，朱温据河南。

891年　王建据西川。

892年　杨行密据淮南。

896年　马殷据湖南。

902年　南诏亡。此后，云南相继出现郑氏大长和、赵氏大天兴、杨氏大义宁政权。

907—1279年　五代十国与辽、宋、西夏、金统治时期。此一时期，全国多政权并立，战争频仍，汉族、契丹族、党项族、女真族的经济、文化和社会快速发展。特别是两宋，迈入中国封建社会的新阶段、新高峰。佛教、道教、摩尼教流行，佛道二教尤为兴盛，"宋学"兴起发展。宋学先驱为"宋初三先生"（胡瑗、孙复、石介）。王安石为首的新学，程、朱的理学，司马光为首的朔学，苏洵、苏轼、苏辙为首的蜀学，则是宋学的主要流派。理学奠基人有"北宋五子"（周敦颐、程颐、程颢、张载、邵雍），朱子为程朱理学的集大成者。重要的著作：史学著作有《旧唐书》，薛居正《旧五代史》、欧阳修等《新唐书》、《新五代史》，司马光《资治通鉴》，郑樵《通志》，马端临《文献通考》等；数学著作有秦九韶《数学九章》；建筑学著作有《营造法式》。宋代的诗、词、散文成就斐然：著名诗人有杨亿、王禹偁、欧阳修、王安石、陆游等；词有晏殊、晏几道、范仲淹、张先为代表的婉约派，苏轼为代表的豪放派，以及柳永、李清照、辛弃疾的词作；散文作者著名的有欧阳修、王安石、曾巩、三苏等。毕昇发明活字印刷术。医学以小儿科、产科、针灸最为知名。天文学方面，北宋时期进行过六次恒星观测。著名的历法有北宋《崇天历》、《纪元历》，南宋《统天历》、金代《大明历》。宋代绘画艺术题材广阔，形式、风格多样，山水画、花鸟画蓬勃发展，与人物画并驾。描写社会生活的风俗画《清明上河图》得以创作。著名书法家有苏轼、黄庭坚、米芾和蔡襄等。宋徽宗的书法自成一体。重庆大足县的摩崖石刻是我国传统社会中晚期石窟艺术的精品。

907年　唐哀帝禅位于朱全忠，全忠即位，国号梁，建元开平，是为梁太祖。改汴州为开封府，为东都。唐朝灭亡。王建称皇帝，国号蜀（前蜀）。后梁封湖南马殷为楚王。

916年　契丹耶律阿保机称帝，是为辽太祖，建元神册。

917年　刘岩称帝，国号大越，建元乾亨。次年，改国号为汉，史称南汉。

919年　淮南杨隆演称吴国王。

920年　契丹创制契丹大字。天显中，迭剌又创制契丹小字。

923年　晋王李存勖称帝，国号大唐，史称后唐，是为庄宗。后唐灭后梁，迁都洛阳。

925年　后唐攻前蜀，蜀主王衍降，基本统一黄河流域。长和（南诏）国主请婚于南汉，南汉以增城公主妻之。

926年　契丹军至忽汗城，渤海王投降，渤海国亡，契丹以其地为东丹，命耶律倍（突欲）为王。钱镠称吴越国王，建元宝正。

933年　王延钧称帝，国号闽，建元龙启。

934年　孟知祥在蜀称帝，是为后蜀高主。

936 年　石敬瑭借契丹之力灭后唐，建后晋。契丹册封石敬瑭为大晋皇帝。后晋割燕云十六州给契丹。

937 年　徐知诰称帝于金陵，国号唐，建元升元，是为南唐前主。吴亡。段思平灭大义宁，在南诏故地建大理政权。

938 年　晋上尊号于契丹主，自称臣，称契丹主为"父皇帝"。契丹主令勿称臣，命称"儿皇帝"。晋建东京于汴州，升开封府；以东都（洛阳）为西京。

943 年　闽王延政称帝于建州，国号大殷，改元天德。

945 年　殷主改国号为闽。南唐兵入闽，延政败降，闽亡。

947 年　契丹主耶律德光灭后晋，改国号为辽，改元大同。刘知远称帝于太原，称天福十二年。此后，刘知远至汴州，定国号为汉，史称后汉。

951 年　后汉亡。郭威即皇帝位，国号周，建元广顺，是为后周太祖。刘崇称帝于太原，建北汉。南唐灭楚，南汉乘机占据岭南各州。

958 年　后周攻占南唐淮南地。南唐主去帝号，称国主。

960 年　赵匡胤称帝，国号宋，定都开封（东京），建元建隆，是为宋太祖。废周帝为郑王。北宋整饬军政，立更戍法，使将不得专兵。

961 年　宋罢宿将典禁兵，史称"杯酒释兵权"。

963 年　宋始以文官知州事。

965 年　宋攻后蜀，后蜀主孟昶降，国亡。

969 年　宋罢凤翔节度使等为诸卫上将军。自此各藩镇州府渐多代以文吏掌事。

971 年　宋初置市舶司于广州。南唐改号江南。宋进兵广州，灭南汉。

975 年　宋兵下江陵，后主李煜降，江南亡。

978年　吴越王钱俶献地于宋，吴越亡。

979年　宋兵围太原，北汉主刘继元降，北汉亡。辽军败宋军于高梁河。

982年　辽萧太后称制决国政。党项李继捧朝宋，献其世据之银、夏四州地。族弟李继迁反宋。

983年　辽更国号为契丹，改元统和，后又复称辽。

990年　契丹册封李继迁为夏国王。次年，李继迁又降于宋，宋授予银州观察使之职，并赐姓名赵保吉。

992年　宋科举始用糊名考校之法。

993年　宋西川王小波以"均贫富"为号召，组织起义。王小波战死，李顺继之。次年，攻占成都，建国号大蜀，称大蜀王。

997年　宋分统治区为十五路。

1001年　宋颁行《仪天历》。

1004年　辽宋达成"澶渊之盟"。

1010年　契丹册封李德明为夏国主。

1036年　元昊命野利仁荣等创制西夏文字。

1038年　元昊称帝，国号夏，史称西夏。

1043年　宋仁宗任命范仲淹为参知政事，推行"庆历新政"。

1044年　宋与夏和议成功，夏主以国主名义称臣，称夏国主，宋岁赐银绢茶等。

1049年　辽攻西夏，败。自此，形成宋、辽、西夏鼎立局面。广源蛮侬智高起兵，称南天国。

1055年　宋封孔子四十七世孙孔宗愿为衍圣公，衍圣公自此始。

1065年　宋廷议英宗生父濮安懿王称号，发生争论，史称

"濮议"。

1069年　宋以王安石为参知政事，推行"熙宁变法"。

1086—1093年　宋废止熙宁新法，史称"元祐更化"。

1087年　宋增置市舶司于泉州。

1094年　上年，太皇太后高氏死，宋帝始亲政。本年，改元绍圣，渐复熙宁新法。

1104年　宋重定元佑党籍，凡司马光等三百零九人，刻石立碑。

1114年　女真族阿骨打起兵反辽。

1115年　阿骨打称帝，国号金，建元收国。

1117年　大理朝贡于宋，宋封其王段和誉为云南节度使、大理国王。宋徽宗称教主道君皇帝。金禁止同姓为婚。

1119年　金颁行新制女直字。

1120年　宋、金订立海上之盟，联合攻辽。方腊起义，号圣公，建元永乐，东南大震。

1121年　宋罢苏杭造作局和花石纲。方腊被俘。宋江起义军活动于河北、淮南。

1123年　辽奚王回离保自立为奚国皇帝，建元天复。此后，回离保败死，奚人降金。

1125年　辽天祚帝逃亡党项，为金所俘，封为海滨王，辽亡。宋徽宗禅位于太子恒，是为钦宗。金兵分两路攻宋。

1127年　金俘虏宋钦宗、徽宗北去。北宋亡。金立张邦昌为帝，国号楚，都金陵。宋康王赵构即帝位于南京，改元建炎，是为南宋高宗。王彦率部渡河抗金，结营太行山，号"八字军"。

1129年　金大举攻南宋，入江南。宋高宗入海避兵。

1130年　金立刘豫为皇帝，都北京，国号齐。金兵自江南北撤，宋将韩世忠截击金兵于黄天荡。钟相、杨么起义。

1131年 耶律大石称帝，号菊儿罕，改元延庆。是为西辽。此后，建都于虎思斡耳朵。

1134年 岳飞破伪齐军，收复襄阳等地。

1135年 岳飞攻破洞庭水寨，杨么败死。

1138年 金颁女真小字。秦桧为相，专主与金和议。

1139年 宋金第一次绍兴和议成功，宋称臣纳币，金许诺归还河南等地。

1140年 宋帝听秦桧议，诏岳飞班师，历年收复诸城又失。

1142年 宋金"绍兴和议"成功，以淮为界，岁币银绢各二十五万，宋帝称臣。岳飞被害。

1153年 金海陵王迁都燕京（中都）。金改元贞元，定五京之号，又改考试、车服制度。

1154年 金发行"交钞"。

1156年 金颁行"正隆官制"。

1160年 宋发行"会子"。

1161年 金大举侵宋，败于采石矶。

1162年 耿京起义抗金。

1164年 宋金订立"隆兴和议"，南宋不再向金帝称臣，改称侄，改岁贡为岁币。

1167年 宋整顿会子。

1196年 金开始推行区种法。

1199年 宋颁行《统天历》。

1206—1259年 大蒙古国时期。此一时期，铁木真逐渐统一蒙古草原各部，建立大蒙古国，并推行一套适合管理草原社会的国家制度。大蒙古国建立后，在北部、南部、东部、西部各个方向发动了大规模的扩张战争。通过长达半个多世纪的战争，成为横跨欧亚大陆的世界帝国。

1206年 蒙古草原各部在斡难河源举行贵族大会，拥戴铁木真为各部共同的大汗，号"成吉思汗"，是为大蒙古国君主（后追尊为元太祖）。宋进行开禧北伐，失败。

1208年 宋金"嘉定和议"成功，改叔侄为伯侄之国，增岁币，宋赎回淮南地。蒙古灭蔑里乞部，乃蛮屈出律汗奔西辽。

1209年 蒙古攻夏，包围夏都城。蒙古与金绝。

1211年 乃蛮屈出律汗废西辽主直鲁古自立，耶律氏自大石称帝，至此灭亡。

1212年 蒙古攻破金东京。

1214年 金迁都南京（汴京）。金山东红袄军起，杨安儿称皇帝，建元天顺。

1215年 蒙古攻破金北京、中都。

1217年 宋下诏伐金。自是宋、金连年战争。

1218年 蒙古灭西辽。

1219年 宋张福等起事，以红巾为号，是为红巾军。

1219年起 蒙古三次大规模西征，分别为成吉思汗西征、拔都西征、旭烈兀西征，使蒙古国疆域横跨欧亚大陆。

1227年 夏主李睍降于蒙古，西夏亡。成吉思汗死，拖雷监国。

1234年 金帝传位于东面元帅完颜承麟，不久自缢。城破，承麟战死，金亡。宋、蒙战争初起。

1235年 窝阔台汗定都和林城。

1237年 窝阔台汗听从耶律楚材的建议，开始以经义、词赋、论三科考试士子。

1254年 忽必烈进军云南，攻灭大理政权。

1259 年　蒙哥汗率军攻宋，战死于合州钓鱼城。

1260—1368 年　元朝统治时期。元的统一，结束了中国境内各政权对峙的局面，疆域的开拓和民族的融合，都使统一多民族国家的巩固和发展达到新的高度。思想文化与科技都卓有建树。重要的著作：史学著作有胡三省《资治通鉴注》、马端临《文献通考》、脱脱都总裁《辽史》、《宋史》、《金史》，农学著作有王祯《农书》，医学著作有危亦林《世医得效方》。元曲以关汉卿《窦娥冤》、王实甫《西厢记》最为知名。天文学家郭守敬简化浑天仪，主持修订《授时历》，并进行"四海测验"，其中，最南的南海测点即今西沙群岛一带或中沙群岛附近的黄岩岛。绘画艺术高超，以赵孟頫、黄公望最为有名。著名的地理学家有女真族的蒲察都实、阔阔出。水利学家贾鲁提出疏、浚、塞并举的方案，创造石船堤障水法，取得治河成功。

1260 年　忽必烈称大汗于开平，建元中统，是为元世祖。蒙古以吐蕃僧八思巴为国师，统佛教，辖西藏政事。

1264 年　蒙古立诸路行中书省，行新立条格，改燕京为中都，改元至元。

1269 年　蒙古颁行八思巴所创新字。

1271 年　蒙古改国号为大元。次年，改中都为大都。

1276 年　元军攻下临安。宋恭帝赵㬎奉表请降。益王昰即位于福州，是为端宗。

1278 年　陆秀夫立宋卫王昺，改元祥兴。文天祥兵败被俘。

1279 年　崖山之役，宋军大败。陆秀夫负宋帝昺蹈海死，南宋亡。

1280 年　元颁行郭守敬等所制《授时历》。

1281 年　元征日本，遭遇飓风，兵败。

1291 年　颁行《至元新格》。

1303 年　《大元大一统志》修成。

1315 年　元朝开始实行科举，蒙古、色目人为右榜，汉人、南人为左榜。

1328 年　元泰定帝死于上都，内乱起。上都、大都兵大战。

1345 年　《至正条格》修成。

1348 年　台州黄岩方国珍起兵海上。

1351 年　元朝统治者接受贾鲁的建议，开黄河故道。颍州刘福通拥护韩山童起义，山童被俘死。罗田徐寿辉起义，称帝，国号天完，建元治平。

1352 年　定远郭子兴起义。朱元璋从郭子兴于濠州。

1353 年　泰州张士诚起义，自称诚王，明年，建元天佑。

1355 年　刘福通等迎韩山童之子林儿为皇帝，号小明王，国号宋，建元龙凤，都亳州。

1356 年　张士诚攻下平江，据之，改为隆平府，称周王。朱元璋取集庆，改为应天府。自称吴国公。

1359 年　徐寿辉部将陈友谅自称汉王，迎寿辉居于江州。

1360 年　陈友谅攻破太平，杀徐寿辉，自立为皇帝，国号汉，建元大义。

1362 年　明玉珍称皇帝，国号夏，建元天统。

1363 年　朱元璋至安丰，破张士诚兵，迎韩林儿归，居滁州。朱元璋破陈友谅于鄱阳湖，友谅败死。

1364 年　朱元璋称吴王，置百官，仍用龙凤年号。朱元璋攻下武昌，陈理降。

1366 年　朱元璋溺毙韩林儿于江。

1367 年　朱元璋称吴元年。朱元璋破苏州，张士诚死。朱元璋遣徐达北取中原。方国珍降。

1368—1644 年 明朝统治时期。明代是中国封建社会晚期的重要发展阶段，社会经济结构和阶级结构逐渐发生一些新变化，各项制度趋于完善，传统社会萌动向近代社会转型。以王守仁为代表的"阳明心学"与程朱理学一道，并为学界主流。小说、戏曲均有佳作。重要的著作：小说有施耐庵《水浒传》、罗贯中《三国演义》、吴承恩《西游记》、兰陵笑笑生《金瓶梅》、冯梦龙《三言二拍》，传奇有汤显祖《临川四梦》，农学著作有徐光启《农政全书》，药学著作有李时珍《本草纲目》，音律学著作有朱载堉《乐律全书》，百科全书式科学著作有宋应星《天工开物》。著名地理学家有徐霞客。万里长城、北京城皇宫建筑群、十三陵、拙政园等则是当时建筑艺术的瑰宝。

1368 年 朱元璋称皇帝，国号明，建都应天府，建元洪武，是为明太祖高皇帝。明定卫所制。徐达北击元军，攻克大都，元帝奔开平。

1369 年 诏天下郡县建立学校。定封建诸王之制。

1373 年 颁行《大明律》。

1375 年 行钞法，造大明宝钞。

1376 年 空印案起，官吏因此下狱者数百人。

1378 年 五开"蛮"吴面儿起事，遣兵攻之，以太监观军，为宦官预兵事之始。

1380 年 左丞相胡惟庸以谋反死，株连者众。罢中书省。改大都督府为五军都督府。废丞相。定南北更调用人之法。燕王朱棣就藩北平。

1381 年 编造"黄册"。

1382 年 明军攻取大理，俘虏段明，段氏据大理数百年，至是绝。设云南布政使司。

1384 年 重定科举取士制。禁宦官预外事。

1385年　户部侍郎郭桓案发，牵连各省官吏数万人。颁《大诰》。

1387年　以国子生分行州县，查粮定区，编造"鱼鳞图册"。

1390年　陆仲亨、李善长以交接胡惟庸，赐死。颁布《昭示奸党录》。

1391年　天下州县赋役黄册造成。

1393年　凉国公蓝玉坐谋反死。颁布《逆臣录》。

1395年　颁《皇明祖训》。

1397年　颁《大明律诰》。

1398年　明太祖死，太孙允炆即位，是为惠帝，改元建文。命齐泰、黄子澄定议削藩。

1399年　燕王朱棣发动"靖难之役"。

1402年　燕师渡江。惠帝不知所终。燕王即皇帝位，是为成祖文皇帝。杀齐泰、黄子澄、方孝孺，灭族。蒙古分鞑靼、瓦剌二部。

1403年　改北平为北京。

1405—1433年　郑和前后七次出使西洋，返程途中卒于古里。

1407年　出兵安南，设交趾布政使司。

1409年　邱福率兵攻阿鲁台，全军覆没。设奴儿干都司。

1410年　朱棣第一次北征。

1413年　设贵州布政使司。

1416年　廷议迁都北京。

1420年　山东唐赛儿起义。宣布定都北京。次年，迁都北京。

1420—1508年　明朝陆续设立特务机构。永乐十八年，设东厂，以宦官为提督。成化十三年，设西厂，以太监汪直领之。正德三年，刘瑾立内厂，残暴甚于东、西二厂。

1424 年　成祖死于榆木川。仁宗进大学士杨荣为工部尚书，从此入阁者相继进尚书，阁职日益显赫。

1430 年　命侍郎于谦等巡抚两京、山东、山西等处，是为各地专设巡抚之始。

1432 年　募商输粮于边而酬以盐引，是为中盐法。

1435 年　王振招权纳贿，为明代宦官乱政之始。

1441—1449 年　明朝发动三次平定云南土司叛乱的战争。正统六年，第一次麓川战役，兵部尚书王骥率兵攻克麓川，当地土司思任发逃往缅甸。七年，王骥再次征讨；十年，俘虏思任发。十三年，第三次出征麓川，思机发逃匿。王骥与思任发幼子相约，使其为土目。

1447 年　矿民叶宗留起事。

1448 年　福建沙县邓茂七起义。

1449 年　英宗于土木堡被瓦剌俘获，史称"己巳之变"（或称"土木堡之变"）。英宗弟郕王即帝位，尊英宗为太上皇。也先入犯北京，不克。

1450 年　景帝迎英宗于也先，至北京，居南宫。

1457 年　徐有贞、石亨等拥护英宗复辟，改元天顺，杀于谦。废景帝为郕王，寻死。史称"南宫复辟"（或称"夺门之变"）。广西浔州蛮起事于大藤峡。

1464 年　旧制：授官必由内阁、吏部，至是，始由宦官传旨直接授官，谓之"内批"。

1502 年　《大明会典》修成。

1506 年　刘瑾掌司礼监，提督十二团营。

1510 年　安化王朱寘鐇以讨刘瑾为名，据宁夏反。四川流民入陕西、湖广等地，势益大。霸州刘六、刘七起事。

1519 年　宁王朱宸濠造反于南昌，南赣巡抚王守仁举兵讨平之。

1521 年　武宗死，无子。大臣迎兴世子厚熜于安陆。改明年为嘉靖元年，是为世宗肃皇帝。诏议本生父兴献王尊崇典礼，于是大礼议起。

1523 年　世宗始建醮于宫中，道士势益盛。日本贡使宗设、宋素卿在宁波互争真伪，遂罢市舶司。

1528 年　疏浚通惠河成，自此漕运直达京师。

1533 年　大同兵变。

1549 年　浙江海盗与倭寇相勾结，大肆劫掠沿海，自是终嘉靖之世无宁日。

1550 年　俺答攻宣府，入掠，京师戒严，史称"庚戌之变"。

1553 年　倭寇大举入寇浙东、西，江南、北。

1556 年　胡宗宪诱捕勾结倭寇之徐海。戚继光组织戚家军。

1557 年　胡宗宪诱降汪直，旋杀之。葡萄牙殖民者以欺骗与行贿手段窃据澳门一隅。

1563 年　俞大猷和戚继光合破平海之倭，收复兴化，为剿倭以来之大捷。

1565 年　命潘季驯治河。四川大足白莲教蔡伯贯起事。

1571 年　封蒙古俺答汗为顺义王，开互市。

1578 年　利玛窦自葡萄牙里斯本出发，赴远东传教。

1579 年　张居正废毁书院数十处。

1581 年　全国丈量土地完毕，通行一条鞭法。

1583 年　努尔哈赤以父祖之死由于尼堪外兰，举兵攻之，揭开努尔哈赤统一建州女真序幕。

1589 年　努尔哈赤统一建州各部。

1592 年　日本侵入朝鲜。神宗发兵援朝。

1598 年　明、朝联军打败入侵日军，明将邓子龙战死于朝鲜。

1599 年　遣太监分榷京口、仪征税。努尔哈赤命制国语。

1603 年　努尔哈赤筑赫图阿拉城。

1607 年　徐光启译《几何原本》成。

1611 年　东林党争起。

1615 年　明发生"梃击案"。努尔哈赤始定八旗制。

1616 年　努尔哈赤于赫图阿拉称汗，号英明汗（全称"承奉天命养育列国英明汗"）。始建金国，史称后金，史载年号天命。

1618 年　后金努尔哈赤以"七大恨"告天，起兵反明。明加派辽饷。

1619 年　明军征努尔哈赤，大败于萨尔浒。努尔哈赤始正式公开使用"天命金国汗"玺。

1620 年　明光宗病，服李可灼所进红丸药，死，是为"红丸案"。光宗选侍李氏居乾清宫，廷臣逼之移宫，是为"移宫案"。

1621 年　后金进入辽、沈地区，实行计丁授田。

1622 年　努尔哈赤命八旗贝勒共议国政。山东白莲教首领徐鸿儒起事。明、后金发生"广宁之战"。

1623 年　袁崇焕筑宁远城。

1624 年　荷兰入侵台湾。

1625 年　后金迁都沈阳（盛京）。

1626 年　努尔哈赤死，皇太极嗣后金汗位。

1627 年　熹宗死，弟信王由检嗣位，明年改元崇祯。逮系魏忠贤，自缢死。

1628年　陕西王嘉胤、王佐桂、高迎祥、王大梁等起义。迎祥称闯王，大梁称大梁王。

1630年　崇祯帝杀袁崇焕。

1631年　孔有德发动吴桥兵变。

1635年　高迎祥等义军十三家会于荥阳。皇太极改族名"女真"为"满洲"。

1636年　后金皇太极称帝，改国号为大清，是为清太宗，改元崇德。高迎祥死，部下奉李自成为闯王。

1643年　皇太极死，子福临嗣立，是为清世祖章皇帝。睿亲王多尔衮、郑亲王济尔哈朗辅政，改明年为顺治元年。

1644—1912年　清朝统治时期。此一时期，古老的封建王朝步履蹒跚，列强强势崛起，民族危机深重。但清代前期，文治武功显赫，版图辽阔，统一多民族国家空前巩固和发展，综合国力一度居世界前列。清代后期，遭受西方列强侵略，中国逐渐沦为半殖民地半封建社会。程朱理学"复兴"，成为指导清初社会重建的重要理论依据。至清中叶，乾嘉考据学尤为兴盛，主要代表人有惠栋、戴震、阮元等。嘉道以降，经世之学兴起。诗词皆有力作，著名诗人有钱谦益、吴伟业、王士禛、陈廷敬，词人有陈维崧、朱彝尊等。重要的著作：小说有吴敬梓《儒林外史》、蒲松龄《聊斋志异》、曹雪芹等《红楼梦》，戏曲有洪昇《长生殿》、孔尚任《桃花扇》，地图有《皇舆全览图》、《乾隆内府地图》，前者采用经纬图法，梯形投影，开中国近代地图之先河。清代建筑技术发达，宫殿、园林、寺庙盛极一时，最为著名的有"三山五园"（即香山静宜园、玉泉山静明园、万寿山清漪园、畅春园、圆明园），承德避暑山庄、外八庙。

1644年　李自成称王于西安，国号大顺，建元永昌。自成入北京。崇祯帝自缢死。多尔衮率军与吴三桂在山海关一片石击败李自成，自成退还北京，不久撤离。清军入北京。明福王朱由崧即皇帝位，改明年为弘光元年。顺治帝自沈阳入北京，即皇帝位，颁《时宪历》。张献忠称大西国王，建元大顺。

1645 年　清兵入南京，弘光帝逃往芜湖，被俘，明年死。黄道周、郑芝龙奉唐王朱聿键监国于福州，旋即帝位，建元隆武。张国维、张煌言奉鲁王朱以海监国于绍兴。李自成败死九宫山。

1646 年　丁魁楚、瞿式耜奉桂王朱由榔监国于肇庆。朱聿键被清军俘虏，死于福州。苏观生立唐王朱聿𨮁于广州，改元绍武。桂王称帝，改明年为永历元年。张献忠败死。

1647 年　郑成功在海上起兵抗清。

1649 年　清封孔有德、耿仲明、尚可喜为王。

1650 年　多尔衮死。次年，福临亲政。

1653 年　五世达赖喇嘛抵北京。明鲁王自去监国号，浙东政权结束。

1655 年　令沿海不准片帆下海。此后，又多次颁布禁海令。

1657 年　顺天、江南科场案爆发，皆以江南汉族知识分子为打击对象。

1659 年　郑成功、张煌言大举入长江，取崇明，下江南、北二十九城。

1661 年　顺治帝死，子玄烨即位，是为清圣祖仁皇帝。索尼、苏克萨哈、遏必隆、鳌拜辅政。清兵入缅甸，永历帝被执。

1662 年　吴三桂杀明永历帝。郑成功驱逐荷兰殖民者，收复台湾。郑成功死，子经主政台湾。

1663 年　庄廷鑨《明史》狱结案。

1667 年　康熙帝亲政。

1669年　禁止各省建立天主教堂传教。

1673年　吴三桂起事于云南。"三藩之乱"起。杨起隆诈称朱三太子谋起事于京，事泄。

1677年　始设南书房。

1678年　清开博学鸿儒科。吴三桂死，三桂孙世璠嗣位。

1681年　清军攻破昆明，吴世璠自杀，"三藩之乱"结束。

1683年　郑克塽降清。次年，清在台湾设府，隶福建省。

1684—1707年　康熙帝六次南巡，多为视察河工。

1685—1686年　清军击败雅克萨沙俄侵略军。

1688年　准噶尔部汗噶尔丹进攻喀尔喀三部。

1689年　中俄签订《尼布楚条约》。

1690年　噶尔丹败于乌兰布通。

1691年　清廷与喀尔喀贵族举行多伦会盟。

1697年　康熙帝亲征噶尔丹，大败准噶尔军，噶尔丹自杀。

1708—1712年　康熙帝两度废太子。

1712年　定"滋生人丁永不加赋"之制。

1713年　江南科场案审结。封班禅呼图克图为班禅额尔德尼。《南山集》案结，戴名世处死。

1717年　策妄阿拉布坦遣派骁将大策凌敦多布率兵攻入拉萨，杀拉藏汗。拉藏汗死后，和硕特系蒙古汗王统治西藏的历史至此结束。

1718—1720年　准噶尔在西藏策动叛乱。

1720年　封达赖喇嘛呼毕勒罕为宏法觉众第六世达赖喇嘛。

1721年　朱一贵起事于台湾。

1723—1724年　青海罗卜藏丹津叛乱。

1723年　接受直隶巡抚李维钧的建议，将丁银摊入田亩征收，地丁合一始于此。

1726年　命云南丁银摊入地亩。查嗣庭狱起。苗、瑶等地实行"改土归流"。

1727年　清廷命内阁学士僧格、副都统马喇差往达赖喇嘛处，此为设驻藏大臣之始。雍正元年（1723），阿尔布巴之乱平定后，正式设驻藏大臣正副二人，首任驻藏大臣为僧格。云贵总督鄂尔泰开始推行"改土归流"。中俄订立《布连斯奇界约》，划定中俄中段边界。又订立中俄《恰克图条约》。

1729年　曾静、张熙案起。吕留良案起。谢济世案起。陆生楠案起。雍正帝颁《大义觉迷录》。

1751—1784年　乾隆帝六次南巡。

1755年　准噶尔之乱平定。

1757年　禁外国商船至江、浙、闽海关贸易，限于广州一处开放。

1771年　土尔扈特部在渥巴锡汗率领下回归祖国。

1774年　白莲教王伦起事于寿张、临清等处。

1776年　大金川首领索诺木莎罗奔等降，金川军事至此结束。

1786年　台湾天地会林爽文起事。

1792年　清军击败入侵西藏的廓尔喀军。乾隆帝命作"十全武功记"。

1793年　颁定《西藏章程》。改订达赖、班禅及大呼图克图呼毕勒罕金本巴瓶抽签法。英使马戛尔尼入觐。

1796—1804年　五省白莲教大起义。

1799年　乾隆帝死，嘉庆帝亲政，下大学士和珅于狱，赐死。

1813年　天理教在林清领导下，攻袭皇宫，失败，被俘。

1815年　定《查封鸦片章程》。

1820—1827 年　新疆张格尔叛乱。

1839 年　林则徐虎门销烟。

1840 年　中英第一次鸦片战争爆发。

1841 年　三元里人民抗英。

1842 年　中英签订《南京条约》，此为中国近代史上第一个丧权辱国的不平等条约。

1843 年　中英签订《五口通商章程》。洪秀全初创拜上帝会。

1844 年　中美签订《望厦条约》。中法签订《黄埔条约》。洪秀全、冯云山开始传教。

1845 年　"七和卓之乱"起。中英签订《上海租地章程》，此为上海租界的第一个法律文件。

1850 年　洪秀全领导的拜上帝会起义于广西桂平金田村。

1851 年　与俄国签订《伊犁通商条约》。太平军攻入永州城，建号太平天国，洪秀全为天王。封杨秀清、冯云山、萧朝贵、韦昌辉、石达开为王。

1852 年　太平军首领冯云山、萧朝贵战死。安徽捻军首领张乐行起事。

1853 年　太平天国攻入江宁，改称天京，并在此建都，建立太平天国政权。颁《天朝田亩制度》。清建江南大营。太平军李开芳、林凤祥北伐，胡以晃西征。小刀会占领上海县城。

1854 年　英法美领事制定并公布《上海英法美租界租地章程》，自此租界成为"国中之国"。太平天国开科取士。

1855 年　太平军北伐部队全军覆没。安徽亳州捻众推戴张乐行为盟主。

1856 年　清廷命各省行团练，由官督率。石达开破江南大营。太平天国"天京事变"爆发。班禅额尔德尼呼毕勒罕掣定。

1857年　石达开自天京出走。

1858年　达赖喇嘛呼毕勒罕掣定。奕山与俄国签订《瑷珲条约》，割黑龙江左岸地给俄国。清分别与俄、美、英、法签订《天津条约》。李秀成大破江北大营，天京围解。太平军大败湘军，取得三河大捷。

1859年　洪仁玕抵达天京，封为干王，总理朝政。提出《资政新编》，主张改革。

1860年　李秀成、陈玉成会援天京，大破江南大营。美国人华尔组织洋枪队，备抗太平军。太平军决策进行第二次西征，夺取武汉。英、法联军洗劫并火烧圆明园。清与英、法、俄三国分别签订《北京条约》。"总理各国事务衙门"设立。

1861年　恭亲王奕䜣上奏《通筹洋务全局酌拟章程六条折》。山东天龙八卦教起事。咸丰帝死于热河。"辛酉政变"后，慈安、慈禧两太后垂帘听政。各国设使馆于北京。

1862年　清政府聘请英法教官编练新式军队。陈玉成被俘，死。

1863年　捻军首领张乐行被俘，死。石达开于大渡河被俘，死。赫德开始担任总税务司。美国于上海设租界，不久与英租界合并为公共租界。

1864年　洪秀全死，子洪天贵福嗣位。曾国荃攻入天京，李秀成被俘，死。洪天贵福被俘，死。

1865年　清廷借英款，分二年六次偿还，是为外债之始。

1866年　捻军分东、西二路。左宗棠奏设福州船政局，沈葆桢总理局务。

1867年　清廷遣蒲安臣往有约各国办理交涉。天津机器局成立，金陵机器局成立。

1868年　魏宗禹领导的西捻军覆灭，至此太平军余部及捻军抗清斗争结束。改订中美《天津条约》（又称《蒲安臣条约》），增加七条协定。

1872年　派学童赴美留学，由容闳率领。

1875年　薛福成应诏陈治平六策、海防密议十条。分命李鸿章、沈葆桢督办北洋、南洋海防。以郭嵩焘为出使英国钦差大臣，是为正式派遣驻使之始。

1876年　李鸿章与英使威妥玛签订《烟台条约》，列强攫取在中国内河航行权。命各省禁种罂粟，并纳入地方官员政绩考成。

1879年　崇厚与俄签订《交收伊犁条约》（又称《里瓦基亚条约》）。

1881年　曾纪泽与俄改订《伊犁条约》，收回部分失地。

1884年　罢免恭亲王奕䜣全班军机大臣之职。马尾之战爆发。清对法宣战。新疆设省，以刘锦棠为巡抚。

1885年　李鸿章在天津成立武备学堂。清军在冯子材领导下取得对法作战大捷，攻克谅山等地。李鸿章与伊藤博文签订中日《天津条约》。中法签订《越南条约》，此后，又签订《中法续议商务专条附章》，法国首先获得在中国修筑铁路、开采矿山特权。以醇亲王奕譞总理海军事务。下诏改福建巡抚为台湾巡抚，台湾正式设省。① 至1888年实现闽台分治。首任巡抚刘铭传推行自强新政。

1887年　《中葡条约》签订。设海关于九龙、澳门。

1888年　康有为奏请改革国政。

1889年　慈禧太后"还政"光绪帝。

---

① 《中外历史年表》系之于1886年。此据陈孔立主编《台湾历史纲要》与徐彻等主编《清代全史》第九卷。

1890年　中英签订《中英会议印藏条约》八款。张之洞创立汉阳制铁局、汉阳枪炮厂。

1891年　康有为《大同书》刊成。又撰《新学伪经考》等书为其变法思想建立理论依据。

1893年　张之洞在湖北设立自强学堂。中英签订《中英会议藏印续约》九款。《藏印条约》、《藏印续约》的签订，使英国打开了中国西藏大门。

1894年　朝鲜以东学党起义，请清政府出兵。日本乘机出兵朝鲜。中日发生黄海海战。孙中山创立兴中会于檀香山。

1895年　中日签订《马关条约》。康有为组织"公车上书"，主张拒和、迁都、变法图强。俄、法、德三国干涉日本强割辽东半岛。康有为创强学会。孙中山设兴中会总部于香港。

1896年　中俄签订《御敌互相援助条约》（即《中俄密约》）。严复翻译赫胥黎《天演论》成。张之洞奏派二人赴日本留学，派学生留日自此开始。

1898年　康有为上《统筹全局折》。德国强租胶州湾。俄国强租旅顺口、大连湾。法国强租广州湾。康有为等创保国会于北京。光绪帝颁"明定国是"诏，决定变法维新。慈禧太后囚禁光绪帝于瀛台。康有为流亡海外。"戊戌六君子"就义。

1899年　总理衙门议定《出洋留学章程》。美国国务卿海约翰正式提出对中国"门户开放"政策。山东义和团兴起，提出"扶清灭洋"口号。

1900年　义和团势力发展到山西、直隶。八国联军侵入北京。

1901年　颁布"改弦更法诏"，启行新政。改总理各国事务衙门为外务部。刘坤一、张之洞联衔会奏《江楚会奏变法三折》。《辛丑条约》签订。

1903 年 与日本、美国订立商约，给予日本最惠国待遇。设练兵处，以奕劻为练兵大臣，袁世凯为会办，铁良为襄办，统筹编练新军。邹容《革命军》出版。黄兴、宋教仁组织华兴会。

1904 年 侵藏英军主帅荣赫鹏威逼西藏地方政府签订《拉萨条约》。

1905 年 美国政府再次提出对华门户开放政策，英、法等国响应。派载泽等五大臣出洋考察宪政，革命党人吴樾投掷炸弹，数人受伤，遂中止。下诏命自丙午科始，所有乡、会试一律停止，各省岁、科试亦即停止，科举制度废止。中国革命同盟会在日本成立，孙中山为总理，机关报为《民报》，孙中山在发刊词中提出"三民主义"主张。

1906 年 中英《西藏条约》签订。清廷宣布"预备仿行立宪"。同盟会在萍乡、浏阳、醴陵等地发动武装起义。

1907 年 光复会会员徐锡麟谋划刺杀安徽巡抚恩铭，被捕。同盟会在黄冈、镇南关等地发动起义，均失败。

1908 年 颁各省《谘议局章程》。颁《钦定宪法大纲》。光绪帝死，以醇亲王载沣子溥仪入承大统。慈禧太后死，命摄政王载沣监国，改明年为宣统元年。袁世凯回籍"养病"。

1909 年 颁《资政院章程》。各省谘议局开会。詹天佑主持设计的京张路通车。

1911 年 废军机处、旧内阁，颁新内阁官制，以奕劻为总理大臣。时人称之为"皇族内阁"。黄兴领导广州起义，失败。宣布铁路国有，两湖、四川纷纷反对，四川成立保路同志会。武昌起义爆发，史称"辛亥革命"。各省纷纷独立。各省代表在汉口开会，议决在临时中央政府成立前，以湖北军政府为中央政府，通过《中华民国临时政府组织大纲》。各省代表在南京开会，选举孙中山为中华民国临时大总统。奕劻内阁辞职，袁世凯接任内阁总理大臣。罢免摄政王载沣。南北和议代表在上海开始谈判。

1912年　孙中山在南京就任中华民国临时大总统。宣统帝宣布退位。

三

夏商周纪年表

（一）夏王朝年表

朝代	王	年代（公元前）
夏	禹	2070—1600
	启	
	太康	
	仲康	
	相	
	少康	
	予	
	槐	
	芒	
	泄	
	不降	
	扃	
	廑	
	孔甲	
	皋	
	发	
	癸（桀）	

（二）商王朝年表

朝代	王	年代（公元前）
商前期	汤	1600—1300
	太丁	
	外丙	
	中壬	
	太甲	
	沃丁	
	太庚	
	小甲	
	雍己	
	太戊	
	中丁	
	外壬	
	河亶甲	
	祖乙	
	祖辛	
	沃甲	
	祖丁	
	南庚	
	阳甲	
	盘庚（迁殷前）	

续表

朝代	王	年代（公元前）
商后期	盘庚（迁殷后） 小辛 小乙	1300—1251
	武丁	1250—1192
	祖庚 祖甲 廪辛 康丁	1191—1148
	武乙	1147—1113
	文丁	1112—1102
	帝乙	1101—1076
	帝辛（纣）	1075—1046

（三）西周王室与诸侯纪年表

西周王室纪元	诸侯纪元	公元纪年
武王姬发		
成王诵		
康王钊		
昭王瑕		
穆王满		
共王繄扈		

续表

西周王室纪元	诸侯纪元	公元纪年
懿王囏		
孝王辟方		
夷王燮		
厉王胡		
共和行政元年		前841
共和行政二年	晋釐侯元年	前840
共和行政五年	楚熊严元年	前837
	蔡夷侯元年	
共和行政八年	曹幽伯彊元年	前834
共和行政十一年	陈釐公孝元年	前831
共和行政十二年	宋惠公意䥛元年	前830
宣王静元年	楚熊霜元年	前827
宣王静二年	燕釐侯庄元年	前826
宣王静三年	鲁武公敖元年	前825
	曹戴伯苏元年	
宣王静四年	齐厉公无忌元年	前824
宣王静六年	晋献侯籍元年	前822
宣王静七年	秦庄公元年	前821
	楚熊徇元年	
宣王静十三年	鲁懿公戏元年	前815
	齐文公赤元年	
宣王静十六年	卫武公和元年	前812

续表

西周王室纪元	诸侯纪元	公元纪年
宣王静十七年	晋穆侯弗生元年	前811
宣王静十九年	蔡釐侯所事元年	前809
宣王静二十二年	鲁君伯御元年	前806
	郑桓公友元年	
宣王静二十五年	齐成公说元年	前803
宣王静二十八年	宋哀公元年	前800
宣王静二十九年	宋戴公立元年	前799
	楚熊鄂元年	
宣王静三十二年	鲁孝公称元年	前796
宣王静三十三年	陈武公灵元年	前795
	曹惠公伯雉元年	
宣王静三十四年	齐庄公赎元年	前794
宣王静三十八年	楚若敖（熊仪）元年	前790
	燕顷侯元年	
宣王静四十四年	晋殇叔元年	前784
幽王宫湦元年		前781
幽王宫湦二年	晋文侯仇元年	前780
	陈夷公说元年	
幽王宫湦五年	秦襄公元年	前777
	陈平公燮元年	

（四）东周王室与诸侯纪年表

东周王室纪元	诸侯纪元	公元纪年
春秋时期		
平王宜臼元年	郑武公滑突元年	前 770
平王宜臼三年	鲁惠公弗湟元年	前 768
平王宜臼五年	燕哀侯元年	前 766
平王宜臼六年	秦文公元年	前 765
	宋武公司空元年	
平王宜臼七年	燕郑侯元年	前 764
平王宜臼八年	楚霄敖（熊坎）元年	前 763
平王宜臼十年	蔡共侯兴元年	前 761
平王宜臼十二年	蔡戴侯元年	前 759
	曹穆公元年	
平王宜臼十四年	楚蚡冒元年	前 757
	卫庄公杨元年	
平王宜臼十五年	曹桓公终生元年	前 756
平王宜臼十七年	陈文公圉元年	前 754
平王宜臼二十二年	蔡宣侯措父元年	前 749
平王宜臼二十四年	宋宣公力元年	前 747
平王宜臼二十六年	晋昭侯伯元年	前 745
平王宜臼二十七年	陈桓公鲍元年	前 744
平王宜臼二十八年	郑庄公寤生元年	前 743

续表

东周王室纪元	诸侯纪元	公元纪年
平王宜臼三十一年	楚武王熊通元年	前 740
平王宜臼三十二年	晋孝侯平元年	前 739
平王宜臼三十七年	卫桓公完元年	前 734
平王宜臼四十一年	齐釐公禄父元年	前 730
平王宜臼四十三年	宋穆公和元年	前 728
	燕穆侯元年	
平王宜臼四十八年	晋鄂侯郄元年	前 723
平王宜臼四十九年	鲁隐公息姑元年	前 722
桓王林元年	宋殇公与夷元年	前 719
桓王林二年	卫宣公晋元年	前 718
桓王林三年	晋哀侯光元年	前 717
桓王林五年	秦宁公元年	前 715
桓王林六年	蔡桓侯封人元年	前 714
桓王林九年	鲁桓公允元年	前 711
桓王林十年	宋庄公冯元年	前 710
	燕宣侯元年	
桓王林十一年	晋小子元年	前 709
桓王林十四年	晋侯潘元年	前 706
	陈厉公元年	
桓王林十七年	秦出公元年	前 703
桓王林十九年	曹庄公射姑元年	前 701
桓王林二十年	郑厉公突元年	前 700

续表

东周王室纪元	诸侯纪元	公元纪年
桓王林二十一年	卫惠公朔元年	前699
	陈庄公林元年	
桓王林二十三年	齐襄公诸儿元年	前697
	秦武公元年	
	燕桓侯元年	
庄王佗元年	卫君黔牟元年	前696
	郑昭公忽元年	
庄王佗三年	蔡哀侯献舞元年	前694
	郑君子亹元年	
庄王佗四年	鲁庄公同元年	前693
	郑君子婴元年	
庄王佗五年	陈宣公杵臼元年	前692
庄王佗六年	宋湣公捷元年	前691
庄王佗七年	燕庄公元年	前690
庄王佗八年	楚文王赀元年	前689
庄王佗十二年	齐桓公小白元年	前685
釐王胡齐元年	宋桓公御说元年	前681
釐王胡齐三年	郑厉公突（复立）元年	前679
釐王胡齐五年	秦德公元年	前677
惠王阆元年	晋献公诡诸元年	前676
	楚堵敖艰元年	
惠王阆二年	秦宣公元年	前675

续表

东周王室纪元	诸侯纪元	公元纪年
惠王阆三年	蔡穆侯肸元年	前674
惠王阆五年	郑文公捷元年	前672
惠王阆六年	楚成王恽元年	前671
惠王阆七年	曹釐公夷元年	前670
惠王阆九年	卫懿公赤元年	前668
惠王阆十四年	秦成公元年	前663
惠王阆十六年	曹昭公元年	前661
	鲁湣公启元年	
惠王阆十七年	卫戴公申元年	前660
惠王阆十八年	鲁釐公申元年	前659
	秦穆公任好元年	
	卫文公燬元年	
惠王阆二十年	燕襄公元年	前657
惠王阆二十五年	曹共公元年	前652
襄王郑元年		前651
襄王郑二年	晋惠公夷吾元年	前650
	宋襄公兹父元年	
襄王郑五年	陈穆公款元年	前647
襄王郑七年	蔡庄公甲午元年	前645
襄王郑十年	齐孝公昭元年	前642
	曹怀公圉元年	

续表

东周王室纪元	诸侯纪元	公元纪年
襄王郑十六年	晋文公重耳元年	前636
	宋成公王臣元年	
襄王郑十八年	卫成公郑元年	前634
襄王郑二十年	齐昭公潘元年	前632
襄王郑二十一年	陈共公朔元年	前631
襄王郑二十五年	晋襄公驩元年	前627
	郑穆公兰元年	
襄王郑二十六年	鲁文公兴元年	前626
襄王郑二十七年	楚穆王商臣元年	前625
襄王郑三十二年	晋灵公夷皋元年	前620
	秦康公罃元年	
襄王郑三十三年	宋昭公杵臼元年	前619
顷王壬臣元年		前618
顷王壬臣二年	曹文公寿元年	前617
	燕桓公元年	
顷王壬臣六年	楚庄王侣元年	前613
	陈灵公平国元年	
匡王班元年	齐懿公商人元年	前612
匡王班二年	蔡文公申元年	前611
匡王班三年	宋文公鲍元年	前610

续表

东周王室纪元	诸侯纪元	公元纪年
匡王班五年	鲁宣公元年	前608
	齐惠公元年	
	秦共公稻元年	
定王瑜元年	晋成公黑臀元年	前606
定王瑜二年	郑灵公夷元年	前605
定王瑜三年	郑襄公坚元年	前604
定王瑜四年	秦桓公元年	前603
定王瑜六年	燕宣公元年	前601
定王瑜八年	晋景公据元年	前599
	卫穆公遬元年	
定王瑜九年	齐顷公无野元年	前598
	陈成公午元年	
定王瑜十三年	曹宣公彊元年	前594
定王瑜十六年	蔡景公固元年	前591
定王瑜十七年	鲁成公黑肱元年	前590
	楚共王审元年	
定王瑜十九年	宋共公瑕元年	前588
	卫定公臧元年	
定王瑜二十一年	郑悼公费元年	前586
	燕昭公元年	
简王夷元年	吴王寿梦元年	前585
简王夷二年	郑成公睔元年	前584

续表

东周王室纪元	诸侯纪元	公元纪年
简王夷五年	齐灵公环元年	前581
简王夷六年	晋厉公寿曼元年	前580
简王夷九年	曹成公负刍元年	前577
简王夷十年	秦景公元年	前576
	卫献公衎元年	
简王夷十一年	宋平公成元年	前575
简王夷十三年	燕武公元年	前573
简王夷十四年	鲁襄公午元年	前572
	晋悼公元年	
灵王泄心元年		前571
灵王泄心二年	郑釐公恽元年	前570
灵王泄心四年	陈哀公弱元年	前568
灵王泄心七年	郑简公嘉元年	前565
灵王泄心十二年	吴王诸樊元年	前560
灵王泄心十三年	楚康王招元年	前559
灵王泄心十四年	卫殇公元年	前558
灵王泄心十五年	晋平公彪元年	前557
灵王泄心十八年	曹武公胜元年	前554
	燕文公元年	
灵王泄心十九年	齐庄公光元年	前553
灵王泄心二十四年	燕懿公元年	前548

续表

东周王室纪元	诸侯纪元	公元纪年
灵王泄心二十五年	齐景公杵臼元年	前547
	吴王馀祭元年	
灵王泄心二十六年	卫献公衎复元元年	前546
景王贵元年	楚郏敖员元年	前544
景王贵二年	卫襄公恶元年	前543
景王贵三年	蔡灵侯班元年	前542
景王贵四年	鲁昭公裯元年	前541
景王贵五年	楚灵王围元年	前540
景王贵九年	秦哀公元年	前536
景王贵十年	燕悼公元年	前535
景王贵十一年	卫灵公元年	前534
景王贵十二年	陈惠公吴元年	前533
景王贵十四年	晋昭公夷元年	前531
	宋元公佐元年	
景王贵十五年	蔡平侯庐元年	前530
	吴王馀眜元年	
景王贵十六年	郑定公宁元年	前529
景王贵十七年	楚平王居元年	前528
	燕共公元年	
景王贵十八年	曹平公须元年	前527
景王贵十九年	吴王僚元年	前526
景王贵二十年	晋顷公弃疾元年	前525

续表

东周王室纪元	诸侯纪元	公元纪年
景王贵二十二年	曹悼公午元年	前523
	燕平公元年	
景王贵二十四年	蔡悼侯东国元年	前521
悼王猛元年		前520
敬王匄元年		前519
敬王匄二年	蔡昭侯申元年	前518
敬王匄四年	宋景公头曼元年	前516
敬王匄五年	楚昭王珍元年	前515
敬王匄六年	曹襄公元年	前514
	吴王阖闾元年	
敬王匄七年	郑献公虿元年	前513
敬王匄九年	晋定公午元年	前511
敬王匄十年	越王允常元年	前510
敬王匄十一年	鲁定公宋元年	前509
	曹隐公元年	
敬王匄十五年	陈怀公柳元年	前505
	曹靖公露元年	
敬王匄十六年	燕简公元年	前504
敬王匄十九年	陈潜公越元年	前501
	曹伯阳元年	
敬王匄二十年	秦惠公元年	前500
	郑声公胜元年	

续表

东周王室纪元	诸侯纪元	公元纪年
敬王匄二十四年	越王勾践元年	前496
敬王匄二十五年	吴王夫差元年	前495
敬王匄二十六年	鲁哀公将元年	前494
敬王匄二十八年	卫出公辄元年	前492
	燕献公元年	
敬王匄三十年	秦悼公元年	前490
	蔡成公朔元年	
敬王匄三十一年	齐晏孺子荼元年	前489
敬王匄三十二年	齐悼公阳生元年	前488
	楚惠王章元年	
敬王匄三十六年	齐简公壬元年	前484
敬王匄四十年	齐平公骜元年	前480
	卫庄公蒯聩元年	
敬王匄四十三年	卫君起元年	前477
战国时期		
元王仁（赤）元年		前475
贞定王介元年	宋昭公得元年	前468
贞定王介三年	鲁悼公宁元年	前466
贞定王介五年	燕孝公元年	前464
	越王鹿郢元年	
贞定王介七年	郑哀公易元年	前462
贞定王介十一年	越王不寿元年	前458

续表

东周王室纪元	诸侯纪元	公元纪年
贞定王介十二年	赵襄子无恤元年	前457
贞定王介十三年	蔡元侯元年	前456
贞定王介十四年	卫悼公黔元年	前455
	齐宣公积元年	
贞定王介十五年	郑共公丑元年	前454
	燕成公载元年	
贞定王介十七年	宋君启元年	前452
贞定王介十八年	晋哀公元年	前451
贞定王介十九年	卫敬公弗元年	前450
	蔡侯齐元年	
	宋昭公特（得）元年	
贞定王介二十一年	越王州句元年	前448
贞定王介二十四年	魏文侯斯元年	前445
贞定王介二十七年	秦躁公元年	前442
哀王去疾元年		前441
思王叔元年		
考王嵬元年		前440
考王嵬八年	晋幽公柳元年	前433
考王嵬十年	卫昭公纠元年	前431
	楚简王仲元年	
考王嵬十三年	秦怀公元年	前428
	鲁元公嘉元年	

续表

东周王室纪元	诸侯纪元	公元纪年
威烈王午元年	卫怀公亶元年	前425
威烈王午二年	秦灵公元年	前424
	赵桓子嘉元年	
	韩武子启章元年	
威烈王午三年	赵献侯浣元年	前423
	郑幽公已元年	
威烈王午四年	郑缳公骀元年	前422
威烈王午十一年	晋烈公止元年	前415
威烈王午十二年	秦简公悼子元年	前414
	卫慎公颓元年	
威烈王午十五年	越王翳元年	前411
威烈王午十八年	韩景侯虔元年	前408
	赵烈侯籍元年	
威烈王午十九年	鲁穆公显元年	前407
	楚声王当元年	
威烈王午二十二年	齐康公贷元年	前404
	田齐太公和元年	
威烈王午二十三年	宋悼公购由元年	前403
威烈王午二十四年	燕釐公庄元年	前402
安王骄元年	楚悼王类元年	前401
安王骄三年	韩烈侯取元年	前399
	秦惠公元年	

续表

东周王室纪元	诸侯纪元	公元纪年
安王骄七年	魏武侯击元年	前395
	郑康公乙元年	
	宋休公田元年	
安王骄十四年	晋桓公元年	前388
安王骄十六年	赵敬侯章元年	前386
	韩文侯元年	
	秦出子元年	
安王骄十八年	秦献公师隰元年	前384
安王骄十九年	田齐废公剡元年	前383
安王骄二十二年	楚肃王臧元年	前380
安王骄二十五年	晋静公俱酒元年	前377
安王骄二十六年	韩哀侯元年	前376
	鲁共公奋元年	
	越王诸咎元年	
烈王喜元年	越王错枝元年	前375
烈王喜二年	韩懿侯元年	前374
	赵成侯元年	
	田齐桓公午元年	
	越王无余元年	
烈王喜四年	燕桓公元年	前372
	卫声公训元年	
	宋辟公辟兵元年	

续表

东周王室纪元	诸侯纪元	公元纪年
烈王喜七年	魏惠王䓨元年	前369
	楚宣王元年	
	宋君剔成元年	
显王扁元年		前368
显王扁七年	韩昭侯武元年	前362
	越王无颛元年	
显王扁八年	燕文公元年	前361
	秦孝公渠梁元年	
	卫成侯遬元年	
显王扁十三年	田齐威王因齐元年	前356
显王扁十七年	鲁康公屯元年	前352
显王扁二十年	赵肃侯语元年	前349
显王扁二十六年	鲁景公偃元年	前343
显王扁三十年	楚威王熊商元年	前339
显王扁三十二年	秦惠文王驷元年	前337
显王扁三十五年	魏惠王䓨后元年	前334
显王扁三十七年	韩宣惠王元年	前332
	燕易王元年	
	卫平侯元年	
显王扁四十一年	楚怀王槐元年	前328
	宋康王偃元年	
显王扁四十四年	赵武灵王雍元年	前325

续表

东周王室纪元	诸侯纪元	公元纪年
显王扁四十五年	秦惠文王驷后元元年	前324
	卫嗣君元年	
慎靓王定元年	燕王哙元年	前320
慎靓王定二年	田齐宣王辟彊元年	前319
慎靓王定三年	魏襄王嗣元年	前318
赧王延元年	鲁平公叔元年	前314
赧王延四年	韩襄王仓元年	前311
	燕昭王职元年	
赧王延五年	秦武王荡元年	前310
赧王延九年	秦昭襄王元年	前306
赧王延十五年	田齐湣王地元年	前300
赧王延十七年	赵惠文王元年	前298
	楚顷襄王元年	
赧王延二十年	韩釐王咎元年	前295
	魏昭王遫元年	
	鲁文公贾元年	
赧王延三十二年	田齐襄王法章元年	前283
赧王延三十三年	卫怀君元年	前282
赧王延三十七年	燕惠王元年	前278
赧王延三十九年	魏安釐王圉元年	前276
赧王延四十三年	韩桓惠王元年	前272
	鲁顷公雠元年	

续表

东周王室纪元	诸侯纪元	公元纪年
赧王延四十四年	燕武成王元年	前271
赧王延五十年	赵孝成王元年	前265
赧王延五十一年	田齐废王建元年	前264
赧王延五十三年	楚考烈王元年	前262
赧王延五十八年	燕孝王元年	前257
赧王延五十九年		前256
	燕王喜元年	前254
	卫元君元年	前252
	秦孝文王柱元年	前250
	秦庄襄王子楚元年	前249
	秦王政元年	前246
	赵悼襄王偃元年	前244
	魏景湣王增元年	前242
	韩王安元年	前238
	楚幽王悼元年	前237
	赵幽缪王迁元年	前235
	卫君角元年	前229
	楚哀王郝元年	前228
	楚王负刍元年	前227
	魏王假元年	
	代（赵）王嘉元年	

四
历代年号纪元表

朝代	皇帝名及尊号[①]	在位期间年号	公元纪年
秦	始皇嬴政		前221—前210
	二世胡亥		前209—前207
	子婴		前207
西汉	高祖刘邦		前206—前195
	惠帝刘盈		前194—前188
	高后吕雉		前187—前180
	文帝刘恒	前元	前179—前164
		后元	前163—前157
	景帝刘启	前元	前156—前150
		中元	前149—前144
		后元	前143—前141
	武帝刘彻	建元	前140—前135
		元光	前134—前129
		元朔	前128—前123
		元狩	前122—前117
		元鼎	前116—前111
		元封	前110—前105
		太初	前104—前101

① 本纪元表中，皇帝尊号或为谥号，或为庙号。以隋代为界，此前多为谥号，此后多为庙号。其间，嬴政称始皇帝，武则天称大周圣神皇帝，为本人生前的尊号。

续表

朝代	皇帝名及尊号	在位期间年号	公元纪年
西汉	武帝刘彻	天汉	前100—前97
		太始	前96—前93
		征和	前92—前89
		后元	前88—前87
	昭帝刘弗陵	始元	前86—前80
		元凤	前80—前75
		元平	前74
	宣帝刘询	本始	前73—前70
		地节	前69—前66
		元康	前65—前61
		神爵	前61—前58
		五凤	前57—前54
		甘露	前53—前50
		黄龙	前49
	元帝刘奭	初元	前48—前44
		永光	前43—前39
		建昭	前38—前34
		竟宁	前33
	成帝刘骜	建始	前32—前28
		河平	前28—前25
		阳朔	前24—前21
		鸿嘉	前20—前17
		永始	前16—前13
		元延	前12—前9
		绥和	前8—前7

续表

朝代	皇帝名及尊号	在位期间年号	公元纪年
西汉	哀帝刘欣	建平	前6—前3
		元寿	前2—前1
	平帝刘衎	元始	1—5
	孺子婴	居摄	6—8
		初始	8
新	王莽	始建国	9—13
		天凤	14—19
		地皇	20—23
更始政权	刘玄	更始	23—25
东汉	光武帝刘秀	建武	25—56
		建武中元	56—57
	明帝刘庄	永平	58—75
	章帝刘炟	建初	76—84
		元和	84—87
		章和	87—88
	和帝刘肇	永元	89—105
		元兴	105
	殇帝刘隆	延平	106
	安帝刘祜	永初	107—113
		元初	114—120
		永宁	120—121
		建光	121—122
		延光	122—125
	顺帝刘保	永建	126—132
		阳嘉	132—135
		永和	136—141

续表

朝代		皇帝名及尊号	在位期间年号	公元纪年
东汉		顺帝刘保	汉安	142—144
			建康	144
		冲帝刘炳	永憙	145
		质帝刘缵	本初	146
		桓帝刘志	建和	147—149
			和平	150
			元嘉	151—153
			永兴	153—154
			永寿	155—158
			延熹	158—167
			永康	167
		灵帝刘宏	建宁	168—172
			熹平	172—178
			光和	178—184
			中平	184—189
		少帝刘辩	光熹	189
			昭宁	189
		献帝刘协	永汉	189
			初平	190—193
			兴平	194—195
			建安	196—220
			延康	220
三国	魏	文帝曹丕	黄初	220—226
		明帝曹叡	太和	227—233
			青龙	233—237
			景初	237—239

续表

朝代		皇帝名及尊号	在位期间年号	公元纪年
三国	魏	齐王曹芳	正始	240—249
			嘉平	249—253
		高贵乡公曹髦	正元	254—256
			甘露	256—260
		元帝曹奂	景元	260—264
			咸熙	264—265
	蜀汉	昭烈帝刘备	章武	221—223
		后主刘禅	建兴	223—237
			延熙	238—257
			景耀	258—263
			炎兴	263
	吴	大帝孙权	黄武	222—229
			黄龙	229—231
			嘉禾	232—238
			赤乌	238—251
			太元	251—252
			神凤	252
		会稽王孙亮	建兴	252—253
			五凤	254—256
			太平	256—258
		景帝孙休	永安	258—264
		末帝孙皓	元兴	264—265
			甘露	265—266
			宝鼎	266—269
			建衡	269—271
			凤凰	272—274

续表

朝代		皇帝名及尊号	在位期间年号	公元纪年
三国	吴	末帝孙皓	天册	275
			天玺	276
			天纪	277—280
西晋		武帝司马炎	泰始	265—274
			咸宁	275—280
			太康	280—289
			太熙	290
		惠帝司马衷	永熙	290
			永平	291
			元康	291—299
			永康	300—301
			永宁	301—302
			太安	302—303
			永安	304
			建武	304
			永兴	304—306
			光熙	306
		怀帝司马炽	永嘉	307—313
		愍帝司马邺	建兴	313—317
东晋		元帝司马睿	建武	317—318
			大兴	318—321
			永昌	322
		明帝司马绍	太宁	323—326
		成帝司马衍	咸和	326—334
			咸康	335—342
		康帝司马岳	建元	343—344

续表

朝代		皇帝名及尊号	在位期间年号	公元纪年
东晋		穆帝司马聃	永和	345—356
			升平	357—361
		哀帝司马丕	隆和	362—363
			兴宁	363—365
		废帝司马奕	太和	366—371
		简文帝司马昱	咸安	371—372
		孝武帝司马曜	宁康	373—375
			太元	376—396
		安帝司马德宗	隆安	397—401
			元兴	402—404
			义熙	405—418
		恭帝司马德文	元熙	419—420
北朝	北魏	道武帝拓跋珪	登国	386—395
			皇始	396—397
			天兴	398—404
			天赐	404—409
		明元帝拓跋嗣	永兴	409—413
			神瑞	414—415
			泰常	416—423
		太武帝拓跋焘	始光	424—428
			神䴥	428—431
			延和	432—434
			太延	435—440
			太平真君	440—451
			正平	451—452
		南安王拓跋余	承平	452

续表

朝代		皇帝名及尊号	在位期间年号	公元纪年
北朝	北魏	文成帝拓跋濬	兴安	452—454
			兴光	454—455
			太安	455—459
			和平	460—465
		献文帝拓跋弘	天安	466—467
			皇兴	467—471
		孝文帝元宏	延兴	471—476
			承明	476
			太和	477—499
		宣武帝元恪	景明	500—503
			正始	504—508
			永平	508—512
			延昌	512—515
		孝明帝元诩	熙平	516—518
			神龟	518—520
			正光	520—524
			孝昌	525—527
			武泰	528
		孝庄帝元子攸	建义	528
			永安	528—530
		长广王元晔	建明	530—531
		节闵帝元恭	普泰	531
		安定王元朗	中兴	531
		孝武帝元脩	太昌	532
			永兴	532
			永熙	532—534

续表

朝代		皇帝名及尊号	在位期间年号	公元纪年
北朝	东魏	孝静帝元善见	天平	534—537
			元象	538
			兴和	539—542
			武定	543—550
	北齐	文宣帝高洋	天保	550—559
		废帝高殷	乾明	560
		孝昭帝高演	皇建	560—561
		武成帝高湛	太宁	561
			河清	562—565
		后主高纬	天统	565—569
			武平	570—575
			隆化	576
		幼主高恒	承光	577
	西魏	文帝元宝炬	大统	535—551
		废帝元钦		551—554
		恭帝元廓		554—556
	北周	孝闵帝宇文觉		557
		明帝宇文毓		557—558
			武成	559—560
		武帝宇文邕	保定	561—565
			天和	566—571
			建德	572—577
			宣政	578
		宣帝宇文赟	大成	579
		静帝宇文阐	大象	579—580
			大定	581

续表

朝代		皇帝名及尊号	在位期间年号	公元纪年
南朝	宋	武帝刘裕	永初	420—422
		少帝刘义符	景平	423—424
		文帝刘义隆	元嘉	424—453
		孝武帝刘骏	孝建	454—456
			大明	457—464
		前废帝刘子业	永光	465
			景和	465
		明帝刘彧	泰始	465—471
			泰豫	472
		后废帝刘昱	元徽	473—477
		顺帝刘準	昇明	477—479
	齐	高帝萧道成	建元	479—482
		武帝萧赜	永明	483—493
		鬱林王萧昭业	隆昌	494
		海陵王萧昭文	延兴	494
		明帝萧鸾	建武	494—498
			永泰	498
		东昏侯萧宝卷	永元	499—501
		和帝萧宝融	中兴	501—502
	梁	武帝萧衍	天监	502—519
			普通	520—527
			大通	527—529
			中大通	529—534
			大同	535—546
			中大同	546—547
			太清	547—550

续表

朝代		皇帝名及尊号	在位期间年号	公元纪年
南朝	梁	简文帝萧纲	大宝	550—551
		豫章王萧栋	天正	551—552
		元帝萧绎	承圣	552—555
		敬帝萧方智	绍泰	555—556
			太平	556—557
	陈	武帝陈霸先	永定	557—559
		文帝陈蒨	天嘉	560—566
			天康	566
		废帝陈伯宗	光大	567—568
		宣帝陈顼	太建	569—582
		后主陈叔宝	至德	583—586
			祯明	587—589
隋		文帝杨坚	开皇	581—600
			仁寿	601—604
		炀帝杨广	大业	605—618
		恭帝杨侑	义宁	617
唐		高祖李渊	武德	618—626
		太宗李世民	贞观	627—649
		高宗李治	永徽	650—655
			显庆	656—661
			龙朔	661—663
			麟德	664—665
			乾封	666—668
			总章	668—670
			咸亨	670—674
			上元	674—676

续表

朝代	皇帝名及尊号	在位期间年号	公元纪年
唐	高宗李治	仪凤	676—679
		调露	679
		永隆	680
		开耀	681
		永淳	682
		弘道	683
	中宗李显	嗣圣	684
	睿宗李旦	文明	684
	则天武后	光宅	684
		垂拱	685—688
		永昌	689
		载初	689
	周圣神皇帝武曌	天授	690—692
		如意	692
		长寿	692—694
		延载	694
		证圣	695
		天册万岁	695
		万岁登封	696
		万岁通天	696
		神功	697
		圣历	698—700
		久视	700
		大足	701
		长安	701—704

续表

朝代	皇帝名及尊号	在位期间年号	公元纪年
唐	中宗李显	神龙	705—707
		景龙	707—710
	殇帝	唐隆	710
	睿宗李旦	景云	710—711
		太极	712
		延和	712
	玄宗李隆基	先天	712
		开元	713—741
		天宝	742—756
	肃宗李亨	至德	756—758
		乾元	758—760
		上元	760—761
	代宗李豫	宝应	762—763
		广德	763—764
		永泰	765—766
		大历	766—779
	德宗李适	建中	780—783
		兴元	784
		贞元	785—805
	顺宗李诵	永贞	805
	宪宗李纯	元和	806—820
	穆宗李恒	长庆	821—824
	敬宗李湛	宝历	825—827
	文宗李昂	大和	827—835
		开成	836—840

朝代		皇帝名及尊号	在位期间年号	公元纪年
唐		武宗李炎	会昌	841—846
		宣宗李忱	大中	847—859
		懿宗李漼	咸通	860—873
		僖宗李儇	乾符	874—879
			广明	880—881
			中和	881—885
			光启	885—888
			文德	888
		昭宗李晔	龙纪	889
			大顺	890—891
			景福	892—893
			乾宁	894—898
			光化	898—901
			天复	901—904
		哀帝李柷	天祐	905—907
五代	后梁	太祖朱晃（又名温、全忠）	开平	907—910
			乾化	911—912
		末帝朱瑱	乾化	913—915
			贞明	915—921
			龙德	921—923
	后唐	庄宗李存勖	同光	923—926
		明宗李亶	天成	926—930
			长兴	930—933
		闵帝李从厚	应顺	934
		末帝李从珂	清泰	934—936

续表

朝代		皇帝名及尊号	在位期间年号	公元纪年
五代	后晋	高祖石敬瑭	天福	936—942
		出帝石重贵	天福	943
			开运	944—947
	后汉	高祖刘暠（本名知远）	天福	947
			乾祐	948
		隐帝承祐	乾祐	948—950
	后周	太祖郭威	广顺	951—953
			显德	954
		世宗柴荣	显德	954—959
		恭帝柴宗训	显德	954—960
辽		太祖耶律阿保机	神册	916—921
			天赞	922—925
			天显	926—927
		太宗耶律德光	天显	926—937
			会同	938—946
			大同	947
		世宗耶律阮	天禄	947—950
		穆宗耶律璟	应历	951—969
		景宗耶律贤	保宁	969—979
			乾亨	979—982
		圣宗耶律隆绪	统和	983—1012
			开泰	1012—1021
			太平	1021—1030
		兴宗耶律宗真	景福	1031—1032
			重熙	1032—1055

续表

朝代	皇帝名及尊号	在位期间年号	公元纪年
辽	道宗耶律洪基	清宁	1055—1064
		咸雍	1065—1074
		大康	1075—1084
		大安	1085—1094
		寿昌	1095—1100
	天祚帝耶律延禧	乾统	1101—1110
		天庆	1111—1120
		保大	1121—1125
北宋	太祖赵匡胤	建隆	960—963
		乾德	963—968
		开宝	968—976
	太宗赵炅 （本名匡义、光义）	太平兴国	976—984
		雍熙	984—987
		端拱	988—989
		淳化	990—994
		至道	995—997
	真宗赵恒	咸平	998—1003
		景德	1004—1007
		大中祥符	1008—1016
		天禧	1017—1021
		乾兴	1022
	仁宗赵祯	天圣	1023—1032
		明道	1032—1033
		景祐	1033—1038
		宝元	1038—1040
		康定	1040—1041

续表

朝代	皇帝名及尊号	在位期间年号	公元纪年
北宋	仁宗赵祯	庆历	1041—1048
		皇祐	1049—1054
		至和	1054—1056
		嘉祐	1056—1063
	英宗赵曙	治平	1064—1067
	神宗赵顼	熙宁	1068—1077
		元丰	1078—1085
	哲宗赵煦	元祐	1086—1094
		绍圣	1094—1098
		元符	1098—1100
	徽宗赵佶	建中靖国	1101
		崇宁	1102—1106
		大观	1107—1110
		政和	1111—1118
		重和	1118—1119
		宣和	1119—1125
	钦宗赵桓	靖康	1126—1127
南宋	高宗赵构	建炎	1127—1130
		绍兴	1131—1162
	孝宗赵昚	隆兴	1163—1164
		乾道	1165—1173
		淳熙	1174—1189
	光宗赵惇	绍熙	1190—1194
	宁宗赵扩	庆元	1195—1200
		嘉泰	1201—1204
		开禧	1205—1207
		嘉定	1208—1224

续表

朝代	皇帝名及尊号	在位期间年号	公元纪年
南宋	理宗赵昀	宝庆	1225—1227
		绍定	1228—1233
		端平	1234—1236
		嘉熙	1237—1240
		淳祐	1241—1252
		宝祐	1253—1258
		开庆	1259
		景定	1260—1264
	度宗赵禥	咸淳	1265—1274
	恭帝赵㬎	德祐	1275—1276
	端宗赵昰	景炎	1276—1278
	卫王赵昺	祥兴	1278—1279
金	太祖完颜阿骨打（旻）	收国	1115—1116
		天辅	1117—1122
	太宗完颜晟	天会	1123—1137
	熙宗完颜亶	天会	1123—1137
		天眷	1138—1140
		皇统	1141—1148
	海陵王完颜亮	天德	1149—1153
		贞元	1153—1156
		正隆	1156—1161
	世宗完颜雍	大定	1161—1189
	章宗完颜璟	明昌	1190—1196
		承安	1196—1200
		泰和	1201—1208

续表

朝代	皇帝名及尊号	在位期间年号	公元纪年
金	卫绍王完颜永济	大安	1209—1211
		崇庆	1212—1213
		至宁	1213
	宣宗完颜珣	贞祐	1213—1217
		兴定	1217—1222
		元光	1222—1223
	哀宗完颜守绪	正大	1224—1231
		开兴	1232
		天兴	1232—1234
	末帝完颜承麟	天兴	1232—1234
西夏	景宗李元昊	显道	1032—1034
		开运	1034
		广运	1034—1035
		大庆	1036—1037
		天授礼法延祚	1038—1048
	毅宗李谅祚	延嗣宁国	1049
		天祐垂圣	1050—1052
		福圣承道	1053—1056
		奲都	1057—1062
		拱化	1063—1067
	惠宗李秉常	乾道	1068—1069
		天赐礼盛国庆	1070—1074
		大安	1075—1085
		天安礼定	1086
	崇宗李乾顺	天仪治平	1086—1089
		天祐民安	1090—1097

续表

朝代	皇帝名及尊号	在位期间年号	公元纪年
西夏	崇宗李乾顺	永安	1098—1110
		贞观	1111—1113
		雍宁	1114—1118
		元德	1119—1126
		正德	1127—1134
		大德	1135—1139
	仁宗李仁孝	大庆	1140—1143
		人庆	1144—1148
		天盛	1149—1169
		乾祐	1170—1193
	桓宗李纯祐	天庆	1194—1205
	襄宗李安全	应天	1206—1209
		皇建	1210
	神宗李遵顼	光定	1211—1222
	献宗李德旺	乾定	1223—1226
	末主李睍	宝义	1227
元	世祖忽必烈	中统	1260—1264
		至元	1264—1294
	成宗铁穆耳	元贞	1295—1297
		大德	1297—1307
	武宗海山	至大	1308—1311
	仁宗爱育黎拔力八达	皇庆	1312—1313
		延祐	1314—1320
	英宗硕德八剌	至治	1321—1323
	泰定帝也孙铁木儿	泰定	1324—1328
		致和	1328

续表

朝代	皇帝名及尊号	在位期间年号	公元纪年
元	天顺帝阿速吉八	天顺	1328
	文宗图帖睦尔	天历	1328—1329
	明宗和世㻋		1329
	文宗图帖睦尔	至顺	1330—1332
	宁宗懿璘质班		1332
	顺帝妥懽帖睦尔	元统	1333—1335
		至元	1335—1340
		至正	1341—1368
明	太祖朱元璋	洪武	1368—1398
	惠帝朱允炆	建文	1399—1402
	成祖朱棣	永乐	1403—1424
	仁宗朱高炽	洪熙	1425
	宣宗朱瞻基	宣德	1426—1435
	英宗朱祁镇	正统	1436—1449
	代宗朱祁钰	景泰	1450—1456
	英宗朱祁镇	天顺	1457—1464
	宪宗朱见深	成化	1465—1487
	孝宗朱祐樘	弘治	1488—1505
	武宗朱厚照	正德	1506—1521
	世宗朱厚熜	嘉靖	1522—1566
	穆宗朱载垕	隆庆	1567—1572
	神宗朱翊钧	万历	1573—1620
	光宗朱常洛	泰昌	1620
	熹宗朱由校	天启	1621—1627
	思宗朱由检	崇祯	1628—1644

续表

朝代	皇帝名及尊号	在位期间年号	公元纪年
清	世祖福临	顺治	1644—1661
	圣祖玄烨	康熙	1662—1722
	世宗胤禛	雍正	1723—1735
	高宗弘历	乾隆	1736—1795
	仁宗颙琰	嘉庆	1796—1820
	宣宗旻宁	道光	1821—1850
	文宗奕詝	咸丰	1851—1861
	穆宗载淳	同治	1862—1875
	德宗载湉	光绪	1875—1908
	溥仪	宣统	1909—1911

参考书目

1. 万国鼎：《中国历史纪年表》，商务印书馆1956年版。

2. 白寿彝总主编：《中国通史》，上海人民出版社1979—1999年版。

3. 中国大百科全书编委会：《中国大百科全书·历史学卷》，中国大百科全书出版社1990年版。

4. 中国大百科全书编委会：《中国大百科全书·中国历史卷》，中国大百科全书出版社1992年版。

5. 张政烺、吕宗力主编：《中国历代官制大辞典》，北京出版社1994年版。

6. 《中国少数民族史大辞典》编委会编：《中国少数民族史大辞典》，吉林教育出版社1995年版。

7. 中国历史大辞典编委会：《中国历史大辞典》，上海辞书出版社2000年版。

8. 翦伯赞主编：《中外历史年表》（校订本），中华书局2008年版。

9. 中国社会科学院历史研究所《简明中国历史读本》编写组：《简明中国历史读本》，中国社会科学出版社2012年版。

10. 林甘泉、宁可、方行等：《中国经济通史》，经济日报出版社 1999—2000 年版。

11. 白钢主编：《中国政治制度通史》，人民出版社 1996 年版。

12. 中华文化通志编委会编：《中华文化通志》，上海人民出版社 1998 年版。

13. 袁行霈、严文明等主编：《中华文明史》，北京大学出版社 2006 年版。

14. 中国社会科学院考古研究所编著：《中国考古学·新石器时代卷》，中国社会科学出版社 2010 年版。

15. 徐旭生：《中国古史的传说时代》，科学出版社 1960 年版。

16. 中国社会科学院考古研究所编著：《中国考古学·夏商卷》，中国社会科学出版社 2003 年版。

17. 夏商周断代工程专家组编：《夏商周断代工程 1996—2000 年阶段成果报告·简本》，世界图书出版公司 2000 年版。

18. 沈长云：《中国历史·先秦卷》，人民出版社 2006 年版。

19. 傅乐成主编、邹纪万著：《中国通史·秦汉卷》，九州出版社 2009 年版。

20. 王仲荦：《魏晋南北朝史》，上海人民出版社 1979 年版。

21. 王仲荦：《隋唐五代史》，上海人民出版社 2003 年版。

22. 陈振：《宋史》，上海人民出版社 2003 年版。

23. 漆侠：《宋学的发展和演变》，河北人民出版社 2002 年版。

24. 李桂芝：《辽金简史》，福建人民出版社 1996 年版。

25. 史金波：《西夏社会》，上海人民出版社 2007 年版。

26. 韩儒林主编：《元朝史》（上、下），人民出版社 2008 年版。

27. 陈高华、张帆、刘晓：《元代文化史》，广东教育出版社2009年版。

28. 汤纲、南炳文：《明史》，上海人民出版社2003年版。

29. 张显清、林金树主编：《明代政治史》，广西师范大学出版社2003年版。

30. 王戎笙主编：《清代全史》，辽宁人民出版社1993年版。

31. 何龄修、张捷夫等：《清代人物传稿》，中华书局1986—1991年版。

32. 陈旭麓等主编：《中国近代史词典》，上海辞书出版社1982年版。

33. 张海鹏主编：《中国近代通史》，凤凰出版传媒集团·江苏人民出版社2006年版。

中国历史名词索引

（按汉语拼音顺序排列）

B

八旗	156
八思巴	139
白莲教	135
百工	38
百姓	29
百越	39
拜火教	110
班禅额尔德尼	163
半殖民地半封建社会	2
邦国	22
保甲	158
北府兵	84
北京人	12
北面官	118
北直隶	144
本教	108
毕昇	125
辟雍	66
编钟	45
伯克	160
帛画	44
帛书	45
博士	57
部落	19
部落联盟	19
部曲	89

C

材官	61
采邑	30
蔡邕	79
藏传佛教	121
曹雪芹	168
察举制	59
禅让制	26
禅宗	108
晁错	76

朝贡贸易	148	党锢	63
谶纬	66	党项	117
成吉思汗	137	道	117
初税亩	38	道安	96
《楚辞》	48	等级	4
传	71	狄	90
春秋	32	第巴	160
春秋五霸	32	典签	81
慈禧太后	172	殿试	103
次门	87	东林党	145
賨人	91	东夷	39
崔浩	98	东周	32
		董仲舒	77
		都督制	83
D		杜甫	114
达赖喇嘛	163	杜佑	114
达鲁花赤	133	杜预	95
大道教	122	断事官	133
《大明律》	141	对偶婚	20
大汶口文化	17	敦煌文书	110
大学士	143		
大一统	65	**E**	
大盂鼎	42	二程	127
《大元通制》	136	二里头遗址	27
大月氏	68	二千石	57
大篆	72	二十八宿	40
戴震	168	二十等爵	61
单一制国家结构	5		

二十四节气	40		G	
二税户	120	噶举派		150
		噶伦		159
F		噶厦		159
法门寺	111	改土归流		161
藩镇	101	高车		91
藩属国	161	高句丽		69
范缜	98	格鲁派		149
范仲淹	125	工商食官		38
方国	29	公卿		56
方士	68	公田		37
坊郭户	120	宫市		105
分封制	5	龚自珍		169
封禅	65	共和行政		31
封建地主土地所有制	7	《古今图书集成》		165
封建国家土地所有制	6	故吏		68
封建社会	2	顾恺之		97
烽燧	71	顾炎武		166
佛图户	89	关汉卿		139
伏羲	23	关陇集团		88
府	117	关市		71
府兵制	84	关学		123
父系氏族公社	3	官爵		61
复合制国家结构	5	官僚制		6
赋名公田	62	管仲		54
腹里	133	郭守敬		138

国人	35
《国语》	50

H

《韩非子》	53
韩信	76
韩愈	114
《汉书》	73
翰林院	143
合纵连横	34
何晏	95
和亲	71
河姆渡文化	15
红巾军起义	134
红山文化	16
《红史》	137
洪秀全	171
胡服骑射	34
胡人	91
胡三省	138
户籍	60
花间派	124
华严宗	109
皇帝	55
黄册	147
黄帝	25
黄公望	141
黄教	162
黄老无为	64
黄宗羲	166
徽商	146
回纥	106
回回	134
会试	103
惠栋	167
慧远	96
霍光	78
霍去病	77

J

家族公社	3
甲骨文	43
甲骨学	43
贾谊	76
假名公田	62
简帛学	72
建安七子	93
鉴真	112
阶层	4
阶级	3
阶级斗争	4
节度使	101
金瓶掣签	163
金文	44

晋商	146	李鸿章	171
井田制	37	李时珍	152
净土宗	108	李斯	74
鸠摩罗什	96	李贽	153
九品中正制	82	里	59
九刑	36	里甲	158
旧石器时代	9	理学	124
聚落	21	利篯	42
均田制	85	利玛窦	154
郡县制	34	隶书	72
郡姓	88	良渚文化	18
		林则徐	169
K		临朝称制	59
康有为	173	灵台	66
考古学文化	9	刘勰	99
科举制	102	刘歆	78
孔颖达	111	刘知幾	112
寇谦之	97	柳宗元	115
块炼法	41	六科	145
矿监税使	146	六卿	33
		六条问事	60
L		"六条诏书"	82
腊玛古猿禄丰种	10	六艺	47
郎吏	57	龙山时代	18
《老子》	52	龙山文化	17
黎元洪	174	陆修静	98
李白	113	路	131

律宗	109	摩尼教	110
《论语》	49	靺鞨	108
罗贯中	153	《墨子》	51
洛学	123	母系氏族公社	2

M

N

马端临	129	南面官	118
马戛尔尼使团	162	南衙北司	102
马可·波罗	139	内服	28
满洲	157	内阁	142
毛公鼎	42	能人	10
门阀	87	农村公社	3
门生	68	奴隶社会	1
门荫	104	女娲	23
猛安谋克	119	女真	117
《蒙古秘史》	136	女真文	121
蒙古文	136		
蒙古族	134		

O

蒙恬	75	欧阳修	126
《孟子》	49	耦耕	41
米芾	127		
庙号	56		

P

民变	146	裴李岗文化	15
民爵	61	朋党	104
名士	92		
名田制	62		

Q

明堂	66	七大恨	156

启蒙思潮	164	三省六部	100
契丹	116	三苏	125
契丹字	120	三田制	37
千户制	130	三星堆遗址	28
黔首	61	桑弘羊	78
强学会	164	色目	135
怯薛	130	僧祇户	89
青铜器	41	山顶洞人	13
清官	82	山海关	157
酋邦	21	山越	92
全真教	122	商品经济	8
犬戎	39	商鞅	55
榷场	119	上计	35
榷酤	63	上林三官	58
		《尚书》	48
R		韶乐	45
柔然	91	射礼	46
		神策军	105
S		神农	24
萨迦派	149	沈括	127
三边	148	《诗经》	48
三服官	58	施琅	167
三公	30	施耐庵	152
三桓	33	什伍	36
三皇五帝	23	《史记》	73
三监	31	使职差遣	103
三省	81	士大夫	67

士族	86
氏族	19
世兵制	83
世卿世禄	29
市镇	148
谥法	56
首辅	142
枢密使	101
庶族	87
睡虎地秦简	72
舜	25
司马光	126
司母戊大方鼎	42
丝绸之路	70
私田	37
私学	67
四大汗国	130
《四分历》	40
《四库全书》	165
《四民月令》	74
宋学	123
宋应星	155
肃政廉访司	132
《孙膑兵法》	52
《孙子兵法》	52

T

《太初历》	74
"太后下嫁"	158
太庙	141
太平道	67
太学	58
太一教	122
汤若望	155
汤显祖	153
唐宋八大家	124
陶弘景	99
陶文	43
陶渊明	97
天可汗	100
《天圣令》（附唐令）	104
天台宗	109
廷推	143
亭	59
投壶	46
投下	118
突厥	106
图腾	20
土断	83
土司	148
吐蕃	107

吐谷浑	107	五代十国	115
吐鲁番文书	111	五德终始说	64
屯田制	84	五等爵	30
		五斗米道	67

W

		五胡	89
外服	28	五礼	80
晚期智人	13	五刑	36
王安石	127		
王弼	95	## X	
王充	79	西楚霸王	75
王道、霸道	64	西辽	116
王夫之	166	西夏	116
王实甫	140	西夏文	120
王羲之	96	西域	70
王阳明	151	西周	31
王制	65	鲜卑八姓	88
卫青	77	贤良	60
魏源	170	乡	59
文天祥	129	乡绅	145
斡鲁朵	119	乡试	102
斡脱	135	萧何	75
乌孙	69	萧统	99
巫蛊	63	小篆	72
巫山人	11	新石器时代	14
吴承恩	153	新学	124
吴道子	113	行省	131
五羖大夫	54	行御史台	132

匈奴	68	议政王大臣会议	157
徐光启	154	役门	88
徐霞客	155	殷墟	27
宣慰司	132	银雀山汉简	73
宣政院	133	永佃制	8
玄学	92	《永乐大典》	150
巡抚	144	于谦	151
巡狩	65	鱼鳞图册	147
《荀子》	53	禹	26
《循资格》	100	玉门关	70
		玉器	41
		元谋人	11

Y

严复	172	爰田	37
炎帝	24	袁世凯	173
阎若璩	167	袁枢	129
颜真卿	113	原始社会	1
扬州八怪	165	岳飞	128
阳关	70		
仰韶文化	16		

Z

养廉银	158	早期智人	12
尧	25	曾国藩	170
耶律楚材	137	札萨克	160
耶稣会士	150	占田课田制	85
野人	35	战国	33
夜郎	69	《战国策》	50
一行	112	战国七雄	34
伊犁将军	160	张楚	63

张衡	79	驻藏大臣	159
张居正	152	专偶婚	21
张载	126	专制主义	5
张之洞	172	《庄子》	53
章学诚	169	赘婿	62
赵孟頫	140	浊官	82
折冲府	105	资本主义萌芽	8
浙东学派	121	子产	55
郑和	151	自耕农小土地所有制	7
郑樵	128	自然经济	8
郑玄	80	宗法制	29
直立人	10	宗主督护制	83
中朝	57	总督	144
中央集权	6	租佃制	7
周公	54	租庸调	106
《周易》	47	族邦	22
酎金	63	最惠国待遇	162
朱舜水	155	尊王攘夷	32
朱熹	128	《左传》	50
诸子百家	47	左宗棠	170
竹林七贤	94	坐床	164
《竹书纪年》	51		